포용과 혁신의 경제정책

발간등록번호
12-1071000-000088-01

포용과 혁신의 경제정책

국정과제협의회 정책기획시리즈 **08**

양종곤 김준하
나원준 김슬기
한홍열 김동순
소준노 우운택
김수이

대통령직속
정책기획위원회
The Presidential Commission on Policy Planning

차 례

표 차례

그림 차례

국정과제협의회 정책기획시리즈
발간에 붙여

대통령직속 정책기획위원회

위원장 조대엽

1. 문재인 정부 5년, 정책기획위원회 5년을 돌아보며

문재인 정부가 출범한 지 5년차가 되었습니다. 돌이켜보면 전국의 거리를 밝힌 거대한 촛불의 물결과 전임 대통령의 탄핵, 새 정부출범에 이르는 과정은 '촛불혁명'이라고 할 만했습니다. 2016년 촛불혁명은 법과 제도의 틀에서 전개된 특별한 혁명이었습니다. 1,700만 명의 군중이 모여 촛불의 바다를 이루었지만 법의 선을 넘지 않았습니다. 전임 대통령의 탄핵과 새 대통령의 선출이 법과 정치적 절차의 훼손 없이 제도적으로 진행되었습니다. '제도혁명'이라고도 부를 수 있는 참으로 특별한 정치 과정이 아닐 수 없습니다. 세계적으로 대의 민주주의의 위기와 한계가 뚜렷한 가운데 2017년 문재인 정부의 출범 과정은 현대 민주주의의 범위와 내용을 제도적으로 확장한 정치사적 성과라고도 할 수 있습니다.

현대 민주주의의 괄목할 만한 진화를 이끌고 제도혁명으로 집권한 문재인 정부가 5년차를 맞았습니다. 선거 후 바로 대통령 취임과 함께 국정기획자문위원회가 출발해 100대 국정과제를 선별하면서 문재인 정부의 정치 일정이 시작되었습니다. 집권 5년차를 맞으며 인수위도 없이 출발한 집권 초기의 긴박한 과정을 떠올리면 문재인 정부는 임기 마지막까지 국정의 긴장을 늦출 수 없는 운명을 지녔습니다. 어쩌면 문재인 정부는 '제도혁명정부'라는 특별한 성격을 갖는다는 점에서 거의 모든 정부가 예외 없이 겪었던 임기 후반의 '레임덕'이라는 표현은 정치적 사치일 수 있습니다. 문재인 정부의 남은 시간 동안 지난 5년의 국정 성과에 이어 마지막까지 성과를 만들어냄으로써 국정의 긴장과 동력을 잃지 않는 일이 무엇보다 중요한 시점입니다. 그것이 문재인 정부의 역사적 소명이기도 합니다.

정책기획위원회는 지난 5년간 대통령 직속기구로서 폭넓은 국정자문 활동을 했습니다. 정책기획위원회의 주된 일은 국정과제 전반을 점검하고 대통령에게 필요한 내용들을 보고하는 일입니다. 지난 5년 정책기획위원회의 역할을 구분하면 정책 콘텐츠 관리와 정책 네트워크 관리, 정책소통 관리라는 세 가지로 요약할 수 있습니다.

먼저, 정책 콘텐츠 관리는 국가 중장기 발전전략 및 정책 방향 수립과 함께 100대 국정과제의 추진과 조정, 국정과제 관련 보고회의 지원, 국정분야별 정책 및 현안과제 연구, 대통령이 요구하는 국가 주요 정책 연구 등을 포괄합니다. 둘째로 정책 네트워크 관리는 청와대, 총리실, 정부부처, 정부출연 연구기관, 정당 등과의 협업 및 교류가 중요하며, 학계, 전문가 집단, 시민단체 등과의 네트워크 확장을 포함합니다. 특히 정책기획위원회는 대통령 소속 위원회를 통괄하는 기능을 갖기도 합니다.

대통령 소속의 9개 주요 위원회로 구성된 '국정과제협의회'의 의장

위원회로서 대통령 위원회의 소통과 협업의 구심 역할을 했습니다. 셋째로 정책소통 관리는 정부부처 간의 소통과 협력을 매개하는 역할이나 정책 쟁점이나 정책 성과에 대해 국민들이 공감할 수 있도록 정책 담론을 생산하고 확산하는 일을 포괄합니다. 연구용역이나 주요 정책 TF 운용의 결과를 다양한 형태의 간담회, 학술회의, 토론회, 언론 기고, 자체 온라인 방송 채널을 통해 공유하기도 했습니다.

　정책기획위원회의 1기는 정부 출범 시 '국정기획자문위원회'가 만든 100대 국정과제의 관리와 '미래비전 2045'를 만드는 데 중점이 두어졌습니다. 말하자면 정책 콘텐츠 관리에 중점을 둔 셈입니다. 정책 기획위원회의 2기는 위기적 정책 환경에 대응하는 정책 콘텐츠 생산과 집권 후반부의 성과관리라는 측면에서 과제가 큰 폭으로 늘었습니다. 주지하듯 문재인 정부의 후반부는 세계사적이고 문명사적인 아주 특별한 시대적 위기를 맞고 있습니다. 코로나19 팬데믹이라는 문명사적 위기는 정책기획위원회 2기의 정책 환경을 완전히 바꾸었습니다. 정책기획위원회는 코로나19 발생 이후 포스트 코로나시대에 새롭게 부가되는 국정과제를 100대 과제와 조정 보완하는 작업, 감염병 대응과 보건의료체제 혁신을 위한 종합 대책의 마련, 코로나19 이후 거대 전환의 사회변동에 대한 전망, 한국판 뉴딜의 보완과 국정자문단의 운영 등을 새로운 과제로 진행했습니다.

　정책기획위원회의 2기는 코로나19 팬데믹으로 인한 방역위기와 경제위기를 뚫고 나아가는 국가 혁신전략들을 지원하는 일과 함께, 무엇보다도 문재인 정부의 국정성과를 정리하고 〈국정백서〉를 집필하는 일이 남아 있습니다. 우리 위원회는 성과관리를 단순히 정부의 치적을 정리하는 수준이 아니라 국정성과를 국민의 성과로 간주하고 국민과 공유해야 한다는 차원에서 정책 소통의 한 축으로 간주하고 있습니다.

우리 위원회는 문재인 정부가 촛불혁명의 정부로서 그리고 제도혁명의 정부로서 지향했던 비전의 진화 경로를 종합적 조감도로 그렸고 이 비전 진화의 경로를 따라 축적된 지난 5년의 성과를 포괄적으로 정리하기도 했습니다. 다양한 정책성과 관련 담론들을 세부적으로 만드는 과정이 이어지는 가운데, 우리 위원회는 그간의 위원회 활동 결과로 생산된 다양한 정책담론들을 단행본으로 만들어 대중적으로 공유하면 좋겠다는 데에 뜻을 모았습니다. 이러한 취지는 정책기획위원회 뿐 아니라 국정과제협의회 소속의 다른 대통령 위원회도 공유함으로써 단행본 발간에 동참하게 되었습니다. '국정과제협의회 정책기획시리즈'가 탄생했고 각 단행본의 주제와 필진 선정, 그리고 출판은 각 위원회가 주관해서 진행하는 것으로 했습니다.

정책기획위원회가 출간하는 이번 단행본들은 정부의 중점 정책이나 대표 정책을 다루는 것이 아닙니다. 또 단행본의 주제들은 특별한 기준에 따라 선별된 것도 아닙니다. 이번에 출간하는 단행본 시리즈의 내용들은 정부 정책이나 법안에 반영된 것도 있고 그렇지 않은 것도 포함되어 있습니다. 따라서 이 책의 내용들은 정부나 정책기획위원회의 공식 입장이라고 할 수 없습니다. 정책기획위원회에서 지난 5년간 다양한 방식으로 논의된 정책담론들 가운데 비교적 단행본으로 엮어내기에 수월한 것들을 모아 필진들이 수정하는 수고를 더한 것입니다. 문재인 정부의 정책기획위원회에 모인 백여 명의 정책기획위원들이 다양한 분야에서 국가의 미래를 고민했던 흔적을 담아보자는 취지라 할 수 있습니다.

2. 문재인 정부 5년의 국정비전과 국정성과에 대하여

문재인 정부는 촛불시민의 염원을 담아 '나라다운 나라, 새로운 대한민국'을 약속하며 출발했습니다. 지난 5년은 우리 정부가 국민과 약속한 나라를 만들기 위해 진지하고도 일관된 노력을 기울인 시간이었습니다. 지난 5년, 국민의 눈높이에 미흡하고 부족한 부분이 있었습니다. 그러나 예상하지 못한 거대한 위기가 거듭되는 가운데서도 정부는 국민과 함께 다양한 국정성과를 만들었습니다.

어떤 정부든 공과 과가 있기 마련입니다. 한 정부의 공은 공대로 평가되어야 하고 과는 과대로 평가되어야 합니다. 아무리 미흡한 부분이 있더라도 한 정부의 국정성과는 국민이 함께 만든 것이기 때문에 국민적으로 공유되어야 하고, 국민적 자부심으로 축적되어야 합니다. 국정의 성과가 국민적 자부심과 자신감으로 축적되어야 새로운 미래가 있습니다.

정부가 국정 성과에 대해 오만하거나 공치사를 하는 것은 경계해야 할 일이지만 적어도 우리가 한 일에 대한 자신감과 자부심 없이는 대한민국의 미래 또한 밝을 수 없습니다. 정책기획위원회는 이 같은 취지로 2021년 4월, 『문재인 정부 국정비전의 진화와 국정성과』라는 제목의 보고서를 만들었고, 이 보고서를 바탕으로 5월에는 문재인 정부 4주년을 기념하는 컨퍼런스도 개최했습니다.

문재인 정부는 2017년 출범 후 '국민의 나라, 정의로운 대한민국'을 국가비전으로 제시하고 5대 국정목표, 20대 국정전략, 100대 국정과제를 제시했습니다. '국민의 나라, 정의로운 대한민국'이라는 국정의 총괄 비전은 "대한민국의 모든 권력은 국민으로부터 나온다"라고 하는 헌법 제1조의 정신입니다. 여기에 '공정'과 '정의'에 대한 문재인 대통령의 통치 철학을 담았습니다. 정의로운 질서는 사회적 기회의 윤리인 '공정', 사회적 결과의 윤리인 '책임', 사회적 통합의 윤리인 '협력'이라는 실천윤리가 어울려 완성됩니다. 문재인 정부 5년은 공정국가, 책임국가, 협력국가를 향한 일관된 여정이었습니다. 그리고 문재인 정부의 국정성과는 공정국가, 책임국가, 협력국가를 향한 일관된 정책의 효과였습니다.

돌이켜보면 문재인 정부 5년은 중첩된 위기의 시간이었습니다. 집권 초기 북핵위기에 이은 한일통상위기, 그리고 코로나19 팬데믹 위기라는 예측하지 못한 3대 위기에 문재인 정부는 놀라운 위기 대응 능력을 보였습니다. 2017년 북핵위기는 평창올림픽과 다자외교, 국방력 강화를 통한 한반도 평화 프로세스로 위기 극복의 성과를 만들었습니다. 2019년의 한일통상위기는 우리 정부와 기업이 소부장산업 글로벌 공급망을 재편하고 소부장산업 특별법 제정 등 모든 수단을 동원해 제조업의 경쟁력을 강화함으로써 위기를 극복했습니다. 일본과의 무역마찰을 극복하는 이 과정에서 '아무도 흔들 수 없는 나라'를 만들겠다는 대통령의 약속이 있었고 마침내 우리는 일본과 경쟁할 만하다는 국민적 자신감을 갖게 되었습니다.

이제는 핵심 산업에서 한국 경제가 일본을 추월하게 되었지만 우리 국민이 갖게 된 일본에 대한 자신감이야말로 무엇보다 큰 국민적 성과가 아닐 수 없습니다.

2020년 이후의 코로나19 위기는 지구적 생명권의 위기이자 인류 삶의 근본을 뒤흔드는 문명사적 위기라 할 수 있습니다. 우리는 개방, 투명, 민주방역, 과학적이고 창의적 방역으로 전면적 봉쇄 없이 팬데믹을 억제한 유일한 나라가 되었습니다. K-방역의 성공은 K-경제의 성과로도 확인됩니다. K-경제의 주요 지표들은 우리 경제가 코로나19 이전으로 회복되었을 뿐 아니라 성공적 방역으로 우리 경제가 새롭게 도약하고 있다는 사실을 보여주고 있습니다.

문재인 정부 5년 간 겪었던 3대 거대 위기는 인류의 문명사에 대한 재러드 다이아몬드식 설명에 비유하면 '총·균·쇠'의 위기라 할 수 있습니다. 인류문명을 관통하는 총·균·쇠의 역사는 제국주의로 극대화된 정복과 침략의 문명사였습니다. 그러나 문재인 정부가 지난 5년 총·균·쇠에 대응한 방식은 평화와 협력, 상생의 패러다임으로 인류의 신문명을 선도하는 것이었습니다. 세계가 이 같은 총·균·쇠의 새로운 패러다임에 주목하고 있습니다. 문재인 정부가 총·균·쇠의 역사를 다시 쓰고 인류문명을 새롭게 이끌고 있다고 감히 말할 수 있습니다.

문재인 정부는 지난 5년, 3대 위기를 극복함으로써 '위기에 강한 정부'의 성과를 얻었습니다. 또 한국판 뉴딜과 탄소중립 선언, 4차 산업혁명과 혁신성장, 문화강국과 자치분권의 확장을 주도해 '미래를 여는 정부'의 성과를 만들었습니다. 돌봄과 무상교육, 건강공공성, 노동복지 등에서 '복지를 확장한 정부'의 성과도 주목할 만합니다. 국정원과 검찰·경찰 개혁, 공수처 출범 및 시장권력의 개혁과 같은 '권력을 개혁한 정부'의 성과에도 주목해야 합니다. 나아가 문재인 정부는 한반도 평화유지와 국방력 강화를 통해 '평화시대를 연 정부'의 성과도 거두고 있습니다.

위기대응, 미래대응, 복지확장, 권력개혁, 한반도 평화유지의 성과를 통해 강한 국가, 든든한 나라로 거듭나는 정부라는 점에 주목하면 우리는 '문재인 정부 국정성과로 보는 5대 강국론'을 강조할 수 있습니다. 이 같은 '5대 강국론'을 포함해 주요 입법성과를 중심으로 '대한민국을 바꾼 문재인 정부 100대 입법성과'를 담론화하고, 또 문재인 정부 들어 눈에 띄게 달라진 주요 국제지표를 중심으로 '세계가 주목하는 문재인 정부 20대 국제지표'도 담론화하고 있습니다.

2021년 4월 26일 국정성과를 보고하는 비공개 회의에서 문재인 대통령은 "모든 위기 극복의 성과에 국민과 기업의 참여와 협력이 있었다"는 말씀을 몇 차례 반복했습니다. 지난 5년, 국정의 성과는 오로지 국민이 만든 국민의 성과입니다. 그래서 문재인 정부 5년의 성과는 오롯이 우리 국민의 자부심의 역사이자 자신감의 역사입니다. 문재인 정부 5년의 성과는 국민과 함께 한 일관되고 연속적인 국정비전의 진화를 통해 축적되었습니다. '국민의 나라, 정의로운 대한민국'이라는 국가비전이 구체화되고 세분화되어 진화하는 과정에서 '소득주도성장·혁신성장·공정경제'의 비전이 제시되었고, 이러한 경제운용 방향은 '혁신적 포용국가'라는 국정비전으로 포괄되었습니다.

3대 위기과정을 극복하는 과정에서 문재인 정부는 '아무도 흔들 수 없는 나라', '위기에 강한 나라'라는 비전을 진화시켰고, 코로나19 팬데믹 위기에서 '포용적 회복과 도약'의 비전이 모든 국정 방향을 포괄하는 비전으로 강조되었습니다. 코로나19 팬데믹으로 인한 방역위기와 경제위기를 극복하는 과정에서 대한민국은 새로운 세계표준이 되었습니다. 또 최근 탄소중립시대와 디지털 경제로의 대전환을 준비하는 한국판 뉴딜의 국가혁신 전략은 '세계선도 국가'의 비전으로 포괄되었습니다.

이 모든 국정비전의 진화와 성과에는 국민과 기업의 기대와 참여가 있었습니다. 그러나 우리는 문재인 정부의 임기가 그리 많이 남지 않은 시점에서 국민의 기대와 애초의 약속에 미치지 못한 많은 부분들은 남겨놓고 있습니다. 혁신적이고 종합적인 새로운 그림이 필요한 부분도 있고 강력한 실천과 합의가 필요한 부분도 있습니다. 무엇보다도 민주주의에 대한 새로운 기획이 필요합니다. 문재인 정부는 촛불혁명이라는 제도혁명을 통해 민주주의를 진화시킨 정치사적 성과를 얻었으나 정작 민주주의에 대한 새로운 전망을 제시하는 데는 미치지 못했습니다. 문재인 정부는 헌법 제1조의 민주주의를 실현하고자 했으나 문재인 정부 이후의 민주주의는 국민의 행복추구와 관련된 헌법 제10조의 민주주의로 진화해야 할지 모릅니다. 민주정부 4기로 이어지는 새로운 민주주의의 디자인이 필요합니다.

둘째는 공정과 평등을 구성하는 새로운 정책비전의 제시와 합의가 요구됩니다. 오늘날 대부분의 국가는 정의로운 공동체를 추구합니다. 정의로운 질서는 불평등과 불공정, 부패를 넘어 실현됩니다. 이 같은 질서에는 공정과 책임, 협력의 실천윤리가 요구되지만 우리 시대에 들어 이러한 실천윤리에 접근하는 방식은 세대와 집단별로 큰 차이를 보입니다.

신자유주의 시대에 성장한 청년세대는 능력주의와 시장경쟁력을 공정의 근본으로 인식하는 반면 기성세대는 달리 인식합니다. 공정과 평등에 대한 '공화적 합의'가 필요합니다. 소득과 자산의 분배, 성장과 복지의 운용, 일자리와 노동을 둘러싼 공정과 평등의 가치에 합의함으로써 '공화적 협력'에 관한 새로운 그림이 제시되어야 합니다.

셋째는 지역을 살리는 그랜드 비전이 새롭게 제시되어야 합니다. 공공기관 이전을 통한 중앙정부 주도의 혁신도시 정책을 넘어 지역 주도의 메가시티 디자인과 한국판 뉴딜의 지역균형 뉴딜, 혁신도시 시즌

2 정책이 보다 큰 그림으로 결합되어 지역을 살리는 새로운 그랜드 비전으로 제시될 필요가 있습니다.

넷째는 고등교육 혁신정책과 새로운 산업 전환에 요구되는 인력양성 프로그램이 결합된 교육혁신의 그랜드 플랜이 만들어져야 합니다.

다섯째는 커뮤니티 케어에 관한 혁신적이고 복합적인 정책 디자인이 준비되어야 합니다. 지역 기반의 교육시스템과 지역거점 공공병원, 여기에 결합된 지역 돌봄 시스템이 복합적이고 혁신적으로 기획되어야 합니다.

이 같은 과제들은 더 큰 합의와 더 많은 시간이 필요합니다. 그러나 이러한 쟁점들이 다음 정부의 과제나 미래과제로 막연히 미루어져서는 안 됩니다. 문재인 정부의 국정성과들이 국민의 기대와 참여로 가능했듯이 이러한 과제들은 기존의 국정성과에 이어 문재인 정부의 마지막까지 국민과 함께 제안하고 추진함으로써 정책동력을 놓치지 않는 것이 중요합니다.

코로나19 변이종이 기승을 부리면서 여전히 코로나19 팬데믹의 엄중한 위기가 진행되는 가운데 국민의 생명과 삶을 지켜야 하는 절체절명한 시간이 흐르고 있습니다. 문명 전환기의 미래를 빈틈없이 준비해야하는 절대시간이기도 합니다. 여기에 대응하는 문재인 정부의 남은 시간이 그리 길지 않습니다. 그러나 인수위도 없이 서둘러 출발한 정부라는 점과 코로나 상황의 엄중함을 생각하면 문재인 정부에게 남은 책임의 시간은 길고 짧음을 잴 여유가 없습니다.

이 절대시간 동안 코로나19보다 위태롭고 무서운 것은 가짜뉴스나 프레임 정치가 만드는 국론의 분열입니다. 세계가 주목하는 정부의 성과를 애써 외면하고 근거 없는 프레임을 공공연히 덧씌우는 일은 우리 공동체를 국민의 실패, 대한민국의 무능이라는 벼랑으로 몰아가는 것과 다르지 않습니다. 국민이 선택한 정부는 진보정부든 보수정부든 성공해야 합니다. 책임 있는 정부가 작동되는 데는 책임 있는 '정치'가 동반되어야 합니다.

정책기획위원회를 포함한 국정과제위원회들은 문재인 정부의 남은 기간 동안 국정성과를 국민과 공유하는 적극적 정책소통관리에 더 많은 의미를 두어야 합니다. 문재인 정부의 성과를 정확하게, 사실에 근거해서 평가하고 공유하는 데 더 많은 시간을 써야 합니다. 다른 무엇보다도 객관적이고 종합적인 국정성과에 기반을 둔 세 가지 국민소통전략이 강조됩니다.

첫째는 정책 환경과 정책 대상의 상태를 살피고 문제를 찾아내는 '진단적 소통'입니다. 둘째는 국정성과에 대한 이해를 통해 민심과 정부 정책의 간극이나 긴장을 줄이고 조율하는 '설득적 소통'이 중요합니다. 셋째는 국민들이 삶의 현장에서 정책의 성과를 체감할 수 있게 하는 '체감적 소통'을 강조할 수 있습니다. 위기대응정부론, 미래대응정부론, 복지확장정부론, 권력개혁정부론, 평화유지정부론의 '5대 강국론'을 비롯한 다양한 국정성과 담론들이 이 같은 국민소통전략으로 공유될 수 있기를 바랍니다.

정책기획위원회의 눈으로 지난 5년을 돌이켜보면 문재인 정부의 시간은 '일하는 정부'의 시간, '일하는 대통령'의 시간이었습니다. 촛불혁명으로 집권한 제도혁명정부로서는 누적된 적폐의 청산과 산적한 과제의 해결이 국민의 명령이었기 때문에 옆도 뒤도 보지 않고 오로지 이 명령을 충실히 따라야 했습니다. 그 결과가 '일하는 정부', '일하는 대통령'의 시간으로 남게 된 셈입니다.

정부 광화문청사에 있는 정책기획위원회 위원장실에는 한 쌍의 액자가 걸려 있습니다. 위원장 취임과 함께 우리 서예계의 대가 시중(時中) 변영문(邊英文) 선생님께 부탁해 받은 것으로 "先天下之憂而憂, 後天下之樂而樂"(선천하지우이우, 후천하지락이락)이라는 글씨입니다. 북송의 명문장가였던 범중엄(范仲淹)이 쓴 '악양루기'(岳陽樓記)의 마지막 구절입니다. "천하의 근심은 백성들이 걱정하기 전에 먼저 걱정하고, 천하의 즐거움은 모든 백성들이 다 즐긴 후에 맨 마지막에 즐긴다"는 의미로 풀어볼 수 있습니다. 국민들보다 먼저 걱정하고 국민들보다 나중에 즐긴다는 말로 해석됩니다. 일하는 정부, 일하는 대통령의 시간과 닿아 있는 글귀입니다.

문재인 정부의 남은 시간이 길지 않지만, 일하는 정부의 시간으로 보면 짧지만도 않습니다. 결코 짧지 않은 문재인 정부의 시간을 마지막까지 일하는 시간으로 채우는 것이 제도혁명정부의 운명입니다. 촛불시민의 한 마음, 문재인 정부 출범 시의 절실했던 기억, 국민의 위대한 힘을 떠올리며 우리 모두 초심으로 돌아가야 합니다.

앞선 두 번의 정부가 국민적 상처를 남겼습니다. 진보와 보수를 떠나 국민이 선택한 정부가 세 번째 회한을 남기는 어리석은 역사를 거듭해서는 안 됩니다. 문재인 정부의 성공이 우리 당대, 우리 국민 모두의 시대적 과제입니다.

3. 한없는 고마움을 전하며

아무리 작은 일이라도 일이 마무리되고 결과를 얻는 데는 드러나지 않는 많은 분들의 기여와 관심이 있기 마련입니다. 정책기획위원회는 앞에서 밝힌 바와 같이 정책 콘텐츠 관리와 정책 네트워크 관리, 정책 소통 관리에 포괄되는 광범한 활동을 수행하고 있습니다. 사실 이 책과 같은 단행본 출간사업은 정책기획위원회의 관례적 활동과는 별개로 진행되는 여벌의 사업이라 할 수 있습니다. 이러한 부가적 사업이 가능한 것은 6개 분과 약 백여 명의 정책기획위원들이 위원회의 정규 사업들을 충실히 해낸 효과라 할 수 있습니다. 무엇보다도 정책기획위원회라는 큰 배를 위원장과 함께 운항해주신 두 분의 단장과 여섯 분의 분과위원장께 감사의 말씀을 드려야 합니다. 미래정책연구단장을 맡아 위원회에 따뜻한 애정을 쏟아주셨던 박태균 교수와 2021년 하반기부터 박태균 교수의 뒤를 이어 중책을 맡아주신 추장민 박사, 그리고 국정과제지원단장을 맡아 헌신적으로 일해주신 윤태범 교수께 각별한 마음을 전합니다. 김선혁 교수, 양종곤 교수, 문진영 교수, 곽채기 교수, 김경희 교수, 구갑우 교수, 그리고 지금은 자치분권위원회로 자리를 옮긴 소순창 교수께서는 6개 분과를 늘 든든하게 이끌어 주셨습니다. 한없는 고마움을 전합니다.

단행본 사업에 흔쾌히 함께 해주신 정책기획위원뿐 아니라 비록 단행본 집필에는 참여하지 않았지만 지난 5년 정책기획위원회에서 문재인 정부의 다양한 정책담론을 다루어주신 1기와 2기 정책기획위원 모든 분께 이 자리를 빌려 그간 가슴 한 곳에 묻어두었던 고마운 마음을 전합니다.

위원들의 활동을 결실로 만들고 그 결실을 빛나게 만든 것은 정부 부처의 파견 공무원과 공공기관의 파견 위원, 그리고 전문위원으로 구성된 위원회 직원들의 공이었습니다. 국정담론을 주제로 한 단행본들이 결실을 본 것 또한 직원들의 헌신 덕분입니다. 행정적 지원을 진두지휘한 김주이 기획운영국장, 김성현 국정과제국장, 백운광 국정연구국장, 박철웅 전략홍보실장께 각별한 감사를 드리며, 본래의 소속으로 복귀한 직원들을 포함해 정책기획위원회에서 함께 일한 직원들 한 분 한 분께도 감사의 마음을 전합니다.

한국판 뉴딜을 정책소통의 차원에서 국민적으로 공유하기 위해 정책기획위원회는 '한국판 뉴딜 국정자문단'을 만들었고, 지역자문단도 순차적으로 구성한 바 있습니다. 한국판 뉴딜 국정자문단의 자문위원으로 함께 해주신 모든 분들께도 이 자리를 빌려 감사드립니다.

서 론

제1장 문재인 정부 경제정책의 배경과 성격

촛불 혁명의 결과로 탄생한 문재인 정부의 경제정책적 목표는 분명하였다. 한국경제가 안고 있던 다양한 사회경제적 문제를 해결하기 위한 포용적 성장의 방향을 선택하였고 이는 소득주도성장 정책으로 나타났다. 이러한 방향설정의 배경은 분명하였다. 첫째, 최빈개도국에서 신흥선진국으로 유례없는 경제발전의 경험에도 불구하고 경제적 사회적 불평등 문제의 근본적 처방에 대한 사회적 요구에 효과적으로 대처하지 못하고 있었다. 둘째, 저출산 고령화와 생산성의 부진 등 잠재성장률이 지속적으로 하락하는 추세를 보이고 있었다. 이는 한국경제의 장기적 물적토대 확보를 위한 성장동력을 확보할 필요가 있었다.

즉, 소득주도성장으로 대표되는 문재인 정부의 경제정책은 저성장과 소득분배의 악화라는 당시 한국경제의 가장 핵심적인 문제를 매우 직접적이고 근본적으로 해결해 보고자 하는 분명한 목표하에 성립한 것이다. 여기서 중요하게 짚고 넘어가야 할 정책적 논의는 성장과 분배를 동시에 추구 가능한 정책목표로 설정했다는 사실이다. 개발 초기부터 의존해왔던 낙수효과와 정부의 소득분배 정책에 의존한 분배의 개선을 추구한 데서 벗어나 보다 직접적으로 시장에서의 일차적 분배를 개선하는 것이 성장에도 기여할 수 있다는 관점하에서 성립한 것이다.

한국경제가 반세기 이상 추진해온 중화학공업, 대기업 중심 그리고 수출에 의존한 불균등 성장전략은 더 이상 유효하지 않게 되었다는 인식에는 공감대가 형성되어 있었다. 수출대기업의 낙수효과와 성장기여도는 현저히 약화되었으며 소득불균형과 양극화, 대기업과 중소기업 간의 불균형, 그리고 중앙과 지방간의 불균형이라는 전반적인 불균형 구조는 자원의 비효율적 배분을 초래하고 이는 다시 한국경제의 성장동력을 약화시키는 근본원인으로 작용하였다. 특히, 경제규모의 확대에도 불구하고 주력기업들의 글로벌 전략으로 인하여 기업의 성과가 국내 투자와 일자리 확대로 이어지지 못하는 현상이 두드러졌다. 제조업 위주로 구성된 산업구조의 경직성으로 인하여 2000년대 이후 투자와 수출의 고용유발 효과가 현저하게 감소된 것도 사실이다. 한국경제를 이끌어온 대기업이 자본 및 기술집약적 투자에 집중하게 됨으로써 발생한 당연한 현상이기도 하다. 이와 반면에 지식 및 전문서비스 분야는 선진국에 못미침으로 인하여 고용을 대체하지 못하는 현실이다. 이러한 과정에서 기업소득과 가계소득 간의 불균형, 대-중소기업 불균형 그리고 정규직-비정규직 문제로 대표되는 노동시장의 불균형 문제가 한국경제의 당면과제로 떠오른 것이다.

이러한 경제현상을 두고 볼 때, 소득주도성장정책의 등장은 어쩌면 매우 자연스러운 것이었으며 포용경제가 주류화하고 있는 경제정책의 세계적 조류와도 일관된 것으로 평가할 수 있다. 예를 들어서 미국뿐만 아니라 일본, 중국 등도 포용적 성격이 강한 정책을 추진해왔음은 주지의 사실이다. 미국은 글로벌 금융위기 이후 중산층과 중소기업에 대한 지원, 고용보험의 확대강화, 보편적 의료보험 체계의 도입을 시도해왔다. 일본의 경우에도 소비확대와 임금인상을 통하여 장기침체에서 벗어나고자 하였으며 급속성장 과정에서 불균형이 확대된 중국은 최저임금의 지속적 인상과 노동소득분배의 확대를 추진하고 있었다. 이러한 현상은 20세기 후반 세계화가 이끌어온 세계경제 성장의 시대가 마무리되고 전반적인 불균형 심화라는 부작용에 대한 정책적 공간의 필요성에서 비롯되었다. 따라서 한국이 포용적 성격을 강화시키는 경제정책의 도입한 것도 이러한 세계적 조류와 명백히 일관성을 가졌다고 할 수 있다.

나아가 소득주도성장 정책은 성장과 분배의 이분법에서 양자를 통합하려는 시도였다는 점에서 평가될 필요가 있다. 분배형평성은 경제적으로 효율적이며, 분배와 성장의 이분법적 논쟁은 비생산적이라 하지 않을 수 없다. 노동소득분배율의 지속적 저하와 국민총소득에서 가계소득의 낮은 상대적 비중 그 자체가 저성장의 주요 원인이 되고 있으며 따라서 총수요 부족과 임금-물가 하락의 악순환 해소는 정책적 당면과제로 간주한 것은 당연한 귀결인 것이다.

이와 함께 지적되어야 할 점은 문재인 정부의 경제정책이 소득주도성장으로 대표됨에도 불구하고 실제로는 초기부터 수요정책과 공급정책의 조화를 꾀하였다는 사실이다. 초기 문재인 정부의 경제정책이 소득주도성장을 전면에 내세웠으나 그 3대 축은 소득주도-혁신-공정이라고 할 수 있다. 소득주도성장은 한편으로는 정책사고의 패러다임 변화이지만 주로 단기적 경기방어적 처방으로도 유효한 것이었다. 따라서 실제로는 공급 측면의 강화를 통하여 정책적 균형을 유지하였다. 단기적으로 총수요를 자극함으로써 경기를 방어하는 한편, 장기적으로 생산성 향상을 촉진하고 투자의 혁신을 유도하는 경로를 취했다는 사실에 주목할 필요가 있다. 이러한 점에서 문재인 정부의 초반부터 혁신정책을 동반함으로써 정책적 균형을 확보하였는데 이러한 사실을

감안하면 소득주도성장 정책에 대한 과도한 초점과 정당하지 못한 비
판의 대상이 되었다고 할 수 있다.

제2장 경제정책의 주요 경과

　문재인 정부의 경제정책은 대체로 전후기로 구분하여 정리할 수 있다. 문재인 정부 초기 경제정책은 앞에서도 언급한 바와 같이 소득주도성장으로 대변되는 포용적 성격을 기조로 하면서 과학기술 발전 및 중소벤처 혁신이라는 공급정책을 병행하였다. 이는 소득주도성장, 혁신성장, 공정경제라는 세 가지 가치를 핵심으로 하는 새로운 정책적 패러다임이라고 할 수 있으며 이를 통하여 한국경제의 제반 문제를 해결하고 소위 '사람중심의 경제'라는 비전을 실현하는 데 목적을 두었

[그림 1] 문재인 정부의 경제정책의 변화

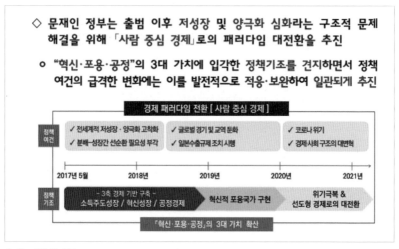

출처: 기획재정부.

다. 그러나 이러한 정책기조는 일본의 수출규제조치, 코로나19 위기 성장의 필요성 등에 따라 한편으로는 위기 부문에 대한 지원을 강화하면서도 혁신성장을 강조하는 공급정책에 비중을 두는 방향으로 전환한 것으로 정리할 수 있다([그림 1]).

1. 문재인 정부 전반기 경제정책

촛불혁명을 기반으로 성립한 문재인 정부 경제정책의 핵심은 과거 이명박·박근혜 정부의 경제정책과 차별화되는 소득주도성장에 있었다. 이는 가계소득을 증대함으로써 불평등을 해소하는 동시에 한국경제에서 상대적으로 낮은 소비비중의 확대를 통하여 총수요 기반을 확충하는 것을 목표로 하였다. 소득주도성장정책의 뿌리가 임금주도성장론에 있다는 점을 감안하면 최저임금의 빠른 인상이 대표적인 정책수단으로 간주된 것은 당연한 일이었다. 그러나 소득주도성장은 매우 다양한 정책수단의 패키지로 구성되었으며, 최저임금인상은 그 한 부분에 지나지 않았음에도 불구하고 사회적으로 지나친 주목을 받았으며, 전반적 정책이행의 동력을 훼손시키기도 하였다.

소득주도성장의 주요 정책적 수단을 구분하자면 첫째, 소득증가를 통한 분배개선 정책으로서 임금노동자와 자영업자의 가구의 가계소득 증대 방안, 둘째 가계의 지출경감을 통한 실질소득의 증대방안, 셋째, 사회안전망의 확충과 사회서비스의 확대 등을 통한 복지수준의 개선으로 정리할 수 있다. 이상과 같은 정책방향은 김대중 정부의 출범 이래 본격적으로 추진된 것은 사실이고 이후 각 정부에서도 정도의 차이를 두고 이행되어 왔다. 그러나 문재인 정부는 이러한 분배정책을 경제정책의 선두에 두었다는 점에서 한국의 경제정책사에서 상당한 의미를 갖는 것으로 평가하지 않을 수 없다.

정부의 역할이 비교적 중요하게 작용해온 한국경제의 성장과정에서 각 정부는 거의 예외없이 공급정책에 비중을 두어왔다. 이는 산업고도화를 위한 산업정책과 이를 뒷받침하는 수출확대 정책으로 크게 요약할 수 있다. 소득주도성장을 기치로 내건 문재인 정부 역시 처음부터 공급정책을 병행함으로써 양자 간의 균형을 확보하고자 한 것으로 보인다. 정부와 시장의 상대적 역할에 대한 끊임없는 논쟁에도 불구하고 어떠한 정부도 생산력의 확대와 구조개선을 위한 정책을 도외시하는 것은 어려운 일이다. 문재인 정부의 경우에는 혁신성장 및 공정성장이 그 자리를 메꾸었다고 할 수 있다. 즉, "신산업과 전통산업에 새로운 투자와 일자리를 만드는 혁신성장, 효율적인 자원배분 및 공정한 분배를 촉진하는 공정경제와의 시너지를 적극적으로 창출…대기업·수출기업 위주에서 중소·혁신기업 위주의 정책으로 전환하며, 불공정한 경제구조와 거래관행을 적극적으로 해소하는 정책을 추진"하는 것이 전반기 경제정책의 핵심적 공급정책이었다(임원혁, 2018).

이상과 같은 문재인 정부 전반기 경제정책은 학계에서 상당한 논란을 겪기도 하였는데 그 논란의 핵심은 여전히 성장과 분배에 관한 이론적 배경에서 비롯된 것이 많았다. 소득주도성장은 특별히 새로운 이론에 기반한다기보다는 전형적인 케인즈의 정책적 사고에 비롯하였다는 점에서 실용적인 측면이 강하였다. 따라서 이에 대한 비판은 경제정책에 대한 시장주의적 고정관념에서 제기되었으며 이러한 경향은 정책의 유효성에 대한 생산적 논의를 저해하는 현상으로 이어진 측면이 있다. 이상의 논의에 기초할 때에도, 문재인 정부 경제정책이 결코 분배와 복지에만 초점을 둔 것이 아님은 분명하다. 소득주도성장은 노동소득분배율의 개선을 통한 내수기반 확충과 복지 및 사회안전망 확대가 성장으로 연결될 수 있다는 사실에 주목하는 것이다. 이는 한국경제가 지금도 직면하고 있는 성장잠재력의 근본원인인 고령화 저출산에 따른 생산가능인구 감소, 그리고 생산성 문제를 직간접적으로 대처하기 위한 것이었다. 이와 함께, 제조업 위주의 한국경제가 갖는 구조고도화의 과제 그리고 대기업과 중소기업간의 불균형 해소, 변화하는 국제경제환경에 적극 대응하기 위한 경쟁력의 제고 등 전통적인 공급분야에 있어서의 정책도 균형 있게 추진되었다는 사실은 오히려 외면된 측면이 있다. 특히 과학기술발전을 중심으로 4차 산업혁명에 적극 대응하는 한편 중소벤처기업의 혁신이 전반기 5대 경제정책 전략으로 포함되었다(〈표 1〉).

〈표 1〉 문재인 정부 전반기 '더불어 잘사는 경제' 5대 전략과 과제

전략	국정과제명
전략 1: 소득주도 성장을 위한 일자리 경제	- 국민의 눈높이에 맞는 좋은 일자리 창출 - 사회서비스 공공인프라 구축과 일자리 확충 - 성별, 연령별 맞춤형 일자리 지원 강화 - 실직과 은퇴에 대비하는 일자리 안전망 강화 - 좋은 일자리 창출을 위한 서비스산업 혁신 - 소득 주도 성장을 위한 가계부채 위험 해소 - 금융산업 구조 선진화
전략 2: 활력이 넘치는 공정 경제	- 공정한 시장질서 확립 - 재벌 총수 일가 전횡 방지 및 소유·지배구조 개선 - 공정거래 감시 역량 및 소비자 피해 구제 강화 - 사회적경제 활성화 - 더불어 발전하는 대·중소기업 상생 협력

전략	국정과제명
전략 3: 서민과 중산층을 위한 민생경제	- 소상공인·자영업자 역량 강화 - 서민 재산형성 및 금융지원 강화 - 민생과 혁신을 위한 규제 재설계 - 교통·통신비 절감으로 국민 생활비 경감 - 국가기간 교통망 공공성 강화 및 국토교통산업 경쟁력 강화

전략 4:
과학기술 발전이 선도하는
4차 산업혁명
	- 소프트웨어 강국, ICT 르네상스로 4차 산업혁명
	  선도 기반 구축
	- 고부가가치 창출 미래형 신산업 발굴·육성
	- 자율과 책임의 과학기술 혁신 생태계 조성
	- 청년과학자와 기초연구 지원으로 과학기술 미래
	  역량 확충
	- 친환경 미래 에너지 발굴·육성
	- 주력산업 경쟁력 제고로 산업경제의 활력 회복

전략 5: 중소벤처가 주도하는 창업과 혁신성장	- 혁신을 응원하는 창업국가 조성 - 중소기업의 튼튼한 성장 환경 구축 - 대·중소기업 임금 격차 축소 등을 통한 중소기 업 인력난 해소

출처: 국정기획자문위원회(2017.7.), 문재인 정부 국정운영 5개년 계획.

2. 후반기 경제정책

문재인 정부의 후반기 경제정책은 심각한 외부적 요인에 대한 대응의 연속이었다. 2021년 기재부의 정책성과 평가에 의하면 문재인 정부의 경제정책이 2019년경부터 수요정책에서 공급정책으로 전환하였음을 쉽게 짐작할 수 있다. 본 평가는 문재인 정부의 경제정책이 사람 중심 경제로의 패러다임 대전환에 착수하였으며 소득주도성장-혁신성장-공정경제 3축 경제기반 구축에 주력하였다고 의미를 부여하지만 2018년경부터 혁신과 규제완화 등 공급정책에 방점을 두고 있음이 드러나고 있다. 구체적으로 포용적 혁신으로 정책방향의 전환이 이루어졌으며 그 내용은 8대 선도산업, 4차 산업혁명 기반 DNA 프로젝트 등이 포함되어 있다.[1] 물론 포용성 강화는 여전히 중요한 정책적 목표였으나 상대적 비중은 혁신정책으로 치우친 것으로 보인다. 이와 함께, 코로나19 팬데믹으로 인한 사회경제적 위기 관리가 가장 큰 도전으로 등장하였으며 소상공인 및 고용안정, 내수진작 등 내수 안정 조치가 큰 비중을 차지하였다. 또한 한국판 뉴딜, 탄소중립 등 미래지향적 정책의 추진이 강조되었다.

2019년 경제정책의 화두는 4차 산업혁명과 일본의 수출규제 등 대외여건의 변화에 대한 대응으로 집약된다. 구체적으로 "D.N.A+BIG3"로 대변되는 혁신성장에 박차를 가하면서 일본 수출규제 조치 등에 대응하여 소부장(소재·부품·장비) 경쟁력 강화에도 역점을 두는 공급 측면의 정책이 강조되었다. 또한 혁신성상이 강조되면서 벤처·창업 활성화 등 경제 전반에 혁신 분위기의 확산도 추진하였다. 이러한 공급 측면 중시의 경제정책은 전반적으로 전통적인 산업정책적 기조를 답습하는 것처럼 보이기도 한다. 다만 그 대상에 차이가 나타났다고도 할수 있다. 즉, 혁신성장의 내용을 대략적으로 구분해 보면 첫째, D.N.A 등 산업전반에 걸쳐 생산성 증대를 가져올 수 있는 분야에 대한 인프라 투자가 강조되었다.[2] 또한 소위 8대 선도산업을 지정하여 여타 분

---

1 이러한 내용은 기획재정부의 "문재인 정부 4주년 그간의 경제정책 성과 및 과제"(2021)을 통하여 잘 알 수 있다. 특히 후반부 정책에 소득주도성장은 언급되지 않는다.
2 이에 해당하는 분야로는 스마트폰 5G 상용화, 인공지능 학습용 데이터 21종 구축, 10개 분야 빅데이터 플랫폼 구축, AI허브 구축, 제품·서비스 개발 위한 고성능 컴퓨팅

야에 대한 파급효과를 기대하였다는 점에서 이러한 경향은 더욱 뚜렷이 나타났다.[3]

2019년 7월 일본이 불산, 포토레지스트, 폴리이미드 3개 품목에 대하여 기존 포괄수출허가를 개별수출허가로 변경하면서 대한 수출규제를 실시한 데 대하여 한국은 해당 품목뿐만아니라 대일 의존도가 높은 소재·부품·장비산업의 국산화 정책을 추진하였다. 이러한 대응은 일본의 '비경제적 측면'을 이유로한 부당한 무역규제라는 점에서 정당하였을 뿐만 아니라 한국의 산업생산역량을 당당히 보여준 사건이었다. 물론 국제경제 전반의 효율성 관점에서 이러한 사건은 두 나라 모두에게 부정적 결과를 가져오지만, 한국으로서도 공급망의 안정성을 확보하기 위해서는 불가피한 대응이 아닐 수 없었다. 한국 정부의 대응은 수출규제 해당 품목뿐만아니라 다양한 분야에 대한 공급망 안정성 확보를 추진하였다.[4] 이와 함께 2019년 10월에는 '소부장 경쟁력 강화 위원회'를 출범시키기도 하였다. 이러한 대응의 결과 2021년 까지 100대 핵심품목에 대한 대일 의존도가 31.4 → 24.9%로 약 6.5%p 감소하였다. 소부장 산업 전체에 대해서도 대일 의존도가 16.8%에서 15.9%로 0.9%p 하락하였고, 중국에 대한 수입비중도 3.1%p 감소하여 공급망 다변화에 진전이 있었던 것으로 평가되었다.[5]

자원 지원, 수소기반 시범도시 3개 선정.

[3] 8대 선도산업:스마트공장, 바이오헬스, 핀테크, 미래차, 스마트시티, 스마트팜, 에너지 신산업, 드론 Big 3 분야: 시스템반도체, 바이오헬스, 미래차.

[4] 6대 분야 100개 핵심전략품목에 대한 공급 안정성 조기 확보 추진: ①반도체, ②디스플레이, ③자동차, ④전기전자, ⑤기계·금속, ⑥기초화학.

[5] 산업통상자원부(2020), "소재·부품·장비 경쟁력 강화 2년 성과 대국민 보고".

[그림 2] 100 핵심품목 대일 수입의존도 변화

(단위: %)

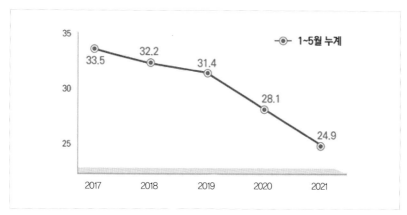

출처: 산업통상자원부.

한편, 2020년부터 발생하여 2022년까지 지속하고 있는 코로나19 팬데믹은 사회적 혼란과 경제적 충격, 그리고 장기화에 따른 구조적 변화를 예고하였다. 당시 한국경제는 세계경제 경기가 회복됨에 따라 교역도 더욱 확대될 것이라고 전망하였으나 팬데믹의 발발로 최악의 세계경제위기라는 예상치 못한 환경을 맞이하게 되었다. 글로벌 팬데믹에 대하여 국제사회는 협력보다는 봉쇄라는 방식으로 대처하였다. 이러한 대응은 코로나19가 매우 빠른 속도로 대규모로 전개됨에 따라 국제사회가 성립시켰던 국제협력의 자산을 활용할 여유를 주지 않았기 때문이다. 국제적 봉쇄는 브레튼우즈 체제 하에서 자유주의적 환경을 기반으로 촘촘히 성립시킨 글로벌 공급망의 취약성을 그대로 노정하는 결과로 이어졌다. 해외부문에 대한 높은 의존도를 가진 한국경제로서는 다른 국가보다 더 큰 피해를 입을 위기에 봉착하였음을 의미하는 것이기도 하다.

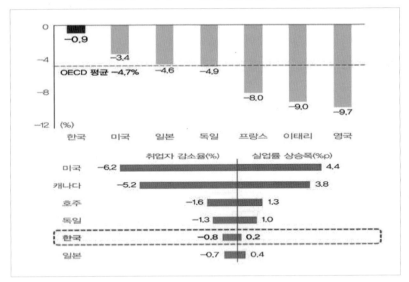

[그림 3] 주요국의 2020년 경제성장률과 고용지표

출처: 기획재정부.

그럼에도 불구하고 한국은 이른바 K-방역으로 지칭할 수 있는 모형을 통하여 비교적 이러한 위기를 잘 극복하고 있는 것으로 국내외의 평가를 받았다. K-방역의 본질은 균형(Balance)의 확보에 있었다. 즉, 방역과 경제, 방역과 일상 간의 균형적 접근을 통하여 효과적으로 방역을 통제하면서도 경제에 대한 피해를 최소화하는 성공적 모형을 국제사회에 제시하였다.6 이러한 모형은 한국사회의 성숙하고 효율적인 위기대처 역량을 증명하는 동시에 경제적 성과를 동시에 확보하는 성

---

6 한국의 성공적인 방역 경험으로 인하여 일반적으로 한국의 방역을 위한 사회적 통제가 매우 높았을 것이라고 간주하는 경우가 있다. 그러나 실제 통제수준의 국제비교를 통해서 알 수 있듯이 한국의 경우 중간수준에 위치하고 있는 것이 잘 드러난다. 이 같은 사실을 Our World in Data의 시계열 통계를 참조할 것.

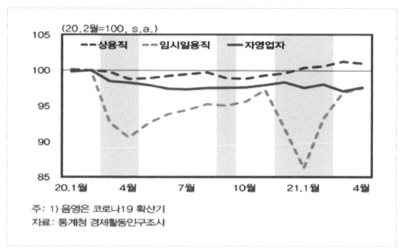

[그림 4] 코로나19 확산과 고용형태별 피해

주: 1) 음영은 코로나19 확산기
자료: 통계청 경제활동인구조사

출처: 한국은행 BOK 이슈노트(2021.11).

과로 이어졌다. 구체적으로 2020년을 기준으로, 한국경제는 주요 선진국에서 가장 낮은 수준의 경제 후퇴를 경험하였으며 2021년에도 4%의 경제성장을 기록하였다. 자연스럽게 고용 측면에서도 그 피해는 비교국가에 비하여 현저히 양호한 성과를 보였다([그림 3]).

물론 위기극복 과정에서 한국 역시 다양한 측면에서 정책적 한계를 보이고 많은 논쟁을 불러 일으켰다. 우선 주로 정책당국의 자평에서 '가성비 좋은 위기대책'이라는 표현이 자주 등장하였는데 이는 달리 표현하면 낮은 수준의 재정지출에도 불구하고 경제적 성과는 상대적으로 우수하였다는 것이다. 실제로 코로나19 위기 극복을 위한 한국의 재정투입 규모는 선진국 중 최하위권(GDP 대비 4.5%, 20개 선진국 중 17위), 유동성지원 규모는 선진국 중 중위권(GDP 대비 10.2%, 20개 선진국 중 11위)에 머물렀다.(한홍열·이동진, 2020) 그러나 이는 전국민의 생명을 위하여 영업제한을 할 수 밖에 없었던 수많은 자영업자에 대한 보상이 필요하다는 관점에서 비판의 대상이기도 하다. 특히 자영업자와 일용직이 상용직에 비하여 고용 피해가 상대적으로 크다는 점에서 이에 대한 더 직접적이고 규모 있는 지원은 도덕적으로도 필요하다는 인식은 당연한 것이다. 자영업자에 대한 지원규모와 재정건전성간의 상충문제는 여전히 한국경제에서 매우 첨예한 논쟁의 대상으로 남아 있다.

제3장 '포용과 혁신'의 구성

이상에서 살펴보았듯이 문재인 정부하의 경제정책은 매우 다양하고 심대한 내부의 구조적 문제와 외부적 충격에 대한 대응의 연속이었다. 초기에는 각 분야에 고착한 불균형을 해소하기 위한 포용적 성장을 추진하였지만 후반기에 접어들면서 위기를 극복하면서도 성장동력을 확보하려는 다양한 정책적 시도가 있었다. 이에 대한 총체적 평가는 일정한 시간이 지난 후에야 객관적으로 이루어질 수 있을 것이다. 그럼에도 불구하고, 문재인 정부 하에서 한국경제는 글로벌 TOP 10 국가로 도약하는 성과를 이루었으며 이러한 성장세가 일시적이 아닐 것이라는 국제적 평가 역시 존재하고 있다. 그러나 세계경제는 미-중 간의 패권 다툼에 따른 자유주의적 경제질서의 위기에 직면하고 있으며 코로나19로 인한 글로벌 공급망의 교란은 상당기간 지속될 가능성이 있다. 그뿐만 아니라 최근 러시아-우크라이나 사태는 국제질서에 대한 근본적 위기를 조성하고 있는 상황이다. 그 어떤 나라보다 국제질서와 세계경제의 변화에 민감한 한국경제의 입장에서 볼 때, 지금까지의 성과를 확대 유지해나가는데 미증유의 도전에 직면한 시점이라 하여도 과언이 아닐 것이다.

이러한 상황 하에서 본서가 문재인 정부의 경제정책과 한국경제의 과제를 되짚어보고 향후의 성장동력을 진단하는 것은 의도치 않았지만 그 시의성을 더 갖는 결과가 되었다. 한국경제가 포용과 혁신이라는 두 가지 목표를 원활하게 추진해 나가야 한다는 점에서 과거의 정책을 진단하고 현재 한국의 위치를 돌아보는 동시에 새로운 성장동력 분야를 점검하는 본서의 작업이 보다 중요한 의미를 갖게 되기도 하였다. 본서의 구성 또한 이러한 의미와 일관성을 확보하고 있다. 즉, 제1부는 문재인 정부 포용경제정책의 성과와 과제, 제 2부는 세계경제의 구조변화와 코로나 충격의 도전이라는 주제를 각각 다루고 있다. 이상과 같은 총론적 논의 이후에는 한국의 미래성장동력이 될 수 있는 주요 산업분야의 현황과 발전방향에 관한 논의를 포함한다.

문재인 정부 포용경제정책의 성과와 과제를 다루고 있는 제 1부에서는 소득주도성장을 중심으로한 문재인 정부 경제정책의 의의를 살펴보고 또 평가하고 있다. 여기서는 포용경제 정책의 의의는 사람을 위한 산업 혁신을 고민하고, 사업적 이익만이 아닌 국민경제, 인권, 안전, 젠더, 환경 등 여러 관점에서 사회적 이익을 고려한다는 점에서 문재인 정부가 정책방향이 시의적절하였다고 평가하다. 특히 핵심 정책 수단의 이행내용과 성과를 평가하는 한편 주요 논쟁을 정리하였는데, 정책적 방향의 타당성에도 불구하고 포용성을 확대하는 정책의 강도와 진행 속도에 있어서 기대에 비하여 미진한 점이 있었음을 지적하고 있다. 특히 혁신의 요구나 생산성 향상 과제가 포용적 가치와 충돌하는 점이 존재함에도 불구하고 양자 간의 조정이 불충분한 측면이 있음을 환기한다. 그럼에도 불구하고 문재인 정부의 포용경제 정책은 혁신경제 정책과의 관련성이라는 측면에서도 그 의의를 조명하는 것이 필요하며 산업 혁신에 대한 문재인 정부의 접근법은 한국경제의 성장 역사에 있어 역대 어느 정부의 그것과도 다른 새로운 면모를 갖춘 것으로 평가하고 있다. 물론 그 효과는 상당한 기간을 두고 장기적으로 확인되는 성격을 갖고 있어 일정한 시간이 지나 후에 객관적 평가가 가능함을 지적하고 있다.

제2부는 세계경제의 구조변화 특징과 코로나19 팬데믹 하에서 한국경제의 대응과 성과 그리고 향후 환경변화에 대응하기 위한 정책방향을 제시하고 있다. 특히, 세계경제는 코로나 이후 그리고 국제질서의 급변과 함께 전개될 저성장·저금리 구조의 장기화 및 경제충격의 글로벌화, 인플레이션의 종말, 세계화의 후퇴 등 세계경제의 구조적 변화의 진행방향과 새로운 구조형성에 대한 적극적 판단이 필요함을 지적한다. 또한 빠른 속도로 진행되고 있는 4차 산업혁명은 기회와 도전을 동시에 제시한다는 점에서 과거에는 경험하지 못한 산업구조의 전환을 가져올 것이며 초연결성과 초지능을 특징으로 하는 산업구조의 변화를 능동적으로 활용해나가야 할 필요가 있음을 강조한다. 마지막으로 시장개방의 확대를 기조로하는 국제협력체제는 이미 약화되었고 가속화될 가능성이 높다는 전망을 내리고 있다. 지역 간 경제협력체제가 과거에는 경제적 효율성을 목표로 한 것에 반하여 최근에는 안보적 목표를 뒷받침하는 방향으로 진행되고 있으며 작금의 국제질서는 그 전개방향에 대한 예측을 더욱 어렵게 하고 있다. 따라서 대외의존도가 높은 한국의 대외경제정책 및 산업정책의 방향성에 대한 재검토가 이루어져야 할 시점임을 강조하고 있다.

제3부 이하에서는 한국의 미래성장동력으로 간주되는 주요 산업별 현황과 발전방향을 제시하고 있다. 첫째, 바이오경제로서 바이오경제 전환이 가속될 수 있도록 우리의 강점인 디지털과 생명과학의 융합을 확장시켜야 함을 강조한다. 바이오 선도국가로 진입하기 위해서는 먼저, 현재 진행되고 있는 바이오헬스, 농업, 산업 영역에서 이루어지고

있는 기술 혁신과 디지털 전환에 필요한 R&D와 관련 사업을 지원하고 발전시키는 일은 빠른 속도로 계속되어야 한다. 근본적인 산업전환을 목표로 한다면 바이오산업 전반에 걸친 혁신이 있어야 한다. 제4차 산업혁명이 초기상태를 지나 고도화되어가는 과정에 이르면 바이오경제가 보다 더 성숙한 단계로 진입할 것이며, 따라서 교육과 R&D를 포함한 전반적 정책적 전환 필요성과 방향을 제시한다.

둘째, 저탄소 경제이다. 이제 탄소중립을 위한 장·단기 목표가 설정되었다. 향후 정부의 탄소중립 목표를 이행하기 위해서는 2030년과 2050년 감축목표에 대한 구체적인 로드맵을 수립하는 것이다. 특히 2021년 말에 수립된 2030년 목표를 이행하기 위한 로드맵 수립은 시급한 실정이다. 왜냐하면 2022년부터 감축목표를 이행한다 하더라도 9년 밖에 남지 않았기 때문이다. 2018년 온실가스 배출을 정점으로 2030년에 2018년 대비 40%를 감축하는 것은 2018년까지 지속적으로 온실가스가 증가하고 있는 현실에서 감축해야 하는 것이라 전세계에서도 전례가 없는 파격적인 목표설정이기 때문이다.

셋째, 디지털경제이다. 모든 산업에서의 디지털 전환은 세계 경제 흐름의 한 축이다. 능동적 시대적 전환을 위한 한국판 뉴딜에서도 위기 극복과 새로운 도약을 위해 디지털경제로의 구조전환이 절실하다. 디지털경제 하드웨어의 핵심 축인 반도체 산업의 현황과 발전대안, 디지털 뉴딜 2.0에 부각된 메타버스 산업의 현황 및 발전대안, 그리고 선도적 디지털 산업 육성 및 발전을 위해 디지털 플랫폼 경제의 경제정책 및 규제 방향을 살펴보고자 한다.

| 참고문헌 |

국정기획자문위원회(2017), '문재인 정부 국정운영 5개년 계획'.

기획재정부(2021), '문재인 정부 4주년 그간의 경제정책 추진성과 및 과제'.

산업통상자원보(2020), "소재 · 부품 · 장비 경쟁력 강화 2년 성과 대국민 보고".

임원혁(2018), "소득주도성장 정책의 현황과 과제", 한국경제의 현황과 소
　　　득주도성장 소득주도성장특별위원회(2021) 세미나 발표자료.

한국은행(2011), '한국은행 BOK 이슈노트', 2011.11.

문재인 정부 포용경제 배경과 소득주도성장

제1장 서론

세계경제포럼(WEF, World Economic Forum)이 2020년에 발표한 '글로벌 사회 이동성 지수'(WEF 2020)는 각국에 있어 시민 개인의 기회 균등 정도와 이에 따른 계층 이동 가능성을 측정한 것이다. 이 조사에서 한국의 성적은 82개국 가운데 25위로 사회 이동성 지수가 비교적 높게 평가되었다. 최상위는 북유럽 복지국가들이 차지했다. 평가요소는 10개 대분류로 분류되어 있는데, 한국은 기술 접근성(3위)과 보건(9위)에서 양호한 결과를 보였고 평생학습(14위), 일자리 기회(17위), 교육 기회(24위), 제도 포용성(25위), 교육의 질과 형평성(29위)에서도 결과가 나쁘지 않았다. 하지만 노동조건(36위), 사회적 보호(45위), 임금분포의 공정성(56위)에서는 평가 결과가 상대적으로 좋지 않았다. 이 중 노동조건 항목을 다시 세분화한 중분류 평가요소를 살펴보면 노사협력(79위)의 부재, 미약한 노동권 보호(57위), 장시간 노동(52위) 측면에서 부정 평가가 우세했다. 한편, 사회적 보호 항목의 경우 중분류 평가요소 가운데 사회지출(55위)의 부족이 가장 큰 문제로 꼽혔다. 마지막으로 임금분포의 공정성 항목은 중분류 평가요소 중에 임금불평등(54위, 56위)이 가장 큰 문제였다.

전반적인 평가 결과, 그간에 기술 개발과 우수한 인적자원의 양성에 초점을 맞춰온 한국 역대 정부의 오랜 경향성을 드러내는 측면이 있다. 부정적으로 평가된 영역을 중심으로 한국사회의 현실을 요약적으로 진단하면, 사회안전망이 열악하고 노동기본권 보장이 미진한 가운데 노동시장 이중구조가 심화되고 있는 상황으로 판단된다. 저임금 노동자를 비롯한 사회적 약자에 대한 배제가 심각한 수준에 있는 것이다. 다만 우리는 노동시장 이중구조 심화의 이면에서 진행되는 기업부문 이중구조에도 주목할 필요가 있다.

저임금 노동자와 고용취약계층을 중심으로 사회이동성이 저하되고 양극화가 심화되는 배경에는 구조적인 생산성 정체 및 이와 연관된 임금 상승 억제라는 요인이 깔려 있다. 사실 이 문제는 한국만의 것은 아니다. 불평등 심화 추세가 수요 제약을 강화해 생산성 정체를 수반해온 경험이 세계 공통의 것이라는 보고가 그간에 꾸준히 이루어져왔다.

한국은 지금까지 선진국 경제를 성공적으로 추격해왔으나 뿌리 깊은 불평등은 여전히 심각한 상황이다. 향후 저출산 고령화와 기후위기, 기술 전환, 세계경제의 불확실성 등 여러 요인이 향후 우리 경제에 부담스러운 과제가 될 것임을 감안하면 불평등은 미래에 두고두고 발목을 잡는 문제가 될 가능성이 크다. 미래에 대한 막연한 낙관은 금물이며 더 늦지 않게 적극적인 개선 노력을 기울여야만 하는 상황이다. 그런 점에서 소득주도성장과 혁신적 포용 국가라는 문재인 정부 경제정책의 초기 방향성은 상당한 시의성을 가진 것이었다.

소득주도성장이라는 기획은 본래는 케인스주의 경제학의 임금주도성장 이론에서 출발(Lavoie and Stockhammer 2013)했지만 실제 내용은 오히려 경제협력개발기구(OECD)나 국제통화기금(IMF)에서 최근 국제적으로 추천하고 있는 '포용적 성장(inclusive growth)' 담론으로 수렴되는 것이었다. 개념적으로 포용 성장은 사회 전반에 걸쳐 성장의 과실이 공정하게 분배됨으로써 시민 누구에게나 성장에 기여할 수 있는 기회가 제공되는 경제성장(OECD 2018a), 혹은 간단하게는 불평등을 줄이는 경제성장을 일컫는다. 이는 적어도 장기적으로 보면 불평등이 심할수록 성장도 제약된다는 실증 연구 결과에 기반(Cerra et al. 2021)해 있다.

포용 성장은 시민의 역량 강화에서 경제성장의 해법을 찾고 시민의 역량 강화를 위한 사회경제적 조건을 규명하는 데에 초점을 맞추는 접근법이다. 신고전학파 경제학의 내생적 성장이론에서 연구되는 주제이기도 하다. 어떤 원인으로든 사회 내 특정 그룹에 대한 차별이 누적되면 경제 전체적으로도 생산성과 경제성장에 부정적인 영향이 초래될 수 있다는 관측(OECD 2015)과, 사회가 불평등을 제대로 관리하지 못하면 사회의 기초가 되는 합의 기반이 무너져 불안이 야기되고 탈정치의 흐름이 강화되면서 정책의 우선순위를 정해 실행하는 정부의 권위 역시 약화되는 결과로 이어진다는 진단(OECD 2018a) 등이 포용 성장 담론의 배경이다.

제2장 문재인 정부
포용경제정책의 대두 배경

1. 양적 성장과 그 이면

한국경제는 2019년에 1인당 국민소득 3만 달러를 초과함으로써 OECD 국가 1인당 국민소득 평균의 97%에 도달했다. 그간의 놀라운 경제성장 성과는 무엇보다도 대기업 기업집단을 중심으로 하는 주력 기간 제조업의 역량과 시민들의 높은 교육수준과 연관된 인적자원에서 찾을 수 있을 것이다. 특히 2000년대 첫 10년은 한국 제조업의 최고 전성기였다. 이 기간에 주요 제조대기업들은 국제 분업구조에 적극적으로 참여함으로써 중간재 수출을 중심으로 중국 특수를 수혜했다. 그 과정에서 글로벌 생산 네트워크가 구축되고 국내 공급망의 가치사슬 구조가 해외로 확장되었다. 세계시장 개방과 글로벌화 국면에서 주력 상품의 최종재 단계에서의 고도화 전략이 성공하면서 세계시장 점유율이 확대된 것이다.

그러나 2010년대 들어 한국 제조업은 위기에 봉착했다. 세계경제가 장기 정체 국면에 돌입하면서 해외 수요가 감소하고 기술과 가격의 양 측면에서 경쟁력을 갖춘 후발주자의 진입으로 점유율이 하락했다. 중국의 자국 내 중간재 조달 비중 확대로 대 중국 수출이 감소한 것도 영향이 있었다. 위기는 조선업에서 시작되었고 이후 자동차 산업과 후방 연관 업종인 기계 및 철강 산업으로 확산되었다. 그 과정에서 투자와 고용이 위축되었다. 2017년부터 산업연관 효과가 상대적으로 미약한 반도체 산업 중심으로 회복 흐름이 나타났으나 여타의 기존 주력산업에서는 다소간의 부침에도 불구하고 구조조정이 장기화되는 양상이다.

최근 코로나19 경제위기에도 불구, 뛰어난 방역 성과로 2020년 경제성장률은 전년 대비 약 -1%에 그쳤다. 이는 OECD 회원국 가운데 가장 양호한 성적이다. 다만 중미 무역 갈등으로 투자가 위축되고 있어 회복경로에는 불확실성이 상존해 있다. 포스트코로나 기간에는 세계경제 성장 경로 자체가 장기적으로 하방 이동할 위험이 잠재되어 있고 한국경제도 그 영향을 받을 전망이다. 산업 전환이 몰고 올 제조업의 대규모 구조조정과 세계적인 공급망 재편 과정이 불러올 혼란은 그와 같은 위험을 증폭시킬 수 있는 요인이다.

겉으로 드러나는 화려한 양적 성장의 이면으로 기업 및 노동 부문의 이중구조가 가파른 속도로 심화된 점에 유의해야 한다. 외환위기 이후 인건비 절감 위주의 구조조정으로 비정규직과 외주하청의 비중이 늘었다. 강한 대기업과 약한 중소기업의 공존으로 한편으로는 대기업 주도 공급체계의 구축으로 세계시장의 변화에 기민하게 대응하면서 추격의 속도를 관리할 수 있었던 반면, 공급체계 위계의 하층부에는 위험과 부작용이 집중되면서 이중구조화가 진행되었다.

2. 불평등의 국제 비교

한국경제에서 성장의 과실이 모두에게 얼마나 평등하게 분배되고 있는지를 대략적으로 파악하기 위해 불평등 지표의 국제비교를 참고할 필요가 있다. 예를 들어 피케티 등이 주도하는 세계불평등 데이터베이스(WID, World Inequality Database)에 따르면 한국은 소득불평등(세전소득 기준)보다 자산불평등(개인순자산 net personal wealth) 측면에서 상위 집중도가 높게 나타났다.

소득불평등도 세전소득의 상위 10% 점유율을 비교하면 대만이나 2009년 이후의 일본보다 한국이 더 불평등하다. 단, 상위 1%만 보면 2010년부터 2014년까지 한국, 일본, 대만의 순서로 불평등했다가 2015년부터는 한국과 대만이 비슷하고 일본의 상위 집중도가 그보다는 다소 덜한 것으로 나타났다. 한국의 소득불평등은 일본이나 대만과 비교하면 그 차이가 크다고는 할 수 없으나 상대적으로는 스웨덴보다 멕시코에 가까운 것이 현실이다.

[그림 1-1] 한국의 자산불평등과 소득불평등

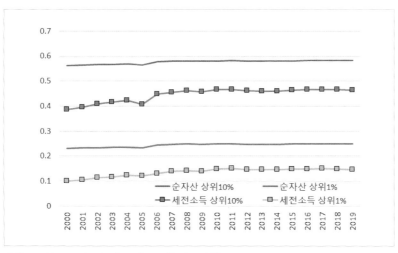

출처: World Inequality Database(https://wid.world/).

[그림 1-2] 소득불평등: 상위 10% 점유율

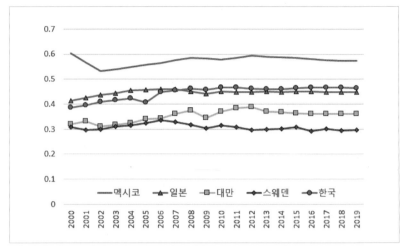

출처: World Inequality Database(https://wid.world/).

[그림 1-3] 소득불평등: 상위 1% 점유율

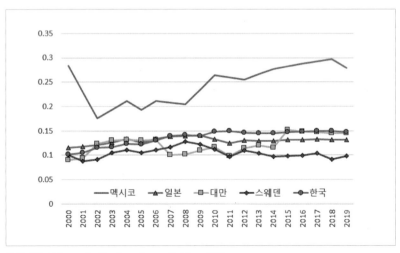

출처: World Inequality Database(https://wid.world/).

한편 OECD 소득통계(OECD Income Database)로부터 소득 상위 20%와 하위 20%의 소득을 비교하면 한국은 2017년에 전자가 후자의 7배였으나 OECD 평균은 같은 해 5배였다. OECD 평균보다 소득 불평등이 심한 것이다. 중위소득의 50% 미만을 버는 비율을 뜻하는 상대적 빈곤율도 한국은 OECD 평균보다 5%p 이상 높은 수준을 유지하고 있다. 특히 65세 이상 노인의 경우 한국은 45.7%가 상대적 빈곤 상태에 처해 있어 OECD 평균 12.9%와 차이가 큰 편이다(OECD 2018b).1

3. 소득주도성장 정책2

문재인 정부 소득주도성장 정책은 세계 최저 수준의 출산율, 세계 최고 수준의 노인 빈곤, 배제적 노사 관계, 재벌 총수 일가의 압도적인 경제적 지배력, 확대되는 저성장 위험 등을 배경으로 등장했다. 이는 평등주의 가치와 과잉 저축의 해소라는 거시경제적 효율성의 조화를 추구하는 점에서 합리적인 접근이었다. 모두 함께 승리자가 되는 선순환이 가능한 논리였다.

실제로 세계적으로 볼 때 한국경제는 국민소득 대비 자본 스톡의 비율이 높은 편이고 상대적으로 가계소득의 비중은 낮은 편이다. 경제

---

1 다만 자산불평등 측면에서는 2016년 기준으로 한국은 하위 40%가 전체 자산의 6%를 보유한 반면 OECD 평균은 전체 자산의 2.5% 보유에 그쳐 소득불평등과는 다소 대조되는 모습도 보인다(Balestra and Tonkin 2018).
2 정부 공식 설명은 소득주도성장특별위원회(2018, 2020, 2021)를 참조.

이론에서 이는 자본의 황금률(golden-rule)을 기준으로 과잉 저축과 과소 소비라는 거시경제적 비효율성의 원천이 되고 있다. 가계소득의 부족은 노동생산성과 실질임금의 괴리에 기인한 측면이 있다. 그리고 그 결과 유효수요 부족을 초래하고 있다. 소득주도성장 정책은 이와 같은 현실 인식에 기초해 성장 만능주의나 낙수효과와 같은 과거 인식으로부터 결별한 진일보한 것이었다.

문재인 대통령은 2017년 9월 미국 뉴욕에 방문하면서 가진 경제인과의 대화에서 "한국의 새 정부는 한국경제가 직면한 구조적 문제를 해결하기 위해 경제의 패러다임을 '사람중심 경제'로 근본적으로" 바꿀 것이며 이를 위해 소득주도성장을 추진한다고 밝혔다. 소득주도성장 정책은 [그림 1-4]와 같이 "좋은 일자리를 늘려서 가계소득을 높이고, 늘어난 가계소득이 소비를 진작하여 경제성장을 견인하며, 경제성장이 다시 일자리로 이어지는 선순환 구조를 만드는 것"으로 제시되었다.

[그림 1-4] 소득주도성장 선순환 구조

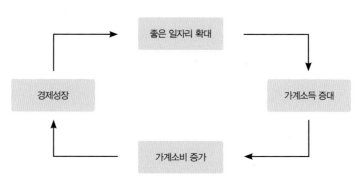

출처: Joo et al. (2020), p.44.

[그림 1-5] 소득주도성장특별위원회 논리형식

출처: 소득주도성장특별위원회(2018), p.9.

[그림 1-6] 소득주도성장의 혁신성장 및 공정경제

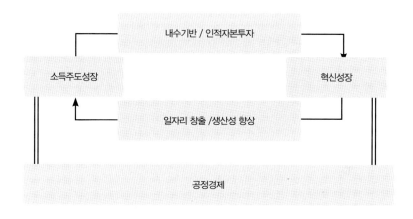

출처: Joo et al. (2020), p.47.

소득주도성장특별위원회는 이를 논리적 형식을 갖춘 도식([그림
1-5])으로 발전시켰다. 소득주도성장을 "가계소득 증대, 가계지출 경감,
안전망과 복지의 강화를 기반으로 일자리를 늘리고, 성장잠재력을 확
충하는 동시에 소득분배를 개선하는 경제성장"으로 정의했다. 이 도식

에는 가계소비 증가와 그로 인한 투자 확대가 경제성장으로 이어지는 수요 경로와 함께 생산성 향상을 매개로 하는 공급 경로도 강조되었다. 보다 큰 틀에서 소득주도성장은 문재인 정부의 다른 두 가지 경제정책 방향인 혁신성장, 공정경제와도 관련([그림 1-6])되어 있다. 문재인 정부는 이 셋을 3대 경제정책 방향으로 천명하면서 공정경제가 소득주도성장, 혁신성장 모두에 대해 기반을 제공하는 것으로 개념화했다.

소득주도성장 정책은 가계소득 증가, 지출부담 경감, 복지 및 안전망 확충을 3대 축(〈표 1-1〉) 및 이에 따른 총 43개의 세부 정책과제로 구체화되었다. 단, 세부 정책과제를 보면 '일자리 창출과 일자리 질의 제고'가 사실상의 네 번째 축 역할을 맡고 있음을 알 수 있다. 공공부문 비정규직의 정규직 전환, 공공부문 인력 확충, 노동시간 단축, 청년내일채움공제 등 청년층의 중소기업 채용 및 자산형성 지원 등이 이에 해당한다.

〈표 1-1〉 소득주도성장의 3대 축

1. 가계소득 증대

1. 저임금노동자를 중심으로 가계소득 기반을 확충
   1) 최저임금 인상
   2) 근로장려세제(EITC) 확대
2. 자영업자 소득 기반의 확충
   1) 일자리안정자금
   2) 자영업자 사회보험료 지원, 카드 수수료 경감 및 임대료 인상 제한
   3) 가맹 및 대리점 분야의 불공정거래 관행을 해소

2. 가계지출 경감

1. 문재인케어
   1) 건강보험 보장성 확대 및 취약계층의 병원비 부담 완화
   2) 치매국가책임제 시행
2. 양육비와 주거비 경감 및 돌봄 사회서비스 강화

3. 고용안전망의 강화
   1) 실업급여의 지급대상과 수준을 확대
   2) 한국형 실업부조의 도입
   3) 적극적 노동시장정책
2. 복지 확대
   1) 아동수당의 지급 개시
   2) 기초연금 확대
   3) 부양의무자 기준의 단계적 완화로 기초생활보장제도 보완

출처: 소득주도성장특별위원회(2018), pp.78~79 내용을 근거로 저자 재구성.

제3장 최저임금 논쟁

2018년과 2019년 한국의 최저임금은 전년에 비해 각각 16.4%, 10.9% 인상되었다. 상당한 정치적 논란에도 불구하고, 이 정도의 인상은 실제로는 2018년 5.9유로, 2019년 6.4유로에 해당해 OECD 평균 6.2유로(2018년), 6.4유로(2019년)를 넘지 않는 수준이었다. 2018년 OECD 풀타임 노동자의 경우 최저임금이 평균임금 대비 42%, 중위임금 대비 53.7%였다. 같은 해 한국은 고용형태별 근로실태조사의 1인 이상 풀타임 정액급여 기준을 적용해 계산하면 최저임금이 평균임금 대비 41.9%, 중위임금 대비 52.8%였다.

무엇보다도 최저임금 인상이 일자리를 줄일 것이라는 우려가 컸다. 코로나19 경제위기가 있기 전인 2019년 12월까지의 일자리 수 월별 증감을, (1) 15세 이상 인구 증감에 기인한 증감(인구 요인), (2) 고용률 변화에 기인한 증감(고용률 요인)으로 분해하면 고용률 요인의 중요성이 상대적으로 컸다. 고용률 요인은 다시 (1) 경제활동참가율 변화에 기인한 증감(참여율 요인), (2) 실업률 변화에 기인한 증감(실업률 요인)으로 분해된다. 전자는 노동공급 요인이고 후자는 노동수요 요인이다. 자료를 분석하면, 2018년 7~8월의 고용 위축은 주로 노동수요 측 요인에, 2019년의 고용 회복은 주로 노동공급 측 요인에 기인한 것으로 보인다.[3]

---

3   [그림 1-7]과 [그림 1-8]에 대한 자세한 설명은 Joo et al.(2020)의 제5장을 참고. Card

[그림 1-7] 고용 증감 요인의 분해

(단위: 천 개)

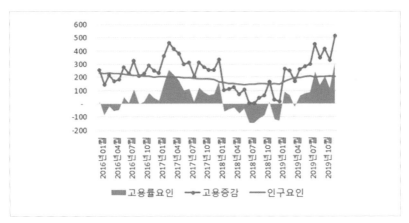

출처: 통계청 자료로 저자 분석.

[그림 1-8] 고용률 변동 요인의 분해

(단위: 천 개)

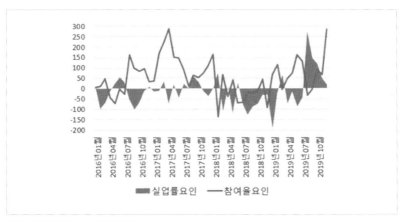

출처: 통계청 자료로 저자 분석.

and Krueger(1994) 이후 1990년대의 여러 실증 연구는 대체로 최저임금이 저임금 노동의 고용에 뚜렷하게 부정적인 영향을 미치지 않는다는 결론으로 수렴되고 있다.

자영업의 객관적인 상황은 왜곡되어 알려진 측면이 있다. 한국경제에서 자영업 일자리는 장기적인 추세 변화에 주목할 필요가 있다. 이미 2002년 9월부터 자영업의 추세적 감소가 관측되기 때문이다. 전체 자영업자 수는 전부터 이어져온 비교적 완만한 하락 추세를 벗어나지 않았지만([그림 1-9]), 유고용자영자는 2018년 9월까지 늘다가 이후 감소한 반면, 무고용자영자는 2018년 내내 감소하다가 독립사업자로 분류된 특수고용노동 및 플랫폼노동의 확산 등을 배경으로 2019년 3월부터 증가했다([그림 1-10]). 한편, 가계동향조사에서 자영업자로 분류할 수 있는 '맞벌이 근로자외 가구'의 가계소득이 2016년부터 2019년까지 전년 대비 각각 2.4%, 1.9%, 5.4%, 3.2% 증가한 사실도 유념할

[그림 1-9] 자영업 일자리 수 추이

(단위: 백만 개)

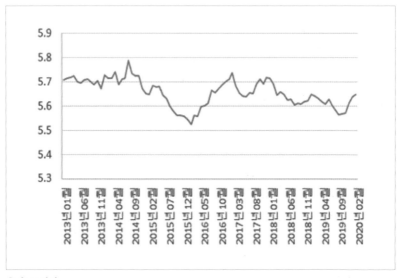

출처: 통계청.

[그림 1-10] 유고용자영자와 무고용자영자 변화 추이

(단위: 천 개)

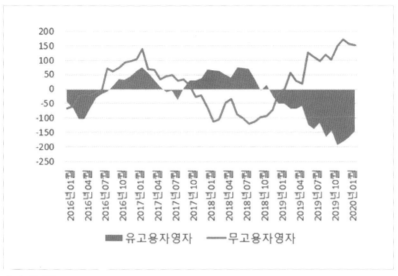

출처: 통계청.

만하다.

2018년과 2019년의 최저임금 인상이 전체적인 임금 분포에 미친 영향은 경제활동인구조사 부가조사 자료를 통해 살펴볼 수 있다. 시간 당 임금 기준으로는 임금 격차가 완화되었다. 2017년부터 2019년까지 시간당 임금 상승률이 시간당 임금 1분위와 2분위에서 가장 컸고 5~10분위에서보다는 1~4분위에서 컸다. 하지만 월 임금 기준으로는 임금 불평등의 완화 추세가 연도별로 차이를 보였다. 2017년과 비교해 2018년에는 2~4분위에서 월 임금이 가장 높은 증가율로 늘었고, 1분위에서도 6% 이상 증가했다. 하지만 2018년과 비교해 2019년에는 1분위와 2분위에서 월 임금이 오히려 줄었다.

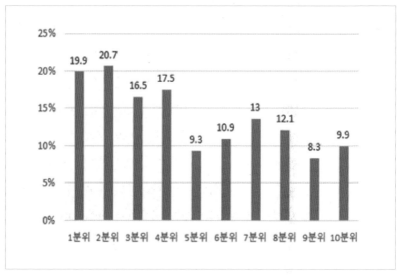

[그림 1-11] 2017~2019년 시간당 임금의 분위별 상승률

출처: 통계청.

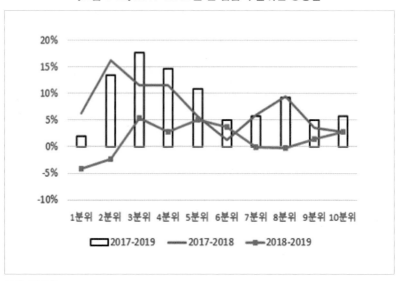

[그림 1-12] 2017~2019년 월 임금의 분위별 상승률

출처: 통계청.

시간당 임금과 월 임금의 변화 양상에 차이가 있었던 이유는 2017년 이후 각 분위별로 노동시간에 상이한 변화가 있었던 탓이다. 주당 15시간 미만인 초단시간 노동자 비율은 월 임금 기준 1분위에서 2017년 31.4%, 2018년 33.7%, 2019년 41.9% 증가했다. 다른 분위는 큰 변화가 없었다. 이와 같은 현상은 2019년의 최저임금 인상에 대해 사용자들이 노동시간 쪼개기로 대응했기 때문(김유선 2020)이다. 주당 15시간 미만 노동자에 대해 사용자는 유급 주휴수당, 연차휴가, 퇴직금, 고용보험 기여, 국민연금 기여, 건강보험 기여 등 부담이 없으므로 초단시간 고용을 늘릴 유인이 있다. 다만 중위임금 3분의 2 미만에 해당하는 저임금 노동자의 비중은 시간당 임금 기준으로는 2017년 이후 감소했다. 단, 월 임금 기준으로는 2018년에 전년보다 줄어들었다가 2019년 들어 반등했다.

[그림 1-13] 저임금 노동자 비중

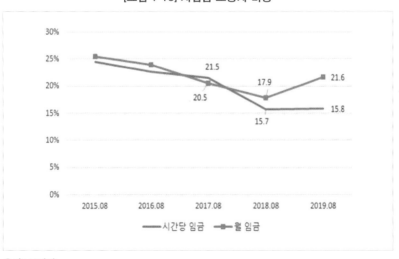

출처: 통계청.

제4장 분배의 개선과 한계 및 구조개혁 과제

1. 분배의 개선과 한계

좀 더 자세하게 문재인 정부 들어 분배 지표의 변화를 살펴볼 필요가 있다. 먼저 소득주도성장 정책의 기본 성과 지표라고 할 수 있는 노동소득분배율은 뚜렷한 개선세를 보였다. 단, 다음의 조정노동소득분배율은 영업잉여 가운데 혼합소득(OSPUE, Operating surplus of private unincorporated enterprises)이 경제 전체 노동소득분배율과 같은 비율로 영업잉여와 피용자보수로 분할된다는 가정을 적용해 재계산한 결과이다.[4]

---

4 아울러 2020년의 경우 아직 혼합소득이 발표되지 않아 정확한 값이 아니며, 2015~2019년 5개년에 걸쳐 혼합소득이 영업잉여 가운데 차지한 평균 비율(약 14.01%) 적용해 추산한 결과이다. 추산 결과, 2019년에 이어 2020년에도 조정노동소득분배율이 70%를 상회했을 것으로 예상된다. 해당 기간 중 혼합소득은 영업잉여 가운데 최소 13.55%, 최대 14.61%를 차지해 변동성이 크지 않았고 가장 최근인 2019년의 경우 14.08%였다.

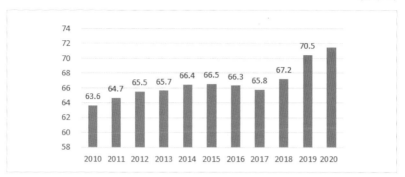

[그림 1-14] 조정노동소득분배율

(단위: %)

주: 2020년 혼합소득은 2015~2019년 5개년 혼합소득/영업잉여 평균비율을 적용해 추산.
출처: 한국은행 자료 저자 계산.

　가계금융복지조사 결과를 토대로 종합적인 소득불평등 양상을 살펴볼 수 있다. 지니계수는 시장소득 기준으로는 2018년에 소폭 하락함으로써 불평등이 완화되는 듯했으나 2019년에 재반등해 판단이 쉽지 않다. 다만 가처분소득 기준으로는 문재인 정부 집권 기간에 조세와 공적 이전을 통한 재분배로 불평등이 완화되는 효과가 있었음을 알 수 있다. 소득 5분위 배율 역시 시장소득 기준으로는 불평등이 2018년에 소폭 완화되었다가 2019년에 재확대되었으나, 가처분소득 기준으로는 불평등 완화 효과가 존재했음을 보여준다. 상대적 빈곤율 역시 유사한 흐름이었다.

　국세청 소득 자료로도 근로소득의 경우 문재인 정부 기간에 들어 5분위 배율과 10분위 배율, 팔마 배율(상위 10%의 소득점유율이 하위 40% 소득점유율의 몇 배인지 나타내는 비율)이 전반적으로 소폭 하향 조정된 것으로 나타났다. 종합소득이 더해진 통합소득 자료상으로도 전반적으로 문재인 정부 기간에 들어 불평등이 소폭 완화되는 효과가 확인된다.

[그림 1-15] 지니계수

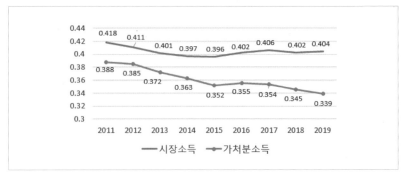

출처: 가계금융복지조사.

[그림 1-16] 소득 5분위 배율

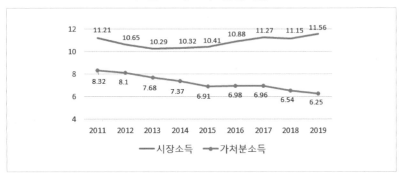

출처: 가계금융복지조사.

[그림 1-17] 상대적 빈곤율

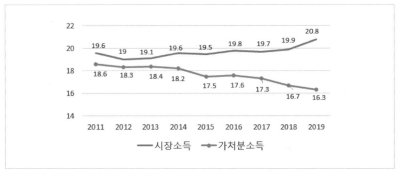

출처: 가계금융복지조사.

세후와 세전의 배율 차이로 계산된 조세의 재분배 효과는 박근혜 정부 기간보다 소폭 확대되었다. 다만 최상위 0.1%나 1% 기준으로는 세전 통합소득 점유율이 추세적으로 상승하고 있어 시장소득의 불평등 개선에는 분명한 한계가 있었던 것으로 판단된다([그림 1-18]).

〈표 1-2〉 국세청 근로소득 자료

근로소득(세전)	2012	2013	2014	2015	2016	2017	2018	2019
5분위배율	19.31	19.27	17.92	17.48	16.64	16.21	15.15	14.52
10분위배율	53.02	53.10	50.37	48.54	46.15	45.85	42.19	40.43
팔마배율	3.02	3.00	2.80	2.82	2.71	2.62	2.45	2.33

근로소득(세후)	2012	2013	2014	2015	2016	2017	2018	2019
5분위배율	18.02	17.92	16.50	16.04	15.22	14.74	13.72	13.12
10분위배율	48.48	48.37	45.19	43.38	41.10	40.54	37.11	35.49
팔마배율	2.77	2.74	2.52	2.53	2.41	2.32	2.16	2.05

조세의 재분배효과	2012	2013	2014	2015	2016	2017	2018	2019
5분위배율	1.29	1.35	1.42	1.44	1.42	1.47	1.43	1.39
10분위배율	4.54	4.73	5.18	5.16	5.05	5.32	5.08	4.93
팔마배율	0.25	0.26	0.29	0.30	0.29	0.30	0.29	0.28

출처: 국세청.

〈표 1-3〉 국세청 통합소득 자료

근로소득(세전)	2012	2013	2014	2015	2016	2017	2018	2019
5분위배율	25.63	25.66	26.13	26.21	25.16	25.11	24.02	23.82
10분위배율	69.10	69.03	71.49	72.18	68.90	69.02	65.46	64.26
팔마배율	4.10	4.06	3.99	4.00	3.87	3.87	3.69	3.63

근로소득(세후)	2012	2013	2014	2015	2016	2017	2018	2019
5분위배율	24.35	24.35	24.66	24.67	23.64	23.46	22.42	22.20
10분위배율	64.42	64.25	66.01	66.47	63.24	62.89	59.61	58.46
팔마배율	3.82	3.79	3.69	3.68	3.56	3.53	3.36	3.30

조세의 재분배효과	2012	2013	2014	2015	2016	2017	2018	2019
5분위배율	1.27	1.31	1.47	1.54	1.52	1.65	1.60	1.62
10분위배율	4.68	4.79	5.49	5.71	5.66	6.13	5.85	5.80
팔마배율	0.27	0.28	0.30	0.32	0.31	0.34	0.33	0.33

출처: 국세청.

[그림 1-18] 세전 통합소득 최상위 점유율

출처: 국세청.

미래 경제성장을 위한 기반을 기회 균등에서 찾을 수 있다는 관점에서 보면, 이미 실현된 분배 지표만으로 문재인 정부 포용경제정책의 성과를 판단하는 데에는 한계가 있다. 이와 관련해 교육 기회 등의 측면에서 한국사회의 상황을 종합적으로 진단하는 것이 필요하다. 이와 관련해 OECD(2018a)의 요약에 따르면, 2018년 OECD의 국제학생평가프로그램(PISA, Programme for international student assessment) 가운데 한국 학생들 간 수학 영역 성취도 차이의 11%가 사회경제적 요인으로 설명되는 것으로 분석되었다. 이는 같은 해 OECD 평균 14%를 밑도는 것이다. 과학 영역 성취도 차이에 있어서도 사회경제적 요인의 설명력은 8%에 그쳐 OECD 평균인 12.8%보다 낮았다. 이는 2015년의 10.1%보다 하락한 것이기도 했다. 그러나 독서 영역에서는, 비록 OECD 평균보다는 덜했으나, 학생들 사이의 사회경제적 지위 차이에 따른 성취도 격차가 2015년보다 2018년에 늘어난 것으로 나타났다. 전반적으로 교육 기회 측면에서 한국은 국제비교에 있어 평균 이상의 성과를 보여주고 있으나 불평등이 미치는 영향을 줄이기 위한 별도의 노력이 요구된다는 진단이 가능하다.

　한편 18~24세 연령의 청년층 가운데 학업이나 취업, 직업훈련 등에 참여하고 있지 않은 이른바 'NEET(Neither in Education, Employment nor Training)' 족의 비율은 OECD 평균이 2012년에 15%였고 2018년에 12.8%까지 줄어드는 추세인데 반해 한국에서는 거꾸로 줄어들지 않고 있으며 2017년에는 18.4%까지 상승했다는 보고가 있다(OECD 2019). 이는 청년 세대를 중심으로 경제성장에 참여할 수 있는 기회가 제한되고 있는 현실을 반영한다. 포용경제의 진전을 위해서는 반드시 보완이 필요한 부분이라고 하겠다.

2. 구조개혁의 과제

소득주도성장이라는 정책은 방향성이 옳았고 시의성도 있었지만, 거시경제 전반에 대한 통일적인 관점으로 충분히 다듬어지지 못한 측면이 있었다. 본래 임금주도성장의 이론은 거시경제 논리였다. 단지 분배나 복지에 국한된 것이 아니라 노동, 금융, 재정, 성장정책, 통화정책 등 연관 분야의 포괄적인 대안 정책 체계 속에 위치한 것이었다. 반면에 문재인 정부 집권기에 이를테면 소득주도성장과 정합적인 고용정책, 소득주도성장과 친화적인 예산제도, 소득주도성장을 뒷받침하는 금융정책 등에 대한 고민이 충분했는지는 의문이다. 거시경제 일반 균형적인 시각이 상대적으로 약했다면, 그 점은 기성 학계, 관료들, 매체, 정치권의 비토를 효과적으로 극복하는 것을 어렵게 한 요인일 수 있다. 이와 관련해 제반 경제이슈에서 관료들에게 주도권이 넘어가 미세조정에 발이 묶이게 된 계기들이 있었을 것이다.

노동 중심성이 정책의 시야에서 사라지면서 노동의 교섭력 강화라는 소득주도성장 정책의 본래 핵심가치가 실종된 점은 아쉬운 대목이었다. 포용경제의 관점에서 노동에 연계된 안전망을 확보하기 위해 사용자에게 책임을 부여하는 것이 혁신경제의 관점과 충돌하지는 않을지, 장기적으로 포용경제 정책의 성공을 뒷받침할 정치 주체와 다수자 연합을 어떻게 형성할 것인지 하는 질문들은 결코 가볍지 않다. 결과적으로 정책 전환의 성공은 단기가 아닌 장기에 걸친 경제의 구조와 체질의 변화 여부로 판정될 것이다. 이에 반해 정책 추진 주체의 시야는 현실적으로 단기로 제한된 측면이 있었다.

소득불평등만 문제이고 자산불평등은 문제가 아닌지, 소득보장이

취약한 가운데 자산 기반 복지의 수단이 된 부동산을 어떻게 볼 것인지의 문제에 대해서도 소득주도성장이 적절한 답을 제시했는지 의문이다. 한국은 사회지출 비중이 낮은 것이 문제라고 하지만 그만큼 조세부담률도 낮고 국가채무비율도 낮은 편이라는 사실이 주는 시사점이 있을 법하다. 소득주도성장의 대표 정책이 된 최저임금 인상은 영세자영업자가 많은 경제구조 특성상 정치적 부담은 비교적 크지만 재정부담은 작은 편이다. 그렇다면 재정 부담을 감수하는 다른 수단에 더 적극적일 수는 없었을지 하는 의문은 남는다.

대기업과 공공부문의 원청으로서의 책임성 강화와 같은 공정경제 관련 구조개혁 과제가 동시에 혹은 앞서서 추진되지 않는다면 포용경제정책이 한계에 봉착하기 쉬웠다는 점도 고려가 필요하다. 특히 기업부문 이중구조가 문제였다. 한국경제는 소기업 창업률이 매우 높고 신생 기업의 비중이 높아 일견 역동성이 커 보일 수 있으나, 이는 실제로는 중소기업의 성장이 제약된 현실을 반영하는 것뿐이다. 한국의 중소기업은 업력 7년 미만이 60%를 차지하고 개인 기업이 90%에 육박한다. 서비스업의 경우 10인 이하 사업체 가운데 OECD 평균으로는 6%가 성장을 경험하는 데 반해 한국은 그 비율이 2.5%에 그친다고 알려져 있다. 이는 대기업과 중소기업 간 생산성 격차와 임금 격차가 클 뿐만 아니라 지속성을 갖기 때문이다. 경제성장의 성과가 경제 전체적으로 균등하게 분배되지 못하고 있는 것이다.

구체적으로 대기업은 사업체 수 기준으로는 0.3%이지만 매출과 영업이익은 절반 혹은 절반 이상을 가져가고 있다. 대기업을 100으로 놓을 때 중소기업은, 1인당 매출은 23.8, 1인당 영업이익은 13.1에 그친다. 지불 능력의 양극화도 심화되고 있어 500인 이상 기업의 평균임금을 100으로 놓고 기업규모별 평균임금을 비교하면 지난 20년간 임금 격차가 커졌음이 확인된다.

〈표 1-4〉 대기업과 중소기업, 중견기업 비교

	법인 사업체 수	고용인원	매출	영업이익
중소기업	99.1%	66.1%	37.3%	25.0%
중견기업	0.6%	13.9%	15.3%	17.7%
대기업	0.3%	20.0%	47.4%	57.3%
합계	100.0%	100.0%	100.0%	100.0%

출처: 추문갑(2021).

〈표 1-5〉 기업규모별 임금 격차

(500인 이상=100)

연도	1999	2009	2019
500인 이상	100	100	100
100~499인	81.2	75.7	70.3
10~99인	69.8	62.6	58.2
5~9인	61.5	52.1	50.2

출처: 노민선(2021).

[그림 1-19] 기업규모별 임금 격차: 한미일 비교

(500인 이상=100)

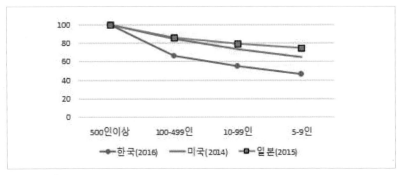

출처: 노용환(2018).

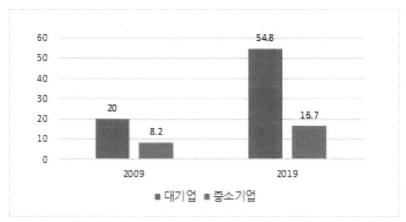

[그림 1-20] 연구개발비 비교

(단위: 조 원)

출처: 노민선(2021).

PPP 환율 기준으로 한미일 3국의 기업규모별 임금을 비교(500인 이상 기업의 임금을 100으로 표준화)하면 한국은 대기업과 중소기업의 임금 격차가 상대적으로 더 큰 것이 확인된다. 아울러 투자 여력도 양극화가 심화되고 있다. 민간 연구개발투자 가운데 중소기업 비중은 2009년 29%에서 2019년 23%로 하락했다.

고용노동부의 기업체노동비용조사에 따르면 2014년부터 2019년까지 최근 5년간 중소기업 노동자의 1인당 교육훈련비는 약 12% 감소해 대기업(9%)보다 감소율이 컸다. 노동자 1인당 교육훈련비는 중소기업이 대기업의 16% 수준에 그치고 있어 격차가 크다. 중소기업연구원의 보고에 따르면 최근 50인 미만 기업의 노동생산성이 500인 이상 기업과 비교해 26.6%에 그치는 것으로 파악된다. 이는 OECD에서 노동생산성 격차가 가장 큰 경우에 해당한다. 2012년 기준으로 프랑스나 이탈리아는 70% 수준, 영국과 독일은 60%, 한국은 30%를 하회했다. 1980년대까지 중소기업 노동생산성이 대기업의 50% 수준으로 당시 일본과 상황이 비슷했던 사실을 감안하면 격차가 빠르게 벌어진 셈이다.

기업 부문 이중구조는 자연스럽게 노동시장 이중구조로 이어졌다. 비정규직 노동자는 정규직 노동자에 비해 보수가 평균적으로 2/3에 못 미치고 비정규직 가운데 약 30%는 고용보험 사각지대에 놓인 것으로 알려져 있다. 경제성장에 참여할 수 있는 기회로부터의 배제는 결국 경제성장의 성과를 분배하는 과정에서의 배제로 이어져 불평등을 고착시키고 있다.

한국 노동시장은 청년, 여성, 고령자에 대한 배제의 정도가 특히 강한 것으로 알려져 있다. 이들 고용취약계층 노동자는 대개 비정규직이거나 저부가가치의 소규모 서비스 업종에 종사한다. 여성은 경제활동인구의 40% 이상을 차지하지만 여성 노동자의 1/4은 소규모 서비스 업종에 종사하며 제조 대기업 종사 비율은 1% 수준에 그치고 있다. 고령자 역시 경제활동참가율이 약 40%에 달하지만 그중 1/5 이상은 소규모 서비스 업종에서 일하고 있다. 비정규직 중에는 1/4 정도가 60세 이상이지만, 정규직 중에 고령자 비율은 6%가 되지 않는다.

성별 임금 격차도 심각한 수준이다. 2019년 한국은 격차가 32.5%로 2018년 OECD 평균 13%를 큰 폭으로 상회했다. 성별 임금 격차는 성별 경제활동참여 격차와 연동된다. 한국은 OECD 국가 중에서 2018년 기준으로 터키, 멕시코, 칠레에 이어 네 번째로 남성과 여성의 경제활동참가율 차이(20.8%)가 큰 나라이다. 이는 경제성장에 기여할 수 있는 기회가 그만큼 균등하지 못한 현실을 반영한다.

제5장 고용노동정책의 평가

문재인 정부의 공공부문 비정규직 정규직 전환은 과거 정부에서 정규직화 논의가 없었던 파견 및 용역 노동자를 전환 대상에 포함한 점에서 긍정적이었다. 그런데 공공부문 중에 자회사 설립이 가능한 공공기관과 지방공기업의 경우 3명 중 2명은 새로 설립된 자회사에 채용되는 방식으로 정규직 전환이 이루어졌다. 자회사 채용은 실제로는 간접고용이므로 실상은 규모가 더 큰 용역회사에 채용된 것에 불과한 셈이었다. 실제로 자회사 노동자들은 노동조건의 실질적 개선이 없고 원청과의 직접 교섭이 여전히 불가한 점에 대해 문제제기를 해왔다. 최근까지도 그와 같은 갈등이 지속되고 있다.

강남역, 성수역, 그리고 마지막으로 2016년 구의역에서 있었던 사건들을 되짚어보면 자회사 방식의 정규직 전환이 왜 문제인지 분명해진다. 이들 모두 비정규직 노동자가 스크린도어를 수리하던 중 사망한 사건이었다. 기존에 서울지하철은 안전관리 책임을 하청업체에 미루었고 하청업체는 2인 1조 원칙을 위반하면서 노동자들에게 높은 노동강도를 강제했다. 구의역 사건 이후 정규직 전환으로 외주용역을 무기계약직으로 바꾸고 다시 2018년에 일반정규직화가 이루어졌다. 그 과정에서 서울지하철 장애 건수가 크게 감소했다. 승강장 정비 인력이 2배로 늘어났고 지금은 2인 1조 원칙이 준수되고 있다. 이는 기존에 공기업이 사회에 전가하며 회피하던 비용을 정규직 전환을 통해 내부화

한 사례이다.5

전체 노동자 가운데 비정규직 비중은 2021년 8월 통계청 자료 기준으로 전체 노동자의 38.4%인 807만 명이었다. 2018년과 2019년 사이에 있었던 통계변경으로 기존에 미포착되던 기간제 규모가 추가된 것을 감안하더라도 2017년 9월 32.9%에 비하면 결과적으로 비정규직이 줄지 않았다는 해석이 가능하다. 전체 비정규직의 30%는 60세 이상 고령층이고 보건복지서비스 부문 중심으로 비정규직 비중이 커지는 양상인 점도 우려되는 부분이다. 노동부 고용형태공시제에 따른 300인 이상 사업체의 2021년 고용형태별 공시 자료를 보더라도 2018년부터 최근까지 비정규직 비중은 대기업에서도 줄지 않았다는 판단이 합리적이다. 특히 사업체 규모가 클수록 간접고용 비중이 크다는 사실이 드러난다.

〈표 1-6〉 비정규직 비중

구분	정규직	비정규직	기간제	간접고용
2018년	62%	38%	19%	19%
2019년	64%	36%	18%	18%
2020년	63%	37%	18%	18%
2021년	64%	36%	19%	17%

출처: 고용노동부 고용형태별 근로자 공시 현황(각년도).

---

5 공공부문의 자회사 방식 정규직 전환은 민간부문에서 악용되었다. 2021년 법원은 현대제철의 사내하청을 불법파견으로 판시했다. 그러나 사측은 직접고용 대신 자회사 방식을 택했다. 공공부문 정규직화 선례를 따른 것이지만 기업이 사회적 책임을 방기한 사례이기도 하다.

<표 1-7> 2021년 비정규직 구성

2021년	정규직	비정규직	기간제	간접고용
5000인 이상	65%	35%	12%	23%
1000~4999인	60%	40%	23%	18%
1000인 미만	67%	33%	22%	11%

출처: 고용노동부 고용형태별 근로자 공시 현황(2021.7).

민간부문 고용구조의 개선 대책은 좀 더 미흡했다. 대선 공약 사항이었거나 일자리위원회의 2017년 10월 로드맵에 포함되었던 민간부문 고용대책 중 실천으로 옮겨진 사항은 거의 없다고 볼 수 있다.6

임금주도성장의 본령은 노동계급의 교섭력을 강화하는 제도적 정치적 개입으로 장기적으로 경제의 분배구조에서 자본 몫을 노동의 몫으로 되찾아오는 방향을 추구하는 데에 있다고 할 것이다. 따라서 자본을 견제하는 사회적 대항력, 노동계급 내부의 연대와 이를 위한 임금격차 축소, 노동계급에 기반한 정치적 주체의 형성이 핵심일 수 있다. 그런 점에서 한국 소득주도성장 정책은 임금주도성장의 본래 기획과는 사뭇 차이가 있다. 그러나 포용성 강화의 정책 방향성에 조응하는 포용적 노사관계로의 전환이라는 과제만큼은 근본적인 중요성을 갖는 것이었다. 문재인 정부 정책은 그 점에서 부족했다. 실제로 '포용적 노사관계'는 오래전부터 연구된 개념이며 선행연구에서는 주로 단체교섭의 양식에 주목(Traxler 1996, Hayter 2015)해왔다. 포용적 노사관

---

6 그 내용은 다음과 같았다. ① 정규직 전환 시 재정 및 세제상의 지원, ② 고용형태공시제의 보완 강화, ③ 기간제법과 파견법 등 개정으로 비정규직 차별 시정, ④ 비정규직 사용사유 제한 및 비정규직 채용 시 부담금 부과, ⑤ 비정규직 노동자의 이해대변기구 개선, ⑥ 원하청 노동자간 격차 해소, ⑦ 초기업단위 교섭에 대한 지원. 한편 52시간제 도입에도 불구, 탄력근로제와 특별연장근로 확대 등으로 노동시간 단축의 제도화를 통한 일자리 나누기도 불발되었다.

계의 특징(나원준 2019)은 복수 사용자 대상 교섭, 고도의 조정이 수반되는 중앙화된 노사관계, 협약의 적용 범위가 교섭 당사자에 국한되지 않고 효력 확장이 일어나는 점 등으로 요약된다.

한편 국제노동조합총연합(ITUC)이 최근 발표한 2021년 글로벌 노동권 지표에 따르면 한국은 '권리 보장 없음(no guarantee of rights)'의 5등급에 해당한다(ITUC 2021). 이 정도의 노동기본권 보장 수준이 포용경제에 조응한다고는 보기는 어렵다. 1등급이 노동권 보호 수준이 가장 높은 나라이고 북유럽 국가들과 독일, 오스트리아, 네덜란드가 여기에 속했다. 최하 등급인 6등급에는 미얀마, 부룬디, 남수단, 중앙아프리카공화국, 팔레스타인, 시리아, 리비아, 소말리아, 예멘의 9개국이 올랐다. 우리도 최소한 노조법 2조 개정으로 원청의 공동사용자로서의 책임을 강화하고, 5인 미만 사업장에 근로기준법과 중대재해법을 적용하며, 교섭창구 단일화를 폐지하는 방향이 옳다.

제6장 복지정책의 평가

문재인 정부는 소득주도성장 정책의 일환으로 국민기초생활보장제도와 기초연금, 그리고 국민연금 등을 통해 제공된 기존 사회안전망의 사각지대를 줄이고 소득보장의 수준을 끌어올리기 위한 제도개선을 추진해왔다. 2017년 8월 제1차 기초생활보장 종합계획과 2019년 9월 기초생활보장제도 개선안을 통해 비수급 빈곤층을 줄이고 복지 문턱을 낮추는 개편에 착수했다. 2018년 9월 발표된 '포용 국가 비전과 전략'에서는 포용 국가를 달성하기 위한 9가지 전략의 첫 번째로 소득불평등 완화를 위한 소득보장제도 개혁을 제시했다. 이는 공적연금과 고용보험 등 사회보험을 강화하고 기초연금, 아동수당, 청년구직활동지원금 등 조세지원 방식의 현금수당을 확대하는 계획이었다. 다만 아동수당 도입, 기초연금 확대, 국민취업지원제도 시행 등 의미 있는 진전에도 불구, 소극성은 여전했다. 지위 경쟁을 정당화하는 신자유주의와 완고한 재정보수주의의 뿌리 깊은 영향으로부터 벗어나기는 어려웠다.

1. 국민기초생활보장제도

국민기초생활보장제도와 관련해서는 생계급여의 수준이 가장 중요한 문제로 지적되어왔다. 이에 기준중위소득의 인상이 있었다. 인상률은 2017년 1.73%, 2018년 1.16%, 2019년 2.09%, 2020년 2.94%, 2021년 2.68%였다. 같은 기간 명목경제성장률이나 복지예산 증가율에 미치지 못하는 수준이었다. 2017년부터 2019년까지의 증가율은 한국의 국민기초생활보장제도 역사상 가장 낮은 수준에 그쳤다. 2015년 이전에 정부에서 최저생계비 수준을 정하던 때에도 연간 인상률이 평균 3.9%였고 박근혜 정부에서도 생계급여는 평균 인상률이 3.38%였다. 이에 따라 빈곤선이 비현실적으로 낮아 생계급여 수급자라고 해도 극심한 빈곤을 해결하지 못하고 비참한 생존만 겨우 가능한 수준을 못 벗어나고 있다. 기준중위소득의 30%라는 자의적인 빈곤 기준을 재검토하고 생계급여를 국민기초생활보장법 2조 7항 및 4조 1항의 최저생계비 정의에 부합하는 수준으로 현실화할 필요가 있다.

부양의무자 기준을 둘러싼 논란도 뜨거운 감자였다. 2017년 실태조사 결과, 기초생활수급자보다도 가난한 비수급 빈곤층이 63만 가구의 93만 명에 달하며 이 중에 30만 명 이상은 부양의무자 기준으로 인해 기초생활 수급자격을 확보하지 못한 것으로 파악되었다. 부양의무자 기준 폐지는 예산 투입 대비 소득불평등 개선 효과가 큰 것으로 알려져 있다. 이에 정부는 교육급여에 대해서는 2015년에, 주거급여에 대해서는 2018년에, 생계급여에 대해서는 2021년 10월에 사실상 폐지했다. 다만 의료급여에 대해서는 여전히 부양의무자 기준이 유지되고 있다.

한편 주거용 재산의 소득 환산 문제도 지속적으로 제기되었다. 수급자가 최소한의 생활을 영위하기 위해 필요하다고 인정되는 기본재산의 범위는 확대되어왔다. 그러나 전세보증금과 같이 수급권자가 현재 살고 있는 주거용 재산에 대해 이 재산을 통해 소득이 발생할 것으로 추정하는 소득환산 제도가 유지되고 있는 점은 개선 과제라고 하겠다.

2. 기초연금

기초연금 관련으로 문재인 정부는 2018년 9월, 65세 이상 노인 가운데 소득하위 70%를 대상으로 지급하던 것을 월 20만 원에서 25만 원으로 인상했다. 2019년 4월에는 그중에서도 소득하위 20%에 대해 수급액을 30만 원으로 인상했다. 2020년 4월부터는 30만 원을 받는 비율을 소득하위 40%까지 확대했다. 기초연금은 빠른 고령화와 높은 노인빈곤율을 배경으로 그것이 가진 강력한 재분배 기능으로 인해 향후 노후소득보장제도로서의 위상이 높아질 전망이다. 이와 관련해 시민사회에서는 기초연금을 보편 수당으로 발전시키고 기초생활보장제도나 국민연금 등과 연계시켜 수급액을 감액하는 것은 폐지해야 한다는 지적이 제기되고 있다.

다만 제도 목표의 재설정에 대한 고민은 여전히 필요해 보인다. 만약 기초연금 제도의 목표가 빈곤 해소에 있다면 국민기초생활보장제도와 중복되는 측면이 있다. 반대로 노후소득 보장이 목표라면 국민연금과 중복되는 측면이 있다. 아울러 이른바 '줬다 뺏는 기초연금' 논란도 있었다. 이 논란에 대해서는 공공부조인 생계급여 수급의 보충성 원리와 충돌하는 점에서 생계급여 수준의 현실화가 근본 해결책일 것이다.

3. 주거복지

주거복지도 중요한 영역이다. 최근 주거실태조사에서 최저주거기준에 미달한 가구의 비율은 2018년 5.7%, 2019년 5.3%, 2020년 4.6%로 하락세를 보이고 있다. 그러나 청년 가구와 소득 하위(10분위 중 1~4분위) 가구의 최저주거기준 미달 비율은 각각 7.5%, 7.6%로 높았다. 정부는 기초생활보장제도의 주거급여 수급자인 임차 가구에 대해 급지와 가구원 수를 기준으로 기준임대료를 지원하고 있으나, 지원 규모가 수급가구 부담액의 80%를 넘지 않는 수준에 그치고 있다. 주거 취약계층에 대한 보다 적극적인 대책이 필요한 상황이다. 주거복지의 사각지대가 특히 청년층에서 두드러지게 나타나고 있는 점에 대해서도 유의할 필요가 있다. 최저주거기준 미달 가구와 비주택거주 가구, 그리고 임대료가 소득의 30%를 넘는 가구의 비율을 주거빈곤율이라고 하는데, 서울에서는 주거빈곤율이 전체 가구에서는 떨어지고 있지만 청년가구에서는 그와 같은 하락이 멈춘 것으로 알려져 있다.

4. 돌봄(사회서비스)

역대 정부는 사회서비스를 민간 자원에 의지하는 방식을 유지해왔다. 사회서비스가 제도화를 통해 확대되는 과정에서 전달체계를 민간 위주로 구성해왔다. 수가를 낮은 수준으로 유지하고 민간사업자들 사이의 경쟁을 이용해 관련 재정 투입을 최소화했던 것이다. 그와는 달리 문재인 정부는 돌봄 정책의 기본 방향을 국가 책임의 강화로 설정함으로써 진일보한 모습을 보여줬다. 문재인 정부의 복지전달체계 개편 사업은 지역사회 통합 돌봄(커뮤니티 케어)과 사회서비스원으로 대표된다.

노인 돌봄과 관련해서는 지금까지 일방적으로 의존해온 가족의 돌봄 부담을 줄이고 공공부문 주도로 지역사회에서 장기요양이 지속될 수 있도록 시설 기반의 공공성을 확충할 필요성이 있다는 지적이 이어져 왔다. 그러나 실적은 미미한 수준에 그쳤다. 전국 요양시설 중 국공립시설은 1%에 그치고 있고, 코로나19 위기에도 불구하고 공공요양시설 확대는 계획 단계에서부터 미루어지는 양상이다.

향후에는 시설 기준과 인력 기준을 높여 민간 시설을 공공부문이 인수하는 방식을 활용하는 대안을 검토해야 할 것이다. 공공부문이 직접 서비스제공자로서 요양인력을 고용하는 접근이 바람직하다. 단계적으로 목표 비율을 정해 요양서비스 시장을 점점 공공성을 강화하는 방향으로 재편해가는 것이 요구된다. 단, 공공부문이 인수하지 않는 민간 시설에 대해서는 수가는 보장하되 서비스의 질을 향상시킬 수 있도록 평가 및 보상 체계를 정비할 필요가 있다. 한편, 장애인활동지원서비스와 관련해서는, 지원을 받던 장애인이 65세가 되면 노인장기요양보험법에 따른 수급심사의 대상이 되어 요양등급 판정 시 노인장기요양보험의 수급자로 강제 전환되어 장애인활동지원서비스의 혜택을 더 이상 제공받지 못하게 되는 문제를 해소해야 하는 당위성이 크다.

한국의 사회서비스산업은 저임금 불안정 고용의 온상이다. 다른 산업에 비해 노동자 월평균 임금이 사회서비스업은 대략 절반에 그친다. 고용형태는 시급제 호출근로 방식이 많고 특히 요양보호사와 보육교사의 임금과 노동조건이 가장 열악한 편이다. 정부는 그간에 일자리 확대를 위해 사회서비스 확충에 집중해왔으나 그 과정에서 최저시급의 비정규직 일자리를 양산해왔다. 비정규직이 가장 많이 증가하는 업종이 바로 사회서비스다. 앞으로는 공공부문이 돌봄 인력에 대한 처우와 노동조건을 획기적으로 개선해 생활임금과 고용안정, 경력관리를 보장하는 역할을 해야 한다. 코로나19 감염 확산이라는 지구적인 돌봄 위기에 맞서 좋은 돌봄 직업을 만들 필요가 있다. 공공성을 우선으로 하는 서비스 기관 운영 원칙을 확립하고 복지인력의 노동조건을 개선하는 것과 함께 서비스 제공의 범위를 넓히고 서비스의 질도 향상시키는 것이 전체적인 정책 과제라고 하겠다.

| 참고문헌 |

김유선(2020), 2018~2019년 최저임금 인상이 임금불평등 축소에 미친 영향, 한국노동사회연구소 KLSI Issue Paper.

나원준(2019), 소득주도성장과 포용적 고용체제로의 전환, 한국사회과학회 정기학술대회 자료집, 9~45.

노민선(2021), 코로나19에 따른 중소기업 경영환경 변화와 정책과제, 국민경제자문회의 발표자료, 중소기업연구원.

노용환(2018), 중소기업 중심 경제로의 이행을 위한 정책과제, 제40회 중소기업 자주협동포럼 발표자료.

소득주도성장특별위원회(2018), 『함께 잘 사는 대한민국-소득주도성장 바로알기』.

소득주도성장특별위원회(2020), 『소득주도성장, 3년의 성과와 2년의 과제』.

소득주도성장특별위원회(2021), 『소득주도성장, 성과와 과제』.

추문갑(2021), 신경제 3불 해소를 통한 한국경제 재도약, 중소기업중앙회.

Balestra, C. and Tonkin, R.(2018), Inequalities in household wealth across OECD countries: Evidence from the OECD Wealth Distribution Database, OECD Publishing, Paris.

Card, D. and Krueger, A.B.(1994), Minimum wages and employment: A case study of the fast-food industry in New Jersey and Pennsylvania, American Economic Review, 84(4), 772~793.

Cerra, V., Lama, R. and Loayza, N.(2021), Links Between Growth, Inequality, and Poverty: A Survey, IMF Working Paper WP/21/68.

Hayter, S.(2015), Unions and collective bargaining, in: J. Berg (ed.),

Labour Markets, Institutions, and Inequality, Edward Elgar and ILO, Cheltenham and Geneva, 95~122.

International Trade Union Confederation(2021), 2021 ITUC Global Rights Index, June 2021.

Joo, S.Y., Lee, K.K., Nah, W.J., Jeon, S.M. and Cho, D.H.(2020), The Income-led Growth in Korea: Status, Prospects and Lessons for Other Countries, Korea Institute for International Economic Policy.

Lavoie, M. and Stockhammer, E.(2013), Wage-led Growth : An Equitable Strategy for Economic Recovery, Basingstocke and Geneva: Palgrave Macmillan and ILO.

OECD(2015), All on Board: Making Inclusive Growth Happen, OECD Publishing: Paris.

OECD(2018a), Opportunities for All: A Framework for Policy Action on Inclusive Growth, OECD Publishing: Paris.

OECD(2018b), OECD Economic Surveys Korea, OECD Publishing, Paris.

OECD(2019), Investing in Youth: Korea, OECD Publishing, Paris.

Traxler, F.(1996), Collective bargaining and industrial change: a case of disorganization? A comparative analysis of eighteen OECD countries, European Sociological Review, 12, 271~287.

World Economic Forum(2020), The Global Social Mobility Report 2020: Equality, Opportunity and a New Economic Imperative, WEF Insight Report.

세계경제의 구조변화와
코로나 충격의 도전

1장 세계경제의 구조변화와 세계화 이후 국제경제 질서

1. 국제경제의 구조변화와 한국경제

현재 진행 중인 미중 갈등과 우크라이나 사태와 같은 진영적 갈등은 20세기 후반 세계화를 동력으로 진행된 세계경제 구조변화의 결과이며 어떠한 형태로든 새로운 질서로의 재편을 예고한다. 세계화가 산업의 가치사슬을 촘촘히 조직함으로써 각국 경제의 상호의존도를 높인 것은 부인할 수 없는 사실이다. 그러나 이와 동시에 경제외적 변수, 예를 들어 지정학적 갈등과 팬데믹 같은 예기치 않은 충격은 높은 상호 경제의존도의 세계경제가 더 많은 비용을 치르게 만드는 역설을 낳고 있다.

세계화 기조의 약화는 세계경제의 성장이 둔화됨에 따라 잠재된 문제들을 여지없이 드러내고 있다. 우선 2010년대 이후 무역증가율이 경제성장률을 하회하는 추세로 역전하였다. 세계화가 경제성장을 이끄는 과정에서도 개별 국가경제에 대한 효과는 차별적이었다. 국가 간 및 국내의 불균형 문제는 여전히 해결되지 않고 있으며 이에 따라 많은 국가가 포용적 경제정책을 채택하게 만드는 배경이 되었다. 정보화의 진전에 따라 초연결성과 초지능성이 특징인 기술을 바탕으로 소위 4차 산업혁명이 진행되고 있지만, 세계화와 마찬가지로 국가들이 공평하게 그 혜택을 누릴 것으로 기대하기는 어렵다. WTO는 한편으로는 세계화를 뒷받침해왔지만 현재 보호주의적 환경변화에 전혀 대응하지 못하는 한계를 보이고 있다.

미중 갈등은 한편으로는 지정학적 외생변수에 의하여 비롯된 것이지만 본질적으로는 중국경제의 성장에 따라 미국의 절대적 위상이 급격히 하락하였기 때문이다. 과거 레이건 행정부의 미국 우선주의가 냉전체제하에서의 이념적 대결에 비롯된 것이라면 현재 미중 갈등은 미국의 전략적, 경제적, 기술적 우위의 잠식에 대한 우려에서 비롯된 것임은 주지의 사실이다. 중국뿐만 아니라 지경학적 구조의 변화도 미국의 위기감을 증폭시키는 배경이 되었다. 즉, 미국의 절대적 우위를 기초로 선진국-개발도상국 또는 민주진영 중심의 선진국과 체제전환국으로 뚜렷이 구분되었던 경제위상의 지도는 매우 복잡한 양상으로 변하였다.

우선 세계경제에서 아시아-태평양 지역이 차지하는 비중이 지난 40년간 약 2배 증가하여 현재 약 30% (GDP 기준) 차지하게 되었으며 그 결과 세계경제에서 매우 중요한 지역으로 자리 잡았다. 이에 반해 같은 기간 유럽과 미국은 각기 40% 수준에서 25% 미만으로 축소하였다([그림 2-1]). 2019년의 GDP 순위를 살펴보면 미국은 세계경제의 24.2%를 차지하며 GDP 기준 1위 자리를 지키고 있다. 가장 큰 변화는 지난 40년간의 고속성장에 힘입어 중국이 드디어 세계 2위로 부상하게 된 점을 들지 않을 수 없다. 그뿐만 아니라 GDP 10위 안에 중국, 인도, 브라질이 자주 위치하게 되었으며, 한국 역시 상대적으로 안정적인 10권의 규모를 차지한다. 이러한 구조적 변화는 선진국 중심의 글로벌 경제질서 재편이라는 현상의 근본적 배경이다.

[그림 2-1] 지역별 명목 GDP 변화 추이

(단위: 달러)

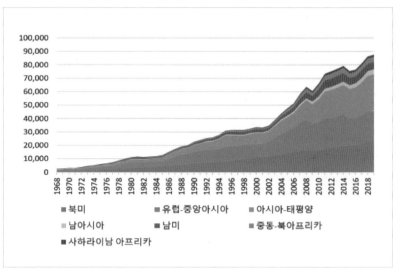

■북미　　　　　■유럽-중앙아시아　　　■아시아-태평양
■남아시아　　　■남미　　　　　　　　■중동-북아프리카
■사하라이남 아프리카

출처: World Bank. 한홍열 외(2020)에서 재인용.
https://data.worldbank.org/indicator/NY.GDP.MKTP.CD

　　이러한 세계경제의 구조변화 속에서 한국경제는 지속해서 그 비중을 확대해왔다. 그 결과 한국경제는 2020년에 이어 2021년에도 국내총생산 기준 세계 10대 경제국의 위상을 차지하게 되었다. 2021년 국제통화기금(IMF)의 세계경제 전망을 기초로 할 때, 2021년 한국의 명목 국내총생산(GDP)은 달러 기준 1조 8,239억 달러, 2022년에도 약 1조 9,077억 달러로 추정되었다. 이러한 전망은 한국이 2020년 이래 3년 연속 GDP 기준 세계 10대 경제강국의 위상을 유지하게 될 것임을 말해준다. 이러한 한국의 경제적 위상은 2005년 10위를 기록한 후 비슷한 순위를 지속해왔다는 점에서 최근의 코로나19에 의한 일시적 변화가 아니라는 사실에 주목할 필요가 있다.

[그림 2-2] GDP 순위의 변화와 한국경제의 위상

(단위: 10억 달러)

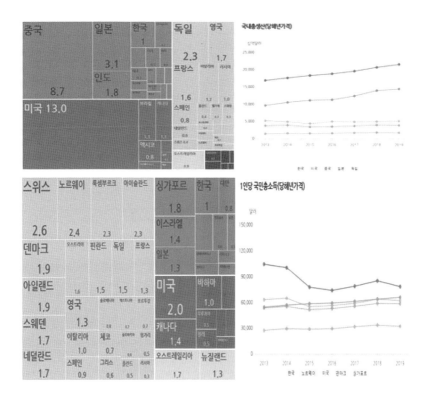

출처: 통계청, 세계속의 한국 https://kosis.kr/vis_kor/nso/worldInKor/selectWorldInKor.do

　또한 한국경제는 이른바 세계에서 7개국 밖에 존재하지 않는 30~50 클럽 즉, 인구 5,000만 이상 1인당 소득 3만 달러 이상을 차지하는 국가 중 하나이다. 무역규모에 있어서도 2021년 한국은 세계 8대 무역규모를 기록하였는데 이는 영국을 초월한 것이다. 2021년 후반기 사상 최단기로 무역액 1조 달러를 초월함으로써 코로나19로 인한 경제위기를 극복하는 데 선봉적 역할을 담당하였다. 무역규모의 지속적 확장과 함께 세계 전 지역으로의 수출다변화가 진행되었다. 여전히 중국, 미국, 유럽연합(EU), 아세안(ASEAN) 등 4대 시장이 수출의 과반을 차지하지만 여타 지역에 대한 수출도 동시에 성장한 것이다. 수출의 품목별 구조 역시 반도체·일반기계·석유화학·철강 등 주력 품목뿐만 아니라 바이오헬스와 같은 수출품목이 새로운 주력품목으로 자리 잡기 시작했다는 긍정적 현상이 나타났다. 결론적으로 한국경제는 적어도 표준적 지표를 기준으로 세계경제의 한 축으로 자리하였으며 팬데믹 위기 속에서 이룬 성과라는 점에서 상당한 평가를 받기 충분하다고 할 것이다.

[그림 2-3] 수출 관련 주요 지표

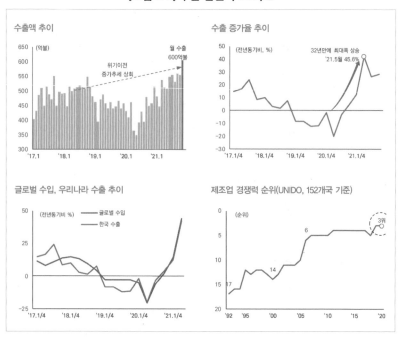

출처: 기획재정부, 한국은행.

2. 자유주의적 국제경제질서의 위기

한국경제는 경제규모의 팽창과 선진국 수준에 도달하였음에도 불구하고 여전히 대외의존적 성격이 강하다. 이러한 성격은 여전히 국제경제 질서의 향방이 한국경제에 대한 중요한 정책적 도전으로서의 항상성이 있음을 의미한다. 근년에 진행되고 있는 미중 갈등, 그리고 2022년 우크라이나 사태의 영향으로 국제경제질서는 심각한 위기를 맞았으며 오랜 기간 쌓아 올린 국제협력의 성과는 위기관리에 그 한계를 극명히 드러내고 있다. 국제경제 질서의 흐름에 대한 진단과 이에 대한 대응은 향후 한국경제의 성장과 안정성 확보에 매우 중요한 사안이다.

세계경제 질서의 축에 변화가 일어나고 있다. 2차 세계대전 이후 형성된 과거의 질서는 IMF를 중심으로 한 국제통화 질서, 그리고 GATT(WTO)의 다자간 무역체제에 기초하고 있었다. 이에 비하여 2008년 국제금융위기와 코로나19 대응기조는 향후 질서의 축을 다시 산업과 기술로 돌려 놓을 것으로 보인다. 이러한 논지를 전개하기 위해서는 전후 경제질서의 변화과정과 그 배경을 간략히 살펴 볼 필요가 있다.

레이건 행정부 이래 2000년대까지 이른바 '신자유주의'와 '세계화'가 세계경제를 이끌어왔다. 그러나 세계경제가 주기적 외환위기와 특히 미국발 글로벌 금융위기를 경험하면서 자유주의적 국제질서에 대한 의문이 제기되기 시작하였다. 세계화는 세계경제의 성장을 이끌었지만 금융위기는 그동안 단순한 부작용으로 간주되었던 경제적 불균형과 불평등, 중산층의 약화 등 다양한 사회적 갈등이 문제의 최전선에 있음을 알려주었다. 그 결과 국제통화제도의 유지라는 본래의 역할이 약화되고 신자유주의적 질서의 첨병 역할을 하던 IMF조차 소위 '포용적 성장'이라는 이름으로 세계화 그 자체보다는 부작용의 해소를 정책의 우선에 두기 시작하게 되었다.

그러나 1990년대 아시아 외환위기와 2008년 글로벌 금융위기는 이른바 브레튼우즈 II 이후 또는 신브레튼우즈 체제의 필요성에 대한 논의를 불러일으켰다. 그럼에도 불구하고 국제경제 질서의 아키텍쳐의 미래에 대한 논의가 실질적이고 본격적으로 진행되지는 않았다. 최초의 브레튼우즈 이후 유지되어온 국제경제질서(브레트우즈 II)에서 IMF 중심의 제도적 토대가 매우 약화되었다는 사실은 분명하다. 국제경제 질서의 핵심인 통화시스템의 운영에 있어서 IMF의 역할이 축소되었기 때문이다. 플라자 협정부터 시작하여 오늘날에 이르기까지 오히려 환율은 미국의 일방주의적 통상압력 수단으로 활용되는 측면이 강하다.[1] 2008년 글로벌 금융위기와 코로나19의 대응을 위한 미국의 경제 정책에서 국제협력의 요소는 일체 찾아볼 수 없다. 브레튼우즈 II가 변동환율과 세계화라는 시장 근본주의의 이름에 지나지 않았음을 반증한다.

향후 새로운 세계경제 질서의 형성 과정에서 안정적 통화제도와 자유무역을 위한 국제적 협력이라는 과거의 경험이 재현될 것으로 보는 것은 비현실적이다. 국제통화제도의 관리체계가 존재하지 않고 여러 차례의 금융위기를 겪으면서도 통화제도의 안정성은 오히려 개선되고

---

1 예를 들어 미국의 National Trade Estimate를 통해서 환율조작국으로 지정하여 일방적 통상압력의 대상으로 지정하고 있다.

있는 것으로 보인다. 반면에 국제협력의 새로운 성취로 여겨졌던 현재의 다자무역체제는 아주 작은 규모의 새로운 시장창출에도 거의 20년 가까이 실패하고 있다. WTO가 새로운 질서를 도출해내기 위해서 국제경제는 한동안 새로운 시장기회를 두고 치열한 갈등을 겪을 전망이다. 그리고 이러한 갈등이야말로 향후 국제협력의 전선을 분명히 규정해 줄 것이다.

미국 트럼프 행징부 이후의 보호무역주의에 그치지 않고 바이든 행정부 하에서 발생하고 있는 우크라이나 사태 등은 향후 국제경제 질서에 엄청난 변화를 가져올 것으로 예상된다. 트럼프 행정부 하의 미중 충돌은 적어도 외형상으로 '통상분쟁' 또는 기술적 헤게모니를 둘러싼 갈등으로 보였다. 트럼프 대통령이 WTO에 대해 매우 부정적 입장을 보이며 탈퇴가능성까지 언급하였지만, 그것은 어느 정도 WTO 체제가 가진 구조적 문제점을 반영하는 것이었다. 다자체제는 최근의 우크라이나 사태에서 나타난 국제정치안보적 갈등 속에서 그 위치를 확보하기가 쉽지 않을 것이다. 현재의 국제적 갈등이 이념적 대결의 성격, 진영적 대결의 성격이 강하다는 점에서 새로운 경제질서의 형태로 안정화하기까지 상당한 시간이 소요될 것으로 보인다.

새로운 국제경제 질서의 변화에는 두 가지 현상이 작동한다. 첫째, 경제적 측면에서 글로벌 금융위기와 코로나19 대응과정에서 미국의 공공부채가 민간의 부채를 대체하였다는 사실이다. 역사상 유례를 찾아볼 수 없는 규모의 재정 및 통화정책에도 불구하고 국제통화제도는 특별한 불안정성을 보이지 않았다.[2] 이와 관련한 국제협력의 수요가

---

2 유로화는 2020년에 달러 대비 약 6 % 상승했지만, 2008년 금융 위기 이후 변동에 비

특별히 필요하지 않음을 의미한다. 반면에 세계화를 이끌어온 자유주의적 다자간 무역체제는 추가적 자유화를 위한 동력을 이미 오랜 동안 잃어버린 상태일 뿐만 아니라 강대국의 일방주의적 조치를 통제할 능력이 부족함을 증명하고 있다.

둘째, 국제정치 및 안보질서의 위기 상황이 가져올 세계경제 질서 변화로서 이는 적어도 단기적으로는 매우 직접적인 충격으로 작용할 것이다. 수년간 진행되고 있는 미중 간의 경쟁은 지난 반세기 동안의 디지털 기술 축적이 산업활동으로 충분히 전이됨에 따라 '특이점'에 도달할 징후를 보이고 있다. 현재 우크라이나 사태로 인하여 미중 갈등의 본질이 상대적으로 가려진 측면이 있으나 근본적으로는 산업기술상의 대결이 가장 중요한 배경으로 작용한다고 해야 한다. 달리 말하면, 기술의 축적에 따른 산업 대전환이 헤게모니 경쟁을 촉발하고 있는 것이다. 물론 브레튼우즈 체제와 같이 IMF와 달러가 지배하는 국제금융시스템이 붕괴된 이후 현재까지도 상대적으로 국제금융시장은 안정성을 유지하고 있다. 세계경제는 반복되는 금융위기를 겪으면서 상대적으로 분권화되고 국가 간 협력에 기초한 관리역량을 확보한 것으로 보인다. 오히려 2차 세계대전 이후 산업과 무역 분야의 국제협력 체제가 산업 대전환을 맞아 새로운 갈등의 시기에 들어가고 있다.

그럼에도 불구하고 국제금융시장 및 국제통화제도의 복잡성은 얼핏 위기 시 대응의 어려움을 제기하는 측면을 간과할 수는 없다. 무엇

하여 상당히 안정적인 변화이다. 엔-달러 환율은 대유행 기간 동안 거의 움직이지 않았지만 대 불황기에는 변동폭이 90~123엔 사이였다. 그리고 모든 미국 무역 파트너의 대 달러 환율 역시 통상적 변화 수준에 머물고 있다.

보다도 국제금융 및 자본시장의 통합에도 불구하고 타국의 금융기관 운영에 대한 정확한 평가는 여전히 어렵기 마련이다. 반면에 금융회사는 국가 간 규제의 차이를 활용하여 이윤의 기회를 신속히 활용하고 늘 규제보다 앞서 나간다. 그리고 여러 국가 관할권에 걸쳐 운영되는 국제기관은 원래의 임무를 실패하더라도 그 역할을 중단하는 경우는 거의 없다. 나아가 개별 국가는 규제완화를 통해 국내 금융기관을 육성하려는 경향이 있다. 이러한 현대 국제금융시장의 특징으로 인하여 금융상품과 네트워크의 복잡성은 빠르게 증가하였으며 글로벌 금융시스템의 안정성을 약화시킬 것으로 짐작할 수 있다.

그러나 주목해야 할 흥미로운 최근의 흐름은 팬데믹에 대응하고자 미국과 많은 국가에서 사상 유래없는 규모의 유동성을 공급하였음에도 불구하고 국제금융시장은 과거와 달리 안정성을 상당폭 유지하고 있는 것으로 보인다. 팬데믹에도 불구하고 환율시장의 변동성은 과거와 비교할 수 없을 정도로 낮게 유지되었다. 이러한 현상은 한편으로는 세계경제가 과거와 비교할 수 없는 공급능력을 갖추고 있는 상황에서 적극적으로 정부부채가 수요를 담당한 것이 기저경제의 안정성을 가져온 가장 근본적 배경이라고 짐작할 수 있다. 최근 각국 정부가 긴축기조로 전환하고 있으나 이는 안정성의 관점에서 볼 때 선제적 대응이라고 볼 수 있다.

제도적 관점에서 볼 때, 브레튼우즈체제의 붕괴에도 불구하고 국가 간의 효율적인 협력체제라는 최소한의 제도적 기반을 이미 확보해왔다는 사실이다. 예를 들어 1974년부터 바젤 은행 감독위원회는 은행의 규제와 관련한 국가 간 협의와 조정을 담당해왔으며 2008년 금융위기 이후에는 G20에 의하여 금융안정위원회가 설립되어 국제금융시장 전반에 대한 정책논의와 조정 역할을 수행하고 있다. 이러한 정책 조정 메커니즘은 적어도 개별 국가들의 Racing to the Bottom 현상과 근린궁핍화 정책을 예방하는 데 상당한 효과가 있다. 그러나 최근 국제정치안보 진영상의 대결적 양상은 이러한 제도적 기반의 적용범위를 축소하는 방향으로 작용할 가능성을 배제할 수 없는 것도 염두에 둘 필요가 있다.

이와 함께, 개도국과 기축통화를 갖지 않은 많은 국가가 외환위기로부터 자국경제를 보호하기 위하여 매우 높은 수준의 경상수지 흑자와 외환보유고를 확보해왔다. 이는 명백히 자원배분의 관점에서 비효율성을 의미하지만 일종의 보험으로 간주된다. 즉, 국제금융시장의 안정성을 위하여 이들 국가들이 보험료를 지불하는 현실이다. 이러한 현상은 명백히 세계적 수준에서의 생산적 자원의 비효율적 배분이다. 그러나 이와 동시에 이들 국가에서 보험료(경상수지 흑자와 높은 외환보유고) 지급은 국제금융시장과 통화제도의 안정이라는 긍정적 외부효과를 발휘하고 있는 것이다.

국제협력의 출발점은 갈등이다. 세계경제는 기술과 산업을 중심으로 갈등을 겪고 국제협력의 길로 들어설 것이다. 반세기 이상 디지털 기술의 축적에 따라 인류사회는 산업뿐만 아니라 사회경제전 전환이라는 일종의 특이점에 도달하였다는 판단에 별다른 이견이 없다. 기술축적이 진행되는 동안 세계질서는 이른바 '세계화'를 통하여 국가별 비교우위와 규모의 경제를 적극적으로 활용하는 국제협력체계가 작동하고 세계경제의 성장을 이끌어왔다. 그러나 산업의 대전환이 구체화함에 따라 기술 및 산업상의 우위를 차지하기 위한 국제적 경쟁과 갈등의 시대로 넘어가고 있다.

제2장 코로나 팬데믹의 세계경제에 대한 충격

1. Global Lockdown과 국제협력체제의 위기

국제사회의 코로나19 팬데믹에 대한 대응은 매우 일차원적인 'Global Lockdown'이었다. 국가 간은 물론이고 세계 주요 도시 간의 이동이 제한되고 사람들은 집 안에 머물도록 통제되었다. 바이러스 확산을 막기 위한 강력한 조치는 경제활동뿐만 아니라 일상의 범위를 극적으로 축소시켰다. Outbreak가 주기적 현상이 되고 이와 같은 인류의 대응이 반복된다고 가정할 때, 적어도 현재까지 국제사회는 전혀 협조적 체제를 구현하지 못한 상황이다. 전 세계적 봉쇄와 격리는 이미 주춤하던 세계화 기조를 급작스런 단절의 위기에 몰고, 글로벌 공급사슬의 안정성은 시험대에 올랐다. 문제는 Global Lockdown이 개인과 소상공인, 중소기업과 대기업을 가리지 않고 시장의 주체를 매우 직접적으로 압박하였으며 그 여파가 국내외적으로 영향을 미치고 있는 현실이다. 과거 국가는 군사력과 외교력으로 공동체를 보호했다면, 이제는 개인의 삶을 보호하기 위한 국내정책과 국제적 협력 역량이 이러한 압박의 해소 여부에 관건이 될 것이다.

2차 세계대전 이후, 인류는 지속적인 국제적 협력메커니즘을 만들어내고 발전시킴으로써 비교적 장기간 안정과 발전을 뒷받침하였다. 그러한 노력은 UN 및 다양한 국제기구, 브레튼우즈 체제, 유럽통합,

OECD, 그리고 최근의 WTO 및 지역 간 경제통합 움직임을 모두 망라하는 것이다. 오늘날과 같은 세계적 스케일의 협력 메커니즘을 구축한 것은 인류사회 발전의 증명이다. 그렇지만 이 모든 제도적 인프라가 20세기 후반의 세계화 추세를 뒷받침하는 데 머무름으로써 오히려 그 권위와 역할은 약화되었다. 그 결과 우리는 위기 앞에서 무력한 국제협력 메커니즘의 모습을 지켜보고 있다.

코로나 바이러스가 통제되고 지금의 Global Lockdown이 해소된 이후, 과연 국제사회가 새로운 협력의 메커니즘을 만들어낼 수 있을 것인가? 인류가 지금과 같은 Global Lockdown을 반복적으로 견디는 것은 불가능해 보인다. 따라서 국제사회는 팬데믹의 예방뿐만 아니라 효율적 대응방식과 공조를 위한 협력모형 구축에 나서게 될 것이다. 조심스럽기는 하지만 한국의 경험은 향후 국제협력에 있어서 중요한 자산이 될지도 모른다. 한국의 대응방식이 '효과적 바이러스 통제'와 '합리적 수준의 사회적 통제'라는 상반된 목표의 양립가능성을 확인하였기 때문이다. 반복적 팬데믹이 피할 수 없는 현상이라면, Global Lockdown은 최후의 대응수단이 되어야 한다. 위기 때마다 Global Lockdown이 반복된다면 2차 대전 후 쌓아온 국제협력의 기반을 근본적으로 무너뜨리는 결과가 될 것이기 때문이다. 따라서 향후 국제협력의 과제는 1) 팬데믹 통제와 사회적 통제 간의 균형을 위한 모형의 개발, 2) 이를 뒷받침하는 제도적 인프라의 구축, 3) 이행에 필요한 정책수단 및 자원의 확보로 집약될 것이다.

코로나19 팬데믹이 경제구조에 대한 충격은 매우 비대칭적일 것으로 판단된다. 일반적으로 외생적 충격들이 거시경제 및 산업에 미치는 효과는 대칭적 성격을 갖고 있으나 이번 사태와 같은 전 지구적이며 거대한 규모의 충격은 기업과 소비자의 최적화 문제 자체를 변화시킨다. 따라서 코로나19 이후에도 이로 인하여 발생한 경제구조의 양적 질적 변화가 이전으로 회귀하지 않을 것으로 생각해야 한다. 경제정책적 관점에서 볼 때, 거시경제, 산업무역, 고용정책 등 전반에 걸쳐 새로운 정책 패러다임의 성격을 파악하고 이에 적합한 정책수단의 모색을 적극적으로 고려해야 할 시점에 있다.

2. 한국의 코로나19 대응

한국은 상대적으로 우수한 방역시스템에 힘입어 여타 국가에 비해 코로나 경제충격에 대하여 효과적으로 대응해왔다. 그럼에도 불구하

[그림 2-4] 한국의 코로나19 대응수준 국제비교

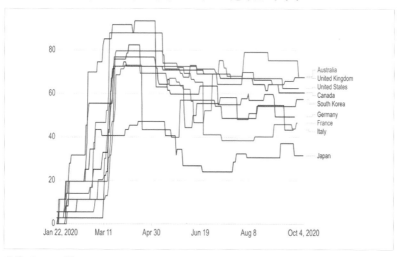

출처: Our World in Data.

고 여전히 글로벌 금융위기를 능가하는 실물위축 충격에 직면해 있는 것도 사실이다. 코로나 사태가 세계 경제에 미치는 충격은 글로벌 금융위기 수준을 넘어서며 각국은 충격을 최소화하기 위한 재정, 통화, 고용 그리고 산업무역 정책을 전방위적으로 단행하였다. 한국 역시 여러 차례의 추경을 통한 재정집행과 금리인하를 통하여 고용안정과 성장을 유지하고자 하였다.

한국의 상대적으로 효과적인 방역정책은 경제적 성과의 상대적 우위라는 결과로 나타났음은 부인할 수 없다. [그림 2-5]가 나타내고 있는 바와 같이 경제성장률과 방역의 엄격함 수준이 선형관계에 있는 것으로 보이지 않는다. 오히려 균형적 접근이 경제성장에 효과적이었음을 보여주는 결과이다. 한국경제가 2005년 총 GDP 규모 10위를 기록한 이후 2018년에야 비로소 10위권에 다시 진입하였지만 2019년 12위로 두 계단 하락한 바 있다. 한국경제가 다시 10위를 기록한 것은 한편으로는 세계의 많은 국가에서 겪은 팬데믹 경제위기의 탓도 있지만 반대로 한국이 적절한 대응을 한 결과이기도 한 것이다.

그럼에도 불구하고 이러한 성과가 사회적으로 비대칭적 희생에 기반하고 있다는 사실도 외면할 수 없다. 주요국에 비하여 정부의 지원이 주로 금융지원에 치우쳐 있고 직접적 재정지원은 최하위권이다. 특히, 자영업자와 소상공인의 경제적 피해가 분명히 드러나고 있는데 이는 정부의 재정건전성에 대한 지나친 집착에 기인하는 바 크다.

[그림 2-5] 방역과 경제성장

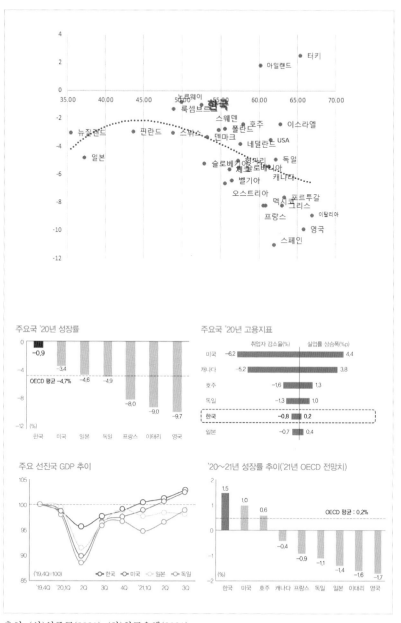

출처: (상)양종곤(2021), (하)한국은행(2021).

[그림 2-6] 한국의 재정 및 금융지원 규모

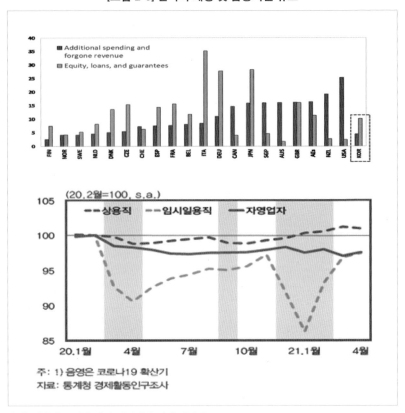

주: 1) 음영은 코로나19 확산기
자료: 통계청 경제활동인구조사

출처: 한홍렬 문재인 정부 경제정책 평가 세미나.

제3장 위기의 세계경제와 도전

1. 세계경제의 변화 방향

새로운 국제경제질서의 변화에는 두 가지 현상이 작동한다. 첫째, 글로벌 금융위기와 코로나19 대응과정에서 미국의 공공부채가 민간의 부채를 대체하였다는 사실이다. 역사상 유례를 찾아볼 수 없는 규모의 재정 및 통화정책에도 불구하고 국제통화제도는 특별한 불안정성을 보이지 않았다.[3] 이와 관련한 국제협력의 수요가 필요하지 않음을 의미한다. 반면에 세계화를 이끌어온 자유주의적 다자간 무역체제는 추가적 자유화를 위한 동력을 이미 오랜 동안 잃어 버린 상태일 뿐만 아니라 강대국의 일방주의적 조치를 통제할 능력이 부족함을 증명하고 있다.

둘째 수년간 진행되고 있는 미중간의 경쟁은 지난 반세기 동안의 디지털 기술 축적이 특이점에 도달할 징후를 보이고 있다. 기술의 축적에 따른 산업 대전환이 진행되고 있고 기술과 산업의 헤게모니 확보를 위한 본격적 경쟁이 진행되고 있다. 브레튼우즈 체제와 같이 IMF와

---

3 유로화는 2020년에 달러 대비 약 6% 상승했지만, 2008년 금융 위기 이후 변동에 비하여 상당히 안정적인 변화이다. 엔-달러 환율은 대유행 기간 동안 거의 움직이지 않았지만 대 불황기에는 변동폭이 90~123엔 사이였다. 그리고 모든 미국 무역 파트너의 대 달러 환율 역시 통상적 변화 수준에 머물고 있다.

달러가 지배하는 국제금융시스템이 붕괴된 이후에도 국제금융시장이 상대적으로 안정성을 유지하였다. 마찬가지로 세계경제는 반복되는 금융위기를 겪으면서 상대적으로 분권화되고 국가 간 협력에 기초한 관리역량을 확보한 것으로 보인다. 오히려 2차 대전 이후 산업과 무역 분야의 국제협력체제가 산업 대전환을 맞아 새로운 갈등의 시기에 들어가고 있다.

국제금융시장 및 국제통화제도의 복잡성은 얼핏 위기 시 대응의 어려움을 제기하는 측면이 있다. 무엇보다도 국제금융 및 자본시장의 통합에도 불구하고 타국의 금융기관 운영에 대한 정확한 평가는 여전히 어렵기 마련이다. 반면에 금융회사는 국가 간 규제의 차이를 활용하여 이윤의 기회를 신속히 활용하고 늘 규제보다 앞서 나간다. 그리고 여러 국가 관할권에 걸쳐 운영되는 국제기관은 원래의 임무를 실패하더라도 그 역할을 중단하는 경우는 거의 없다. 나아가 개별 국가는 규제완화를 통해 국내 금융기관을 육성하려는 경향이 있다. 이러한 현대 국제금융시장의 특징으로 인하여 금융상품과 네트워크의 복잡성은 빠르게 증가하였으며 글로벌 금융 시스템의 안정성을 약화시킬 것으로 짐작할 수 있다.

그러나 주목해야 할 흥미로운 최근의 흐름은 팬데믹에 대응하고자 미국과 많은 국가에서 사상 유래없는 규모의 유동성을 공급하였음에도 불구하고 국제금융시장은 과거와 달리 안정성을 상당폭 유지하고 있는 것으로 보인다. 팬데믹에도 불구하고 환율시장의 변동성은 과거와 비교할 수 없을 정도로 낮게 유지되었다. 이러한 현상은 한편으로는 세계경제가 과거와 비교할 수 없는 공급능력을 갖추고 있는 상황에서 적극적으로 정부부채가 수요를 담당한 것이 기저경제의 안정성을 가져온 가장 근본적 배경이라고 짐작할 수 있다.

　제도적 관점에서 볼 때, 브레튼우즈체제의 붕괴에도 불구하고 국가 간의 효율적인 협력체제라는 제도적 기반을 이미 확보해왔다는 사실이다. 예를 들어 1974년부터 바젤 은행 감독위원회는 은행의 규제와 관련한 국가 간 협의와 조정을 담당해왔으며 2008년 금융위기 이후에는 G20에 의하여 금융안정위원회가 설립되어 국제금융시장 전반에 대한 정책논의와 조정 역할을 수행하고 있다. 이러한 정책조정 메커니즘은 적어도 개별 국가들의 Racing to the Bottom 현상과 근린궁핍화 정책을 예방하는 데 상당한 효과를 가진다.

　이와 함께, 개도국과 기축통화를 갖지 않은 많은 국가에서 외환위기로부터 자국경제를 보호하기 위하여 매우 높은 수준의 경상수지 흑자와 외환보유고를 확보해왔다. 이는 명백히 자원배분의 관점에서 비효율성을 의미하지만 일종의 보험으로 간주된다. 즉, 국제금융시장의 안정성을 위하여 이들 국가가 보험료를 지불하는 현실이다. 이러한 현상은 명백히 세계적 수준에서의 생산적 자원의 비효율적 배분이다. 그러나 이와 동시에 이들 국가의 보험료(경상수지 흑자와 높은 외환보유고) 지급은 국제금융시장과 통화제도의 안정이라는 긍정적 외부효과를 발휘하고 있는 것이다.

　국제협력의 출발점은 갈등이다. 세계경제는 기술과 산업을 중심으로 갈등을 겪고 국제협력의 길로 들어설 것이다. 반세기 이상 디지털 기술의 축적에 따라 인류사회는 산업뿐만 아니라 사회경제전 전환이라는 일종의 특이점에 도달하였다는 판단에 별다른 이견이 없다. 기술축적이 진행되는 동안 세계질서는 이른바 '세계화'를 통하여 국가별 비교우위와 규모의 경제를 적극적으로 활용하는 국제협력체계가 작동하고 세계경제의 성장을 이끌어왔다. 그러나 산업의 대전환이 구체화함에 따라 기술 및 산업상의 우위를 차지하기 위한 국제적 경쟁과 갈등의 시대로 넘어가고 있다.

미중 간의 전략적 경쟁은 글로벌 차원의 갈등으로 이어지고, 세계화의 퇴조와 전통적 자유주의적 진영과 비자유주의적 진영간의 병렬적 질서가 형성되는 과정에 있다는 견해가 지배적이다. 오랜 기간 유지되어왔던 글로벌 다자주의가 위기에 처했다는 징후는 도처에 존재하며 그 핵심에는 미국과 중국 간의 경쟁과 갈등이 있다. 이러한 위기를 극복하고 국제사회가 새로운 협력체제를 복원하기까지 새로이 형성된 이해관계를 둘러싼 경쟁과 갈등이 '충분히' 깊어지는 과정을 거쳐야 한다. 미국의 대내외 경제정책에 있어서 전통적인 기술적 과학적 우위의 확보는 다른 어떤 어젠다보다 중요하게 다루어지는 이유이기도 하다.

첫째, 미국과 중국의 경쟁은 이미 국제관계의 패러다임을 형성하고 있으며 경제관계는 그 핵심적 요소이다. 2017년부터 미국은 중국을 전략적 경쟁자로 규정하였으며 팬데믹은 이러한 경쟁구조를 해소하기 보다는 강화하는 쪽으로 영향을 미치고 있다. 그 배경에는 물론 중국의 기술추격이 불공정한 수단에 의지하고 있고 그 결과는 궁극적으로 미국의 국가안보와 자유세계에 대한 위협으로 이어질 것이라는 인식이 존재한다. 중국은 자유주의적 국제통상규범에서 벗어난 다양한 시장접근 제한이나 산업정책을 모두 동원해 자국 기업의 경쟁적 입지를 지원하고 있다.4 이와 같은 중국의 공격적 추격(Catch Up)은 미국의 경

4　대표적인 사례로 중국은 구글, 아마존, 페이스북의 중국 내 사업을 크게 제한하였으며 동시에 국내 경쟁 사업체(Baidu, Alibaba 및 TenCent)를 보호 육성하였다. 그러나 이

쟁우위의 근간인 창의적 환경과 그 결과물을 위협하는 것으로 간주하는 것은 어쩌면 당연한 일이다. 미국인의 과학기술 분야 고급학위 취득자와 R&D 투자 감소 그리고 오랜 기간 진행된 제조기반의 축소는 위기감을 불러일으킬 충분한 이유가 되었고, 중국을 파트너가 아닌 경쟁국으로 인식하게 만들었다.[5] 현재 다양하게 진행되고 있는 대중 제재를 목적으로 한 규제조치가 이러한 배경에서 비롯되었다는 점에서 국가안보와 자유주의적 가치의 수호라는 상위정책적 관점에서 이해되어야 할 것이다. 즉, 기술리더십이 글로벌 경쟁 우위를 창출하고 군사적 우위의 기반을 확보한다는 인식인 것이다.

둘째, 이러한 목적의 달성을 위하여 일방주의적 접근과 함께 다자간 규칙의 제정을 통하여 통제하는 한편 산업의 대전환에 따른 새로운 국제협정의 제정을 도모하고 있다. 미국의 일방주의적 조치는 소위 '안보'를 내세움으로써 국제적 통제을 어렵게 만들고 있다. 지난 2년간에 걸쳐 미국이 시행한 미국 기업의 기술 및 관련 상품의 대중 수출 통제 강화 조치[6]의 규제규범과의 합치성 근거로서 국가안보 예외조항

들 기업은 미국 기술의 외부효과, 예를 들어 알고리즘의 개방적 접근, 중국인의 실리콘 밸리, 미국 기업과 대학과의 교류 등을 통하여 큰 혜택을 향유하였다.

5 2017년 12월 공표한 "미국의 국가안보전략"이란 보고서는 대중 포용(engagement) 정책이 효과적이지 않았다고 지적하면서 중국을 "전략적 경쟁자"(a strategic competitor) 로서 규정하고, 단순히 안보이익뿐만 아니라 경제적 및 규범적 관심사를 포함하여 중국과의 경쟁을 재정립할 것을 요구하였다. 이러한 인식은 단순히 트럼프 행정부의 입장에 그치지 않고 초당적인 의회의 지지를 받았다. White House, "National Security Strategy of the United States of America", December 2017. https://www.whitehouse.gov/wp-content/uploads/2017/12/NSS-Final-12-18-2017-0905.pdf.

6 이에 해당하는 조치로는 '미 상무부 수출관리규정에 따른 Entity list 근거', '거래통제 리스트에 따른 신흥/기반기술의 대중 수출통제 강화', '중국산 ICT 기술 및 서비스의 거래 금지/제한', 그리고 대통령의 정보통신기술 및 서비스 공급사슬의 확보를 위한

을 활용하고 있기 때문이다.7 FDI를 통한 미국 기업 기술의 중국으로
의 이전을 방지하기 위한 FDI 심사 강화를 위한 외국인투자위험심의
현대화법(FIRMMA)의 경우에도 미국과 중국 간 투자협정이 체결되어
있지 않아 국제규범의 적용 가능성이 크지 않다.

셋째, 중국의 산업정책을 보조금 협정의 강화를 위한 국제협력 움
직임은 이미 구체화되어 진행중이다. WTO 차원에서는 국영기업, 산
업보조금, 보조금 통보에 관한 논의가 진행 중인데 미국·EU·일본이
주도하고 있다. 이에 더하여 EU와 미국은 2010년 일방적으로 보조금
규제를 강화하는 조치를 논의하거나 도입하였다. EU는 유럽연합 국경
간 보조금 조치의 도입을 논의하고 있으며 미국은 이미 환율 상계관세
를 2020년에 도입하였다. 기존 상계관세 규정은 통화보조금의 혜택·
특정성 판단방법에 관해 규정이 없었으나 통화 저평가로 인해 발생하
는 보조금에 대한 상무부의 상계관세 조사방법을 구체화하였다. 이는
기존의 WTO 보조금 협정과의 합치성 문제가 존재하지만 WTO가 미
국을 통제할 수 있는지는 의문이 아닐 수 없다.

넷째, 디지털전환에 따라 나타나는 조세회피 문제를 다루기 위해
OECD와 G20 국가들은 '세원잠식과 소득이전'(BEPS; Base Erosion and
Profit Shifting)을 금지시키고자 국제공조를 시도하고 있다. 2021년 중
반까지 '새로운 이익배분 기준 및 과세연계점 도입'과 '글로벌 최저한
세 도입'에 관한 합의안 도출을 목표로 논의가 진행 중이다. 그러나 미

행정명령 근거 등을 포함한다.

7 GATT 1994 제21조(안보 예외) 및 GATS 제14조의 2(안보상의 예외) 1항 (b)호에 근
거하여 수출제한조치가 최혜국대우나 내국민대우의 의무를 적용 배제가능한 것으로
해석.

국은 2021년판 무역장벽보고서에서 디지털 서비스세를 디지털 무역 장벽으로 분류하고 있다. 불공정 무역관행으로 간주하고 자국의 디지 털 기업을 보호하겠다는 의사표현이 아닐 수 없다. 미국이 디지털 서 비스세를 WTO 협정의 범위 밖에 있는 이슈로 간주할 경우, 이를 둘 러싼 국제협력의 성과는 상당시간 미루어질 수 밖에 없고 그 배경에는 산업적 이해관계가 극명하게 작용하고 있음을 보여주는 사례이다.

2. 한국의 대응방향

한국의 정책대응이 경제구조의 변화에 대한 충분한 인식에 바탕하 고 있다고 보기는 매우 어렵다. 코로나 이후에 전개될 저성장·저금리 구조의 장기화 및 경제 충격의 글로벌화, 인플레이션의 종말, 세계화 의 후퇴 등 세계경제의 구조적 변화의 진행방향과 새로운 구조형성에 대한 적극적 판단이 필요하다. 즉, 코로나 사태에 따른 변화에 대한 전 환적 인식은 통화, 재정, 고용, 산업무역정책의 완전히 새로운 패러다 임 구축으로 뒷받침되어야 할 필요가 있다. 현재 세계경제가 직면하고 있는 도전은 크게 다음과 같이 구분할 수 있다.

첫째, 코로나19 이후 일시적인 경제 반등을 전망한다 할지라도 세 계경제는 장기적이며 구조적인 저성장 궤도이 있었음을 상기할 필요 가 았다. 글로별 금융위기 이후 세계경제는 성장률은 이미 3% 수준, 선진국은 경우 1%를 상회하는 수준이 일반화되었다. 중국의 성장률 역시 대폭적 하향추세가 예상된다. 이는 정부와 민간의 과도한 부채로 인하여 투자와 소비의 여력이 축소하였으며 이러한 상황은 금리정책의 전환과 긴축적 재정정책으로 많은 영향을 받을 것이다. 또한 팬데믹과 미중 갈등으로 악화된 글로벌 공급망의 교란, 전 세계적 인구구조의 노령화, 세계화 시기에 이루어진 과잉 공급능력 등 공급 부문의 문제도 무시할 수 없다.

둘째, 빠른 속도로 진행되고 있는 4차 산업혁명은 기회와 도전을 동시에 제시한다. 우선 이러한 변화는 제조와 서비스 간의 융합을 본질적 특징으로 한다는 점에서 과거에는 경험하지 못한 산업구조의 전환을 가져올 것이다. 초연결성과 초지능을 특징으로 하는 산업구조의 변화를 능동적으로 활용할 수 있는 국가는 매우 제한적일 것이며 그 결과는 매우 긴 시간을 통해 국가 간 산업 간 개인 간에 비대칭적으로 나타날 것이다. 한편 최근에 부각되고 있는 GVC의 교란 현상으로 인하여 국가 간 분업구조의 양태에도 변화를 가져올 것이다. 예를 들어, 과거에는 GVC의 지역 블록화, 국내 제조업 강화정책, 국가안보와 산업경제의 연계 등과 같은 새로운 양상이 전망되는데 이는 과거 세계경제를 이끌어온 기조와 거의 정반대적 경향인 것이다.

셋째, 미중 갈등과 보호주의의 확대로 인하여 세계경제는 협력과 갈등의 시기를 일정기간 경험할 것이다. 그 책임 여부를 불문하고 중국 리스크는 현실화되었다. 미국이 세계경제에서의 지도적 위치를 회복하고 자유주의적 질서를 강화하려는 노력은 이러한 리스크를 증폭시킬 가능성이 매우 높다. 국제무역환경의 관점에서 볼 때, 시장개방의 확대를 기조로하는 국제협력체제는 이미 약화되었고 가속화될 가능성이 높다. 지역 간 경제협력체제가 과거에는 경제적 효율성을 목표로 한 것에 반하여 최근에는 안보적 목표를 뒷받침하는 방향으로 진행되고 있기도 하다.

이상의 관찰을 바탕에 놓고 보면 한국의 정책적 과제는 매우 복잡하다. 저금리 장기화로 금리인하를 통한 경기부양이라는 전통적 통화정책의 운신 폭이 매우 좁아진 상황인 반면 저금리는 정부부채의 비용부담을 경감시켜 재정정책의 운신 폭을 확대시켰다. 그러나 최근 인플레이션 기조와 함께 양적완화의 축소, 금리인상이라는 새로운 정책환경이 조성되고 있다는 점에서 적절한 통화 재정정책의 방향과 정책수단의 제시가 필요하다. 실물경제 관련하여, 코로나 사태는 산업활동과 고용의 구조적 변화를 초래하고 있다. 경제위기 및 경제충격 극복과정에서 소득불평등이 심화됨에 따라 고용안정의 중요성이 증폭되었음은 당연하다. 코로나 사태와 함께 미중의 탈동조화 현상은 가속화하고 있으며 최근의 우크라이나 사태는 국제질서의 근본적 변화를 예고하고 있다. 당연히 국제통상환경 및 글로벌 공급가치사슬에 구조적 변화를 초래하게 될 것이다.

이상의 논의를 바탕으로 국제질서의 변화에 다음을 중심으로 정책대응을 모색할 필요가 있다. 첫째, 국제질서의 변화에 따른 국제경제 및 국제통상환경의 전개방향을 분석하고 대응방향을 설정해야 한다. 미중 갈등의 심화와 탈동조화 현상의 본격화는 국제통상환경의 급격한 악화로 이어질 가능성이 있으며 한국은 이러한 환경변화에 대비한 산업무역정책의 방향설정이 필요하다. WTO의 다자체제 약화, 기술패권 경쟁에 따른 산업 및 기술의 탈동조화 현상, 그리고 공급사슬의 국지화 현상이 빠른 속도로 진행될 가능성이 높다. 따라서 한국경제의 구조적 전환을 위한 산업 및 무역정책의 방향을 제시하고 새로운 구조전환 방향을 설정해 나가야 한다.

둘째, 코로나19 충격의 비대칭적 효과와 경기안정화 정책의 새로운 패러다임 모색이 필요하다. 이를 위해서는 무엇보다도 코로나 사태 이후 거시경제적 정책환경의 변화에 대한 객관적 평가가 급선무이다. 대규모의 외생적 양적·질적 변화를 초래하고 그 충격이 사라진 후에도 과거로 회귀하지 않는 비대칭성을 보일 것이기 때문이다. 이와 함께 현재의 코로나 대응 경제정책에 대한 실시간 평가와 개선을 지속하는 것이 정책효율성을 극대화 시키고 위기에서 보다 신속히 벗어나는 데 기여할 것이다. 급격한 정책환경의 변화가 아직 진행되는 과정에 있으나 세계 주요국은 기존의 패러다임에서 과감히 탈피하여 새로운 시도가 이루어지고 있다. 이에 반하여 한국은 이들 국가에 비하여 상대적으로 소극적이고 전통적 정책목표에 머무르는 경향을 보이는 현실이다. 따라서 기저경제의 구조변화 방향에 대한 제반 가설을 검토하고 이를 바탕으로 다양한 정책 패러다임 형성을 모색해야 할 시점이다. 특히 글로벌 금융위기 이후 경제여건의 변화방향을 전망하는 데 있어서 미시적 요인, 즉 주요 경제주체의 의사선택을 결정하는 요인에 대한 분석을 기초로 해야 한다. 글로벌 경제 충격이 빈번하게 발생하면서 실물경제 안정을 위한 적극적이고 신속한 통화·재정정책 및 자동안정화 장치(automatic stabilizer)의 중요성이 확대되고 있다는 인식도 중요하다. 따라서 코로나 위기 이후의 경제구조 변화에 대한 전망을 바탕으로 위기 극복을 위한 정부 및 한국은행의 경기안정화 정책을 평가하고 즉각적 개선 및 향후 경기안정화 정책의 제도적 개선 방향을 제시해야 한다.

셋째, 코로나 충격에 대응한 통화 및 재정정책을 평가하고 선진국형 정책 패러다임을 구축해나가야 한다. 재정지출 및 금리정책의 적절성과 관련하여 정부와 한국은행의 대응에 대한 시의성, 양적 적절성,

정책내용의 적절성 등을 평가하고 정책적 시사점을 도출할 필요가 있다. 주요 연구들에 따르면 우리나라의 재정승수는 재정의 종류에 따라 0.4~1.2 수준인 것으로 평가되고 있는바, 이에 근거하여 코로나에 대응한 정부지출의 정량적 효과를 평가하는 것이 바람직하다. 이를 위하여 OECD 등 주요국과의 비교를 통한 통화, 재정정책 규모의 적절성을 평가할 필요가 있다. 한편, 주요국 대비 우리나라 코로나 정책의 특징, 즉 실물부양에 비해 피해 대상에 대한 직접 재정지원의 비중이 높았다는 점에서 여타 국가와 비슷한 흐름이다. 우리나라 재정정책 구조의 특징을 분석하고 이러한 특징이 코로나 사태 극복에 어떠한 방향으로 기여했는지를 평가해야 한다. 특히 상대적으로 전통적 금리정책에 집중하였던 통화정책의 적절성에 대한 객관적 점검이 이루어져야 한다. 특히 주요국 중앙은행이 담당하였던 역할을 우리나라의 경우 기업은행과 산업은행 등이 담당하고 있으나 이러한 역할 배분의 적절성 여부에 대한 분석을 바탕으로 향후 새로운 정책 메커니즘에 대한 구상을 준비해야 한다.

넷째, 코로나 사태 이후 산업 및 고용구조의 변화와 고용정책의 설정에 있어서 국내외적 산업현장의 구조적 변화를 반영해야 한다. 코로나 사태로 산업 및 고용의 구조적 변화가 가속화될 가능성이 크기 때문이다. 자동화, 무인화 등의 가속화로 인한 산업 구조의 변화와 비대면 업무환경 확대 등 근무환경의 변화는 경제 전체 및 산업별로 일자리 창출 및 소멸 경향의 차별화된 변화를 수반하며 이에 대한 평가 및 전망 분석이 이루어져야 한다. 산업 및 고용환경 변화에 따라 현행 직업훈련 및 고용촉진 정책들의 유효성 및 적절성에 대한 분석을 기초로 고용안정에 효과적인 정책방향을 모색해야 하는 것이다. 또한 신규취업 및 직업전환과 재취업 과정에 수반되는 마찰적 요인들을 줄이고 구직자들의 생계안정 및 취업 확률을 제고하는 데 도움이 되는 정책 연구가 필요하고, 현재 진행 중인 고용보험 확대 정책 등에 대한 구상을 실천해야 한다.

| 참고문헌 |

양종곤(2021), 정책기획위원회 세미나 발표자료.

한홍열 외(2020), 국제질서의 변화를 바라보는 7개의 시선, 메디치미디어, 서울.

한홍열(2021), 문재인 정부 경제정책 평가 세미나 발표자료.

통계청(2022), 세계 속의 한국, https://kosis.kr/vis_kor/nso/worldInKor/selectWorldInKor.do

한국은행(2021), 경제전망보고서.

White House(2017), "National Security Strategy of the United States of America", US.

혁신경제 I :
바이오경제

제3부

제1장 바이오경제의 시의성

지구에는 다양한 생물이 살고 있고 인간은 그것을 자원화해서 폭넓게 활용하며 살아왔다. 인간의 생물 활용 역사를 산업의 관점에서 평가하기 위해 시대를 일반화하여 구분하는 일이 가볍게 정당화될 수는 없을 것이다. 그럼에도 불구하고 변화의 흐름을 이해한다는 점에서 바이오산업이라는 묶음으로 정리하는 것도 의미는 있다. 흔히 바이오산업이라고 생각하는 것은 무엇일까. 어떤 것을 바이오산업으로 이해하고 있느냐에 따라 바이오경제에 대한 인식이 달라진다.

1. 문명의 변혁과 바이오산업

산업혁명 이전의 경제활동은 전통 방식에 의한 생물체의 생산과 활용, 즉 식량과 생필품 공급을 위한 자연발생적 바이오산업인 농업에 기반을 둔 것으로 볼 수 있다(바이오산업 1.0).[1] 이 시기의 생산성 증가는 개

---

1 무엇을 바이오산업으로 이해하고 있느냐에 따라 바이오경제에 대한 개념이 달라진다. 생물자원의 획득과 응용 과정을 기준으로 구분하면, 식량생산을 위하여 필요한 작물을 재배하고 가축을 기르며 시작한 대략 1만 년 가까이 이어온 전통적인 농업 중심의 활동은 바이오산업 1.0이라고 할 수 있다. 생존에 필요한 식량 확보가 목표였다. 산업혁명의 근대에 이르러 원예 육종 지식과 인공비료 발명이 상승적으로 작용하며 식량 생산은 비약적으로 증가되었고, 농업 생산물 가공기술의 발달에 의한 공업화된 식

인 역량의 증가에 의한 것이라기보다는 다양한 작물 종과 생산지역을 어디까지 얼마나 넓게 확장할 수 있는지에 달려 있었다. 18세기까지 이어진 지리적 탐험은 새로운 생산지를 차지하고 신품종의 생물자원을 발견하기 위한 활동이기도 했다. 그 시기의 경제적 이득을 보장해주는 사업이었기에 탐험에 자본을 동원하고 국가적으로 지원한 것이다.

최초의 인류는 10만~15만 년 전 아프리카를 나와 나름의 생활양식을 만들어가며 여러 대륙 여기저기로 이동하였다. 사물을 단순히 관찰하는 데 그치지 않고 추상적으로 생각하고 개념을 만들어가면서 인간은 가는 곳마다 문명의 씨앗을 뿌렸다. 자연에서 자라는 동물을 수렵하고 식물을 채집하던 생활에 변화가 생겼다. 근거지 주변에서 식량을 생산할 목적으로 식물 종과 동물 종을 관리하는 데에 시간과 노력을 투자하기 시작한 것이다. 농업혁명이라는 이 사건은 대략 1만 년 전부터 세계 여러 지역에서 다발적으로 벌어졌다. 시간이 지나면서 식량이 될 수 있는 더 많은 식물 종과 동물 종이 개량되고 재배되거나 사육되었다.

지금도 계속되고 있는 전통적인 농업은 최초의 바이오산업이자 여

품산업의 출현은 바이오산업 2.0으로 볼 수 있다. 바이오산업 2.0의 고도화와 더불어 질병치료 목적의 의약품 생산이 더해져 시장화 되는 버전을 바이오산업 3.0이라 할 수 있다. 대개 20세기 중반인 1960년대까지 이루어진 성과다. 기계, 전기, 전자, 화학 산업 등 주변 관련 산업의 발전에 힘입어 바이오산업 3.0 역시 최근까지도 업그레이드되고 있다. 분자생물학의 발전과 유전공학의 태동에 기초를 둔 바이오산업은 인류를 전혀 새로운 차원으로 이끌고 있는 4.0 세대인 셈이다. 생물체 고유의 생명 현상인 물질대사가 유전자에 의해 결정된다는 사실이 증명된 1960년 무렵부터, 바이오 기술의 혁신이 더해져 바이오식품, 바이오의료 및 신약, 바이오소재, 바이오연료 등으로 신산업 영역이 확장되고 있다. 이제 디지털 전환의 혁신과 융합된 유전체 연구와 새로운 생명기술은 합성생물학으로 구현되며 인공세포를 현실화시키고 있다. 생명제조 시대라는 바이오산업 5.0이 시작되었다.

전히 중요한 바이오산업이다. 산업 발전 정도에 따라 지역별로 차이가 있지만 최근에 이르기까지 인류 역사의 대부분은 농업이라는 바이오산업에 의존하여 왔다. 거의 1만 년에 이르는 오랜 기간 직간접으로 농업 생산성을 높이는 데 관심을 두고 심혈을 기울여 만든 기술과 도구들이 지금도 사용되고 있다. 다양한 영역에서 문명의 인프라를 구축하는 데 응용되어 왔고 앞으로도 계속 활용될 이 기술과 도구는 경제뿐만 아니라 인류의 삶 그 자체를 바꿔 놓은 대변혁의 수단이었다.

더 강력한 기술과 도구에 대한 욕구와 호기심이 인간을 새로운 탐구의 길로 안내한다. 자연에 대해 모르는 것이 너무 많다는 깨달음에서 출발한 과학을 우리에게 힘을 주기 때문에 중요한 것이라고 여긴다. 16세기 이전에는 과학과 기술은 별개의 분야였지만 시간이 흐르면서 둘 사이의 관계는 강화되어 왔다. 과학과 기술은 서로 자극하며 상보적으로 발전하면서 과학적 발견이 현실적인 힘으로 나타나는 경우가 많아졌다. 뉴턴 역학으로 대표되는 과학혁명의 열기와 성과는 자연의 힘을 생산 활동에 응용하고자 하는 산업혁명으로 어렵지 않게 연결되었다.

산업혁명은 공장의 시작이다. 공장은 사람들이 모이게 했으며 공장을 중심으로 한 주변 지역을 크게 변화시켰다. 초기의 면직공장은 수력으로 가동되었기 때문에 강 유역이나 시골 마을에 전혀 다른 풍경의 대형 건물로 지어졌다. 대규모 생산에 필요한 동력 기계와 많은 수의 노동자들이 움직이는 공간을 만들기 위해서는 새로운 설계법과 건축 기술은 물론 이에 필요한 자재와 재료가 필요했다.[2] 건축 분야의 혁신

---

2 조슈아 B. 프리먼(2018), 공장은 어떻게 인류의 역사를 바꿔왔는가, 『더 팩토리』.

을 이끌어내는 계기가 되었다. 수력에 의한 공장은 인구가 희박한 수자원 인근에 위치할 수밖에 없기 때문에 노동력 확보에도 어려움이 많았다. 동력을 수력에서 증기력으로 바꾸는 혁신은 비로소 공장이 도시 인근에도 자리 잡을 수 있게 하여 노동력 확보의 어려움을 덜어주었다. 공장으로 들어온 증기기관은 거기에 머무르지 않고 운송기관으로 옮겨가 기차와 기선이라는 교통 혁신을 일으켰다. 증기기관은 석탄 산업을 활성화시켰고 여러 영역의 연쇄적인 혁신들로 이어져 수 많은 신산업 분야를 만들어냈다.

산업혁명은 도시화와 굴뚝을 연상시키지만, 실로 제2차 농업혁명이기도 했다.3 기계화된 수단을 농업에 도입하였으며 인공비료와 살충제를 비롯한 각종 약물들을 사용할 수 있게 됨으로써 농업 생산성이 크게 증가되었다. 저장시스템(냉장)과 유통시스템(철도, 증기선)은 식량의 공급과 판매를 원활하게 했다. 또한 농업의 주류가 된 산업적 생산 기법은 식품가공산업이라는 새로운 바이오산업의 등장이 가능하도록 하였다. 불과 수십 년 동안에 일어난 놀라운 변화이다.

20세기 초 미생물학의 황금시대는 의학을 발전시키고 인류 문명에도 매우 큰 영향을 미쳤다. 질병에 대한 이해는 지식의 축적을 넘어 새로운 형태의 바이오산업 분야에 바로 연결되었다. 다양한 신약과 함께 항생제와 백신의 발명이 의약 분야를 질병치료용 제품을 생산하는 바이오산업으로 이끈 것이다. 유전물질인 DNA의 구조가 규명된 이후 진행된 분자생물학과 유전체학의 발전은 그 자체로도 생명공학을 고도화시켰으며 그 성과는 또 다른 신생 바이오산업 분야로 확장되고 있다.

---

3 유발 할라리(2011), 『사피엔스』.

디지털 전환은 제4차 산업혁명의 주요 의제이며 방향이다. 증기기관과 전기라는 기술혁신이 운송수단과 생산 시스템에 융합함으로써 폭발적인 생산성 향상과 신산업을 이뤄낼 수 있었던 것처럼 디지털 전환도 무엇과 결합하느냐에 따라 4차 산업혁명의 구조와 향후 문명의 방향이 달라진다. 차세대 생명공학과 디지털의 결합은 지금과는 다른 강력한 역량의 휴먼시대를 만들어낼 수 있다. 전환이 필요한 때마다 기술의 변화가 그 시대의 경제적, 사회적 돌파구를 만들어왔듯이 바이오 영역의 혁신적 기술변화 역시 전 세계가 당면하고 있는 과제들을 해결할 것이다.

2. 당면 문제와 제4차 산업혁명

인간의 문명이 긍정적인 방향으로 지속가능할지는 우리가 당면 과제들을 얼마나 잘 관리하느냐에 달려 있다. 적합한 대응 방안을 찾고 시의적절한 범지구적인 노력을 한다면 희망이 있다. 하나하나가 버겁고 어려운 여러 가지 종류의 과제들이 겹겹으로 놓여 있다. 서로 연결된 문제들이고 심각함이 상당할 정도까지 진행되어온 것이어서 더는 미루거나 피할 수 없는 상황이다.

우리 앞에 놓인 과제가 단순하지 않고 다층 복합적인 것이라는 사실은 몇 가지만 봐도 분명하다. 그런대로 잘 돌아가고 있는 듯 보이는 기존 산업의 진행 관성도 혁신을 가로막기에는 충분하다. 연관 산업과 관련 제도에 익숙한 구조적인 틀 역시 장벽일 수 있다. 깊어지는 고령화와 청년세대의 진출을 지연시키는 인구구조의 변화는 모든 문제와 연결되어 있다. 급속히 진행된 극심한 도시화는 성장 동력을 약화시키는 갖가지 비효율적인 요인들을 양산한다는 점에서 한 몫을 한다. 이에 더하여 기존 시스템을 지키려는 집단 이기심은 불균형과 불평등을 고착시켜 회복력을 갉아먹고 있다.

산업혁명 이후 누적된 온실 가스는 자연적 순환과정의 조절 범위를 벗어났다. 그로 인한 지구온난화는 예상 밖의 기후변화를 가져왔고 급박한 조치가 없는 한 파국으로 치달을 것이다. 우리의 산업 발전과정도 화석연료를 사용하는 화석에너지 기반 경제의 틀에서 진행되고 결실을 맺은 것이다. 지구온난화에 의한 기후변화는 그 정도에 따라 산업과 경제를 포함한 인간의 모든 활동 영역에 막대한 영향을 준다. 해수면의 상승과 대기 중 이산화탄소의 증가는 바닷물의 화학적 구성까지 변화시켜 해양생태계의 주요 생물 종을 멸종 위기로 몰아넣는다. 코로나19 팬데믹도 기후변화와 연관되어 있을 것이라는 의견이 많다. 그럼에도, 온실가스 생산을 줄이기 위해 화석연료 사용을 금지하고 재생에너지로 전환하자는 에너지전환에 대한 저항 또한 여전하다.

지속가능성을 위협하는 이런 문제들은 분리되어 있는 것이라기보다는 무엇이 먼저고 무엇이 결과인지 가늠하기 힘들 정도로 연계되어 있다. 지대한 노력과 혁신이 전제되지 않고는 그 출구를 찾기 어렵다.

다층 복합적 문제들을 해결하기 위해 우리 사회에 필요한 것은 다름 아닌 대전환이다. 현대 사회의 모든 문제는 연결되어 있다. 관료화된 분야별 접근은 문제 해결이라는 정책 임무의 초점을 흐리게 한다. 사안별 해결방안은 성과로 포장하기엔 좋을지 몰라도 미봉책에 불과하다. 정책 기획과 진행 과정에서 참여 기회를 넓혀 다양한 요구가 수용될 수 있어야 한다.

지난 20년은 매우 중요한 시기였다. 21세기의 출발과 함께 등장한 창조적 파괴력을 가진 신기술들이 축적되었으며 산업에서도 응용되고 있다. 아직 뚜렷한 생산성의 증가로까지 이어지진 않았지만, 만물의 디지털화는 말 그대로 전 분야로 확산되고 있다. 인공지능과 로봇기술의 고도화와 함께 데이터의 중요성이 부각되며 정보의 집적과 정보 가공 관련 신산업 영역의 성장도 빠른 속도로 진행된다.

제4차 산업혁명이라고 부르는 이와 같은 변화는 새로운 경제 시대로의 진입을 강조한다. 20세기 중반부터 시작된 컴퓨터와 정보화 시대의 흐름은 21세기 초반을 거치면서 환경공학, 나노공학, 생명공학, 헬스케어 등의 산업영역으로 확장되고 있다.

제4차 산업혁명의 성격과 결과가 궁극적으로 어떤 것일지에 대해서 아직 확실하게 말하기조차 어렵고 그 성과가 어디까지 미칠지에 대해서도 이견이 많다. 여기에서 바이오 영역과 관련된 점만을 강조해서 표현하면, 제4차 산업혁명의 본질은 정보기술과 생명기술의 대융합이며 산업과 경제는 물론 인간 활동 전 분야에 걸친 엄청난 변화를 가져올 것이다.

디지털 기술은 그 자체의 성장과 변화를 통해 디지털경제라는 고유 영역으로 자리매김하였고 다른 영역으로도 확장되고 있다. 앞서 언급한 것처럼, 증기기관이라는 혁신이 운송수단과 공장 시스템에 얹히지 않았다면, 혁신의 파급력은 제한적일 수밖에 없었을 것이다. 마찬가지로 정보기술, 즉 디지털기술이 차세대 생명기술과 융합하여 생물체에 얹혀질 때 인류 문명의 대전환을 끌어가는 바이오경제의 동력이 된다.

3. 바이오산업과 바이오경제

생명과학이 빠른 속도로 경제활동을 변화시키고 있다. 유전체학 (Genomics)의 응용이 신종 기업의 출현과 산업구조를 변화시킬 것이라 는 생각에 근거하여, 1998년 무렵 제안된 것으로 알려진 바이오경제 (bioeconomy)라는 개념은 이제 산업적 목적을 위한 생물학 지식의 활 용을 지칭하는 매우 넓은 의미를 가진다.[4] 과학혁명과 뒤이어진 산업 혁명은 19세기의 '엔지니어링의 시대', 20세기의 '화학과 물리학의 시 대'로 계승되어 21세기의 '생물학의 시대'에 이르렀다.[5] 시대의 명칭 은 그 시대의 첨단산업을 담고 있다. 애초에 고정된 첨단산업은 없다. 시대의 변화와 혁신의 방향에 따라 그 토양에서 자라는 고유의 첨단산 업이 있을 뿐이다. 19세기에는 철강, 석유, 철도 등이었고 20세기의 전 기, 석유화학, 자동차, 전자 정보통신, 반도체로 이어졌다. 그렇다면 무 엇이 21세기의 첨단산업이 될 것인가.

앞서 언급한 다양한 버전의 바이오산업을 포함하여, 유전체 연구 바이오기술과 디지털 정보기술의 융합에 의한 차세대 바이오산업을 기반으로 하는 21세기 바이오경제에는 다양한 영역의 바이오산업이 속한다([그림 3-1]). 의약분야를 대상으로 하는 레드바이오산업, 농업분

---

4 "Genomics and the World's Economy"에서 저자인 Enriquez는 유전체학의 지식과 기 술이 세계 경제를 바꿀 것이며, 이에 따른 산업과 기업의 구조 변화가 있을 것이라고 논의하며 생명과학 영역 신경제의 부상을 주장했다. 20세기 후반기부터 태동되어온 생물학적 혁명(biological revolution)의 새로운 바이오테크놀로지와 바이오산업이 결 국 산업 전반을 전환시킬 것이라는 관점을 표명한 셈이다.

5 The 21st century: The age of Biology, Anne Glover, OECD Forum, Paris, 12 Nov. 2012.

[그림 3-1] 다양한 바이오산업 분야

Colour	Industries
● Red	Biomedicine, Biopharmaceutics, Diagnostics
● Green	Agricultural Biotechnology, Bioenergetics (Biofuels), Biofertilizers, Bioremediation, Geomicrobiology
● White	Industrial Biotechnology
● Yellow	Food Biotechnology, Nutrition Science
● Blue	Aquaculture, Coastal and Marine Biotechnology
● Brown	Arid Zone and Desert Biotechnology
● Black	Bioterrorism, Biowarfare, Biocriminology, Anticrop Warfare
● Violet	Patents, Publications, Inventions, Intellectual Property Rights (Legal, Ethical and Philosophic Issues)
● Gold	Bioinformatics, Nanobiotechnologies
● Grey	Environmental (Ecological) Biotechnology

출처: Electronic J. Biotechnology, 7; doi:10.10.2225 (2004).

야의 그린바이오산업, 제조업과 관련된 화이트바이오산업 등은 잘 알려져 있다. 바이오경제의 비중이 커지면서 세분화된 더 많은 응용 영역이 바이오산업으로 등장하고 있다. 이처럼 다양해진 바이오산업은 유전체학과 공학의 융합을 통한 생명체의 합성·제작과 소재물질생산, 의료정보와 빅데이터 처리기술의 융합에 의한 디지털 헬스케어와 개인 맞춤형 의료 등은 물론 사회안전, 생명윤리, 정보, 지적재산권에 이르는 광범위한 영역까지 펼쳐져 있다. 바이오기술의 혁신6은 기존 바이오산업을 업그레이드하거나 새로운 바이오산업을 출현시키며 바이오경제를 풍부하게 한다.

또한 몇 가지 요인은 바이오경제의 진행을 가속시키기도 한다. 첫째, 여건을 충분히 갖춘 과학기술과 디지털 전환이다. 디지털 사고방식의 전략적 상승 여건을 전제로 생명과학에서 비롯된 파괴적 전환기

---

6 바이오기술: 생물체의 기능을 이용하여 제품을 만들거나 생물체의 새로운 유전적 특성을 발현시키는 복합적 기술.

술의 도입이 적극적으로 이루지고 있다. 둘째, 전 지구적으로 지속가능성장과 순환의 중요성이 강조된다는 점이다. 탄소중립과 생태 친화적 에너지전환의 긴급성에 기인한 것으로, 그린바이오와 화이트바이오에 대한 투자 규모가 커지며 환경 친화 제품 중심의 지속가능한 시장으로 재구조화 되고 있다. 셋째, 미래의 차세대 성장 동력이 경제에 필요하다는 점이다. 확장된 자본의 크기를 지탱하기 위해서는 바이오기술과 물리기술의 융합이라는 제4차 산업혁명을 주도하는 핵심 산업이 확실해져야 한다.7 넷째, 위기와 재난 해결에 대한 요구이다. 코로나19 팬데믹이 준 충격과 그 대응 과정에서 바이오 분야가 보여준 과학기술 기반 해결 역량은 경제의 중심이 어디에 있어야 하는지를 성찰하도록 한다.

지구에는 수많은 생물 종이 서식하고 있다. 생물학자들은 대략 870만 종의 진핵생물과 적어도 10억 종 정도의 세균류가 존재하는 것으로 추정한다. 이 같은 막대한 생물자원을 활용하려는 시도는 진보를 향한 인류의 여정에서 보면 자연스러운 일이다. 성숙된 주변의 과학기술과 융합하는 새로운 생명과학 시대가 열릴 것이라는 기대 또한 당연한 일이다. 이것을 토대로 하는 바이오경제는 많은 영역에서 석유화학경제를 대체할 것이다([그림 3-2]). 바이오경제시대의 대표적인 성과는 에너지와 원료소재의 혁신이 될 것이다. 석유화학경제는 수억 년 전의 바이오매스가 지질학적 변화 과정을 거쳐 생성된 화석연료를 기반으

7 이에 부합하는 것이 2030 바이오경제시대(2030년까지 연평균 7% 성장 예상)라고 볼 수 있다. 보건의료시장의 성장 추세(연평균 5~6%)와 디지털 헬스케어의 급속 성장(연평균 약 16%)은 글로벌 바이오시장의 급속한 확장 추세를 대변한다.

[그림 3-2] 석유화학경제와 바이오경제의 비교-에너지와 원료소재의 변환

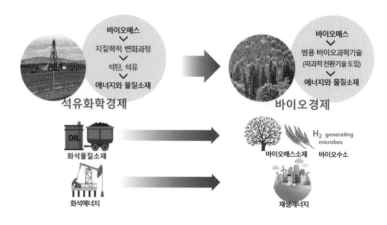

출처: 저자의 자체 그림임.

로 한다. 바이오경제는 범용 바이오과학기술을 중심으로 하는 파괴적 전환기술에 의해 바이오매스에서 직접 얻을 수 있는 에너지소재와 물질소재를 기반으로 하는 경제이다. 물론 쉽게 이루어지는 목표는 아니다. 그야말로 대전환 시대에 걸맞는 혁신이 필요하다.

4. 바이오산업의 특성과 글로벌 바이오산업

단일기술 혁신이 대규모 산업화로 연결되어 파급효과가 거대하다는 점을 바이오산업의 특징으로 볼 수 있다. 대부분의 경우, R&D 성과와 산업화 연결에 비교적 긴 기간이 소요되기도 한다. 생명, 건강, 안전과 직접 관련된 부분이 많아 폭넓은 사회적 합의가 필요하다는 점도 있다. 바이오 분야의 제품과 서비스의 확대에 힘입어 산업과 경제 전

반의 변화를 의미하는 바이오경제로 개념이 확장되었다. 현재 우리의 여건에서 바이오기술과 바이오산업 전 분야에 대한 투자가 현실적으로 어려운 점을 감안하면 집중 분야 육성이 필요하다. 미래의 경쟁력과 선도국가 지속을 위해서 전략적 집중화가 있어야 한다.

글로벌 바이오산업의 시장 규모는 2015년 이후 연평균 7.9% 성장하였으며, 헬스와 의약 영역이 확장되어 왔다. 의료와 헬스케어가 가장 큰 시장을 형성(2019년, 57.7% 2,609억 달러)하고 있으며, 향후 2026년까지 연평균 10.1% 성장이 전망된다. 뒤이어 농식품이 11.9%(535억 달러), 환경 및 산업 공정이 11.3%(510억 달러), 서비스 및 기술 제공 순서로 이어진다([그림 3-3]). 지역별로는 미국이 49.9%, 아시아 태평양이 22.3%, 유럽이 17.5%, 기타 등으로 되어 있다. 전반적으로 2019년 대비 2024년 글로벌 바이오산업 시장은 42.9% 증가할 것으로 전망된다. 최근의 팬데믹은 향후 바이오 시장의 성장 가속화에 영향을 주는

[그림 3-3] 글로벌 바이오산업의 분야 별 현황

(2019년)

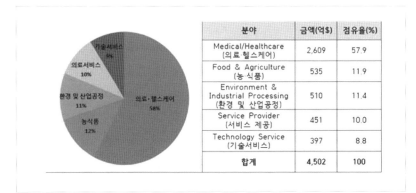

분야	금액(억$)	점유율(%)
Medical/Healthcare (의료·헬스케어)	2,609	57.9
Food & Agriculture (농·식품)	535	11.9
Environment & Industrial Processing (환경 및 산업공정)	510	11.4
Service Provider (서비스 제공)	451	10.0
Technology Service (기술서비스)	397	8.8
합계	4,502	100

출처: 생명공학정책연구센터 BioINwatch(2020.09).

중요한 요인이 될 것이며, 이로 인한 바이오 영역과 디지털의 융합 추세가 더욱 맹렬해질 것이다.

디지털화되는 바이오산업들을 살펴보면 상호 융합이 다양하게 진행되고 있다는 사실을 알 수 있다. 기존의 약물과는 다른 신개념의 디지털 치료제나 신약개발 과정의 혁신을 보여주는 AI 기술은 디지털기술이 새로운 의약품 개발은 물론이고 의약바이오 전반의 혁신을 유도하고 있음을 알 수 있다 전통산업인 농업에서도 AI, IoT, 빅데이터에 의한 디지털 전환은 정밀농업과 신품종 개발, 식량과 관련된 바이오매스의 생산과 유통 예측에도 적용된다. 산업 소재와 생산 공정 혁신을 예고하는 산업바이오 영역의 디지털 융합은 합성생물학의 성과를 통해 실감할 수 있다. 영국(BBSRC)과 미국(DARPA)이 디지털바이오의 선도국으로 나서고 있다.

제2장 생명공학의 파괴적 기술 혁신 현황

1. 유전체학(Genomics)과 관련 신산업

생물체의 구조와 기능은 유전정보에 의해 결정된다. 한 생물체가 가진 유전정보 전체를 그 생물체의 유전체(genome)라고 하며, 유전체학은 이 유전체를 연구 대상으로 하는 학문 분야이다. 유전체를 해독하는 기술(염기순서를 읽어내는 기술), 해독된 정보를 데이터화하는 생물정보 섹터, 다른 오믹스(omics)와 연계하여 유전자를 확정하고 기능을 밝히는 영역 등을 포함한다.

DNA 염기서열을 읽어내는 기술, 즉 유전체 해독 기술은 1970년대 생거(F. Sanger)에 의해 개발된 이후 발전을 거듭하여 차세대 시퀀싱(next generation sequencing)에 이르고 있다. 최근의 3세대 염기서열결정법은 단 1개의 DNA 분자에서 염기서열을 알아낼 수 있다. 관련 기술과 해당 분야는 유전자 클로닝 기술, 유전자 편집 기술(CRISPR), 후생유전학, 유전자발현 간섭과 활성화 기술, 차세대 시퀀싱, 중합효소연쇄반응(PCR) 등이다.

글로벌 유전체 시장 규모는 2017년 147억 달러에서 연평균 10.6% 성장하여 2023년 269.6억 달러에 이를 것으로 예상한다.[8] 코로나19

---

8 「글로벌 유전체시장 현황과 전망」 바이오인더스트리 129(2018), 생명공학정책연구센터.

진단 기술이 바이러스 유전체에 근거한 PCR인 점을 고려하면 유전체 시장의 규모가 가늠하기 어려울 정도로 커질 것이라는 점은 확실하다. 유전체 분석기기의 업그레이드와 질병 관련 유전자 확인 시장의 확대가 빠른 속도로 이루어지고 있는 점도 한몫할 것이다. 질병 진단과 치료 의학과 유전체 정보 데이터의 통합은 유전체 정보와 질병의 진행과정이나 위험도를 연결시켜 해석하는 데 활발하게 사용될 것이다. 결국 임상의학의 한 부분으로 정착될 것이다. 유전자 편집기술은 질병의 소인을 원천적으로 제거하는 데 활용된다. 선천성 유전질환 테스트와 개인맞춤형 약물 투여의 기초 자료로도 사용될 것이다.

유전체학은 헬스 영역뿐만 아니라 농축수산업을 비롯한 바이오산업 전체 영역과 관련되어 있다(〈표 1〉). 바이오산업의 기반은 생물체이며 그 생명현상은 유전정보에 의해서 통제되고 지속된다. 유전정보를 읽을 수 있어야 활용도 가능하다. 해독된 유전정보를 바탕으로 더 나은 형질을 지닌 생물체에 필요한 유전자를 제작할 수 있다. 유전체를 해독하고 편집해서 새롭게 만들 수 있으면 그 자체로 신품종 연구개발 스타트업이 되며 신품종을 토대로 하는 새로운 바이오산업 섹터가 만들어진다.

〈표 3-1〉 유전체를 활용한 연구 범위 및 활용분야

분자진단 (Molecular Diagnostics)	• 유전체에서 특정 DNA 서열을 확인하여 질병진단 후 경과를 예측하여 치료법을 선택, 그 효과를 모니터링하는 데 사용되는 기술 • 이러한 유전체 기반 분자진단 기술을 활용하여 질병진단에 이용
신약 후보물질 발굴 및 개발 (Drug Discovery and Development)	• 인간유전체에 포함된 분자경로에서 의약품 표적의 확인과 검증에 활용 • 새로운 치료법 개발에 활용될 수 있으며 신약개발 과정 단축 가능

정밀의료 (Precision Medicine)	• 질병의 예측, 예방, 진단 및 치료에 대한 의사결정을 위해 유전정보, 질병정보, 환경정보에 대한 통찰력을 사용하는 새로운 의료 접근법을 의미
농식품 및 가축 연구 (Agricultural and animal research)	• 농작물 및 가축에 유전가능한 특성을 보급하기 위한 유전적 변이·선택의 영향성 연구를 의미 * 작물육종 및 형질전환 기술에 활용되는 유전자 마커 포함
약물유전체학 (Pharmacogenomics)	• 약물반응 임상연구 시 유전체기술을 적용하는 것을 의미하며 약물표적 수준, 약물반응 마커의 발견속도를 높이기 위해 유전체를 기반으로 영향성 분석
유전공학/유전변형 (Genetic Engineering/ Genetic Modification)	• 유전공학이란 생물체의 유전자변형을 통해 세포의 유전체구성을 변화시키는 것을 의미 • 생물체 내 또는 종 경계를 넘어 유전자를 전달하여 개선되거나 새로운 생물을 생산하는 유전공학 연구에 활용

출처: 생명공학정책연구센터, Global Genomics Industry Outlook, 2017~2023(F&S 분석), (2018.8).

제4차 산업혁명은 디지털 전환을 전제로 진행된다. 기존 산업의 지속 여부는 디지털과의 융합에 의해 고도화를 이룰 수 있는지에 달려 있다. 앞서 언급한 것처럼 한 생물의 유전체는 그 생물의 거의 모든 것이 담겨 있는 설계도이다. 유전체의 유전정보는 4종류의 염기(A, G, C, T)로 디지털화되어 있는 데이터이다. 질병의 요인을 확인하는 데에도 유전체 데이터를 사용한다. 더 나아가 맞춤형 약물 개발을 통한 개인별 정밀의학을 실현하는 데에 사용될 수 있다. 전통적인 의료가 '일반적인 사람'을 대상으로 개발된 한 가지 치료방법을 모든 환자에게 공통적으로 사용하는 것인데 반하여, 정밀의료는 개인의 유전적 차이와 환경 등을 총체적으로 고려한 일종의 맞춤 치료를 목표로 한다. 2015년 미국의 오바마 행정부가 제안한 'Precision Medicine Initiative' 이후 의료 혁신의 흐름이다. 치료법의 기초에 유전체 분석이 있다. 가능한 모든 데이터를 모아 질병 치료에 활용하지만 유전체 데이터가 가장 근본적인 것이다. 유전 질환이나 난치성 질환과 유전체 데이터 사이의 상호관계를 파악하는 새로운 영역의 혁신이 활발하게 진행 중이다. 이 분야의 혁신을 촉진하는 요인에는 유전체 연구와 유전자 검사에 사용되는 장비와 시설의 업그레이드도 속한다.

2. 바이오와 디지털 융합

디지털 전환은 제4차 산업혁명의 화두이다. 어디에 적용하느냐에 따라 그 성과의 크기나 혁신의 정도가 완전히 달라질 수 있기 때문이다. 기존 바이오산업을 고도화하기 위해 자동처리 시스템을 도입하고 시설을 업그레이드하는 과정이 주변에서 통상적으로 볼 수 있는 디지털 전환이다. 스마트 팜과 바이오 관련 정보 저장과 활용을 위한 시설 영역에서 주로 이루어진다. 궁극적으로 보면, 기상 조건, 토양의 성분과 상태, 작물의 생육 상태, 관리 인력의 활동 등 특정 지역의 농업과 관련된 현지의 데이터를 모으고 가공하여 AI에 의한 시뮬레이션이 가능하도록 만든 바이오산업용 디지털 트윈(digital twin)도 가능하다. 정밀농업을 위한 혁신이다.

헬스케어 영역에서 이루어진 디지털 혁신은 파괴적 전환기술의 도입이라고 말하기에 충분하다. 질병을 진단하고 치료하는 과정에서 인공지능을 활용하기도 하고 디지털로 제어되는 수술 로봇이 투입되기도 한다. 그중의 하나인 디지털 치료제(digital therapeutics)는 패러다임을 바꾸는 또 다른 신약이다. 디지털 기술이 응용되어 질병의 치료제가 된다. 다양한 형태의 '소프트웨어'가 환자 치료에 쓰이게 된다. 디지털 치료제를 단독으로 사용하거나 질병 치료에 다른 약이나 치료수단과 함께 사용하여 치료효과를 볼 수 있다. 디지털 치료제는 목적에 따라 분류할 수 있다.9 건강관리용 디지털 치료제는 건강식품처럼 처방을 필요로 하지 않는 수준이다. 특정한 건강 증진 기능이 있다고 강조하는 경우에는 그에 부합하는 정도의 임상시험을 거쳐야 하며 규제에 따라야 한다. 질병치료용 디지털 치료제는 규제기관의 인허가를 필요로 하며 처방에 의해서만 구입할 수 있다. 통상적인 약물이나 다른 디지털 치료제와 함께 사용되면서 다른 약물 또는 치료제의 효과를 최적화시켜주거나 상승시키는 디지털 치료제도 가능하다. 디지털 치료제는 전혀 다른 새로운 형태의 약이기 때문에 관습이나 고정관념에서 벗어나지 않은 상태에선 존재 자체를 인정하기도 쉽지 않을뿐더러 사용하기는 더욱 곤란하다. 더욱이 기존의 의료 체계에서 어떻게 수용될 것인지, 허가와 사용과 관련된 규제 시스템은 어떻게 마련되어야 하는지, 기성 의료 인력의 역량으로 처방하거나 복약 지도가 가능한지 등 해결해야 할 문제들도 다양하다. 그만큼 파괴적일 수 있다.

세포에 존재하는 컴퓨터를 디지털 언어로 표현하여 웻웨어(Wetware)10로 부르기도 한다. 모두가 알고 있듯이 세포의 생존 여부는 세포가 외부 환경을 얼마나 잘 감지하고 반응하느냐에 따라 결정된다. 이런 의미에서, 세포는 화학적으로 구성된 정보처리장치를 가진 실체, 즉 컴

---

9 최윤섭, 디지털 헬스케어-의료의 미래, 375쪽.

10 Dennis Bray가 세포를 컴퓨터에 비교하여 사용한 개념. 하나의 세포에는 수천 가지의 효소가 들어있는데, 전압 변화가 트랜지스터에 영향을 주는 것처럼 알로스테릭 조절 또는 경쟁적 억제에 의해 활성을 조절한다는 점에서 각각의 효소를 트랜지스터와 같은 것이라고 본다.

퓨터이다. 다만, 컴퓨터와는 달리 주변 환경의 변화에 따라 구성 요소와 처리 방법을 세포 스스로 재구성한다. 예를 들면, 주변의 먹이인 당이 바뀌면 그 상황을 감지하고 그 당을 이용하기 위한 새로운 논리 회로를 구성하는 것이다. 새로운 유전자가 작동하여 바뀐 당 대사 관련 단백질의 새 대사경로를 만들어낸다. 효소들은 논리 작업을 수행하는 전기회로의 트랜지스터처럼 질서정연한 대사경로를 만든다. 다만, 전자회로와 달리 효소들은 선으로 연결되어 있지 않다. 세포 내의 효소들은 액체 환경의 세포질에 확산되어 있거나 특정 지역에 구획화 되어 있다. [그림 3-4]는 특정 유전자의 발현 스위치가 켜지는 조절과정을 재구성하여 논리 회로로 보여준다.11 경우에 따라, 웻웨어는 일련의 논

[그림 3-4] 엔지니어링 세포에서 사용되는 회로의 구성 요소

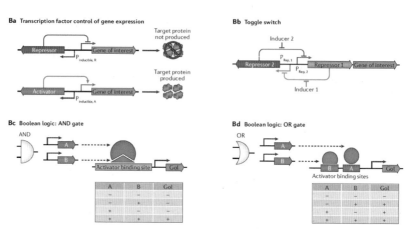

출처: Nature Rev Genetics 22; 730~746 (2021).

11 Theranostic cells; Emerging clinical application of synthetic biology, Nature Rev. Genetics, 2021.

리 회로들로 구성된 세포의 특정한 대상 경로만을 지칭하기도 하고 세포 전체의 논리 회로를 총칭하기도 한다. 어느 경우든 웻웨어는 세포를 구성하는 물질적 기반, 즉 하드웨어와 디지털화되어 있는 유전체의 유전정보, 즉 소프트웨어를 포괄하는 개념이다.

모든 바이오 영역에서 이와 같은 웻웨어 기술을 활용할 수 있다. 농업 분야에서 특수한 목적으로 사용할 새로운 품종의 생물체를 제조하는 데에도 적용할 수 있고 유용 미생물을 제조하여 헬스케어 영역의 프로바이오틱스로 사용할 수도 있다. 산업바이오 영역에서는 바이오

[그림 3-5] 진단-치료 일체형 세포의 예

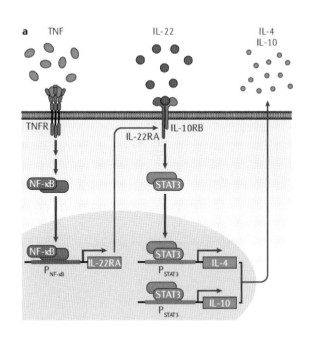

출처: Nature Rev Genetics 22: 730~746 (2021).

매스와 부산물을 원료로 하여 차세대 바이오연료와 산업용 소재물질을 생산하는 인공세포를 제작할 수 있다.

진단치료용 세포를 제작하는 데 적용하면 진단과 치료가 거의 동시에 이루어지는 이상적인 세포치료제가 구현된다. 진단-치료 일체형 세포(Theranostic cells)는 질병 표지분자를 감지하는 센서와 치료에 사용되는 신호전달 시스템이 연동되어 발현하도록 논리회로가 구성되어 있다. [그림 3-5]는 질병 표지분자인 TNF와 IL-22의 센서가 항염증 사이토카인 IL-4와 IL-10 생산 시스템과 연동되도록 설계한 진단-치료 일체형 세포의 모습이다. 이 경우 항염증 물질이 즉시 생산되기 때문에 염증으로 인한 증상이 생기지 않는다.

3. RNA 제약

합성화학물질과 유기분자 형태의 생체 유래 추출물이 질병을 치료하는 데 널리 사용된다. 생물학과 의학의 발전은 단백질을 비롯한 고분자들도 질병치료에 도입되는 계기를 만들었다. 바이오의약품은 이와 같은 생물체 유래 고분자 소재들로 된 의약품을 말하며, 질병 예방을 위해 투여되는 재조합 백신과 당뇨병 치료제인 인슐린 등이 가장 잘 알려져 있고, 상대적으로 오랜 기간 사용되어 왔다. 유전자치료제와 mRNA 백신은 핵산을 소재로 하는 바이오의약품의 최신 버전이라 할 수 있다.

RNA 분자가 질병 치료의 수단이 된다는 생각은 RNA 분자의 촉매 기능과 RNA-간섭현상(RNA interference)이 알려지면서 등장하였다.

RNA가 더 이상 DNA와 단백질 사이에서 정보 매개자 역할만을 수행하는 단순한 분자가 아니라 다양한 생명현상을 조절하는 중요한 분자로 주목 받게 된 것이다.

지난 30년간의 기술적 발전은 RNA를 만들고 순수한 형태로 정제

[그림 3-6] 각종 RNA-기반 치료제(A)와 mRNA백신 시장

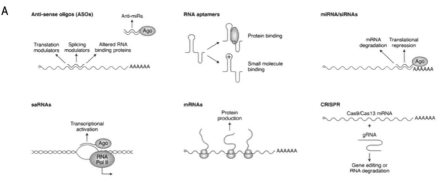

Overview of types of RNA-based therapeutics.

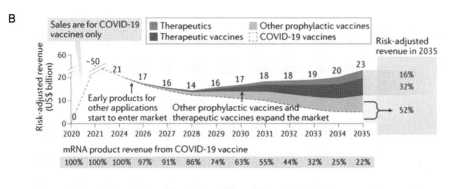

출처: Nature Reviews | Drug Discovery, mRNA기반 신약 시장 전망(2021.9).

하는 작업을 쉽게 만들었다. 투여된 RNA 분자가 파괴되지 않고 세포 내로 진입되도록 하는 약물전달체계(DDS)도 확립되었다. 이런 기술 혁신을 통해 RNA-기반 치료제의 개발이 가능해진 것이다. 개인맞춤형으로까지 제조할 수 있는 RNA 치료제는 질병 치료 방법과 질병 관리의 표준을 바꾸고 치료 약물의 개념 또한 크게 확장시킨다. 제조비용도 적게 들고 제조 방법도 비교적 단순하다는 점 이외에도 기존의 약물치료가 어렵던 질병에 대해서도 적용할 수 있는 장점이 있다. 질병 치료제의 범주를 송두리째 바꿀 것이다. 실험실 규모나 작은 스타트업에서도 개인맞춤형 RNA 치료제의 제조는 가능하다. 제약 산업의 혁신을 눈앞에서 보여주는 파괴적 전환기술이다. 이런 장점들은 질병 치료 약물의 범주를 매우 크게 변화시킬 것이다. 치료제로 사용될 수 있는 RNA는 antisense oligonucleotide(ASO), aptamer, siRNA, miRNA, mRNA 등으로 그 종류도 매우 다양하다. mRNA기반의 코로나19 백신을 비롯한 다양한 RNA기반 치료제가 승인되어 있다([그림 3-6]).

제3장 범용 바이오과학기술을 위한
선택과 집중

1. 차세대 바이오산업의 기반인 범용 바이오기술 영역

범용 바이오과학기술에 집중해야 하는 이유가 있다. 생물체들은 상상을 초월할 정도로 다양하지만 진화적으로 연결되어 있기 때문에 한 생물 종에서 발견되는 근본적인 생명현상은 다른 생물 종에도 적용될 수 있다. 장치들의 부품이 서로 교환될 수 있듯이 생물체의 구성 요소들도 호환 가능하다는 의미이다.

다른 과학기술과 마찬가지로 바이오 영역의 과학기술도 해결하려는 문제의 종류만큼이나 다양하다. 그만큼 당면하고 있는 현안들이 복합적인 성격을 띠고 있기 때문이다. 경제를 포함한 현실의 문제가 복잡하다면 문제 해결하기 위한 대응 또한 총체적인 것이라야 한다. 제4차 산업혁명의 등장은 그 자체로 혁신이기도 하지만 역설적으로 산업과 경제가 만족스럽게 진행되지 못하는 현재 상황의 일단을 보여주는 것으로도 이해할 수 있다. 산업과 경제 상태가 현재의 요구에 충분히 부합하고 있다면 굳이 새로운 산업혁명을 논하지 않아도 되었을 것이다. 따라서 총제적인 산업 전환을 목표로 바이오경제를 생각해야 한다. 산업 전환의 플랫폼으로서 범용적인 바이오과학기술이 구축되어야 바이오경제의 근간이 될 바이오산업이 제 위상을 갖게 된다. 정책

[그림 3-7] 바이오경제의 토대가 되는 과학기술 영역의 구조

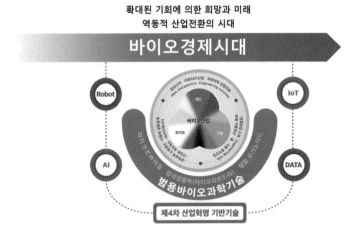

출처: 저자의 자체 그림.

지원도 바이오경제의 과학기술 구조에 맞추어 이루어져야 한다. [그림 3-7]에서 볼 수 있듯이 합성생물학, 오가노이드, 마이크로바이옴 등의 핵심적인 범용 바이오과학기술 영역의 수준이 미래 바이오산업의 선도 역량과 경쟁력을 결정한다.

팬데믹 상황에서 드러난 국가 간 백신 개발역량 차이는 가히 충격적이다. 팬데믹 상황임에도 불구하고 mRNA 백신 관련 원천 기술은 공개할 의사가 없다는 사실 또한 분명하다. 공유할 만한 기술을 갖지 못한 국가는 소외되는 기술 블럭화가 심해질 전망이다. 범용 바이오과학기술 분야에서도 이 분야 선도국가들과의 기술 격차가 가속될 수 있다는 점이 걱정되는 이유이다. 관련 국가들은 특히 이 분야에 이미 대대적으로 투자하고 있다. 지금의 대응이 우리의 미래이다.

2. 합성생물학

합성생물학은 신기능의 효소와 대사경로로 기존의 생물시스템을 재구축하거나, 자연계에 존재하지 않는 생물체(engineering microorganism)를 설계, 제작하는 생명과학 분야이다. 지난 20년간 분자유전학을 비롯한 생명과학 분야의 발전과 인공지능(AI), 로봇, 디지털, 회로설계 등이 융합되어 비약적으로 발전한 새로운 패러다임이다. 생물학의 한 영역에 머무르지 않고 제조업 전반을 혁신할 것으로 보인다. 제작된 세포공장(마이크로머신)은 화학, 의약, 농업, 식품, 전자, 환경 등의 영역에서 제품의 개발과 생산을 담당할 것이다. 생활양식을 변혁시키고 지속가능한 경제를 약속할 것이다. 다음 10년 동안 제조업 생산품의 60% 정도가 영향을 받을 것이며 그 경제적 파급효과는 최대 약 4조 달러에 이를 것으로 보고 있다.[12]

[그림 3-8]은 특정한 목적에 맞는 생물체를 설계하고 제작하는 일을 목표로 삼는 합성생물학의 토대가 되는 기술과 관련 영역이 무엇인지 그리고 어디에 응용되는지를 보여준다.[13] 합성생물학은 앞서 언급한 것처럼 헬스케어, 제조업, 환경 분야에 응용된다. 진단과 치료 목적의 세포를 제작하거나 신약을 개발하고 생산하는 데 쓰인다. 바이오연료와 물질을 생산하는 제조업에 혁신을 가져오며 환경오염을 감지하고 오염물질을 제거하며 자연을 회복시키는 과정에서도 역할을 한다. 대사공학, 유전체 최소화, 조절 회로, 독립적인 바이오시스템 등의 여러

---

12 Synthetic biology-enabling the nascent bioeconomy(2021)-Industrifonden.

13 Principles of synthetic biology(2021), Essays in Biochemistry 65; pp.791~811.

분야와 다양한 영역의 과학기술이 집합되어 기능을 해야 합성생물학이 가능하다. 유전정보에 기초한 웻웨어 설계(D), 설계에 따른 세포 제조(B), 만들어진 세포의 기능 시험(T), 데이터 수집과 인공지능 학습(L)에 의한 회로 재설계 과정을 되풀이하며 목표로 하는 세포를 제작하는 모든 작업을 바이오파운드리라는 자동화 장치 시설에서 수행한다. 이 작업의 성격 상 DNA를 합성하고 액체를 능숙하게 다룰 줄 아는 실험용 로봇과 제작된 세포의 기능을 탐지하는 센서와 분석기기, 그리고 고도의 인공지능 등이 결합된 바이오파운드리는 일체형의 실험실-공

[그림 3-8] 합성생물학 개요

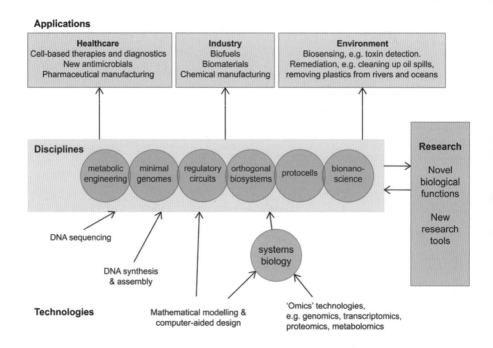

출처: Essays in Biochemistry, 65; 791~811(2021).

장이라고 보아야 한다. 이와 같은 장치와 시설을 구축하는 데에는 상당한 기간과 축적된 현장 지식을 필요로 하는 만큼 세밀한 기획과 정책이 지속되어야 한다.

유전정보를 변화시켜 생물체를 만든다는 점 때문에 안전 문제와 윤리적인 논쟁을 유발할 수도 있지만 최근까지 이루어진 유전학 분야의 기술적 발전과 글로벌 차원의 관심은 범용 바이오과학기술 영역의 하나로 합성생물학이 성장해가는 데 매우 긍정적으로 작용한다.14 합성생물학의 응용기술들은 산업 전 분야에서 광범위하게 적용되며 당면한 과제들을 해결할 수 있는 힘을 지니고 있다. 따라서 시설 인프라를 구축하기 위해서 집중 지원하는 선택은 당연하다. 합성생물학에는 다학제적 교육을 받고 지식을 쌓은 인재가 풍부해야 한다. 바이오파운드리를 활용할 수 있는 준비된 인재 양성 프로그램도 갖추어야 한다. 아예 교육시스템을 바꾸어야 보다 혁신적인 차세대 바이오파운드리를 개발하고 구축해낼 신 인재가 자라날 수 있을지도 모른다. 초기 상태의 불완전성과 생소함을 이유로 합성생물학에 대한 투자와 지원을 머뭇거릴 수 없다.

3. 정밀 오가노이드

인체나 동물 조직에서 유래된 성체줄기세포(ASCs)나 유도 만능줄기세포(iPSCs)를 3차원 구조로 배양한 세포 집단을 유사장기, 오가노이드

---

14 「합성생물학 플랫폼 시장 현황과 전망」, 『바이오인더스트리』, 163, 1~15(2021), 생명공학정책연구센터.

(organoid)라고 한다. 배양 조건에 따라 정도 차이가 있지만 여러 종류의 세포로 구성되며 세포들이 3차원적으로 배열하고 있다. 평면 배양 용기에서 자라는 통상적인 배양 세포에서는 볼 수 없는 현상이다. 작은 크기의 덩어리로 자라며 내부에 일정한 구조를 가지기 때문에 기관(organ)과 유사하다는 뜻이다. 실험 모델로서 오가노이드는 단일한 배양 세포나 동물을 대체하고 있다. 배양 세포는 복합적인 생체 기능을 알아내는 데에는 부족함이 있고 동물을 대상하는 경우는 윤리적인 문제는 물론이고 개체 차이 등 고려해야 할 사항이 너무 많기 때문이다. 최근 20년간 축적되어온 연구 결과는 실험모델로서의 중요성과 함께 질병 치료 영역에서도 오가노이드를 활용할 수 있다는 점을 시사한다.

성체 조직에서 꺼낸 줄기세포를 적당한 조건에서 배양하면 ASCs 기반 오가노이드를 만들 수 있다. 줄기세포의 수가 늘어나는 과정에서 체내 환경과 유사한 기질과 특정한 신호물질을 공급하면 여기에 대해 반응하여 줄기세포가 몇 종류의 세포로 분화한다. 공간 구조를 형성하도록 유도하는 특별한 요인을 주지 않아도 달리 분화되는 세포들 스스로 서로 상호작용하면서 이동하고 위치가 선택되는 과정을 거치면서 구조적 복합성을 띠는 내부 구조를 갖춘 오가노이드로 완성된다. 평면 세포 배양에서 보가 어렵지만 오가노이드에는 ASCs가 속했던 원 기관의 미세 구조와 유사한 구조가 나타나고 기능까지 재현된다. 잘 알려진 ASCs기반 장(intestine) 오가노이드의 경우, 경계 장벽으로서 온전함을 지니며 장샘(crypt)처럼 점액질을 생산하고 생물 분자를 흡수, 분비하는 기능이 있다.

iPSCs기반 오가노이드는 다양한 기관을 모사하는 플랫폼으로 사용할 수 있다. 윤리적인 문제가 있다는 점을 제외하면 배아줄기세포 기

[그림 3-9] 만능줄기세포(PSCs)-기반 오가노이드 개요

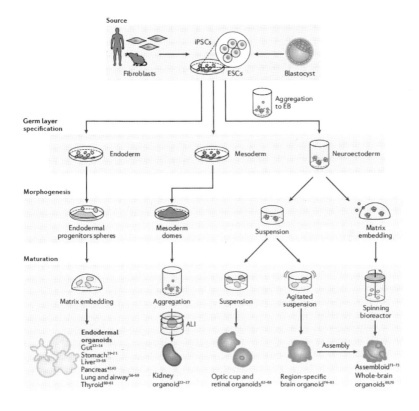

출처: Engineering organoids, Nature Rev. Materials 6; 402~420(2021).

반 오가노이드도 마찬가지다. 다분화능을 가진 줄기세포가 출발이기 때문에 인체의 신경계, 순환계, 소화계, 내분비계 등과 같은 주요 기관과 조직을 모사하는 다양한 종류의 오가노이드가 가능하다. 생체줄기세포를 얻기 힘든 특정한 부분의 구조와 기능을 모사하는 세밀한 특성의 오가노이드도 얻을 수 있다. 배엽형성과정, 형태형성과정, 성숙과정을 거치면 사용할 수 있는 인체 각 부분에 해당하는 오가노이드가 만

들어진다([그림 3-9]). 이 과정 중 일부는 표준화되어 있어 접근이 용이하지만, 표준화되지 않은 많은 부분에 대해서는 축적된 현장지식에 의존할 수밖에 없다. 현재로서는 그렇다. 표준화되지 않는 부분이 많으면 많을수록 경험의 축적에 의한 지식, 능력 지식이 결정적으로 중요해진다.15

오가노이드는 기초 연구와 생의학 진보에 관련된 많은 곳에서 응용될 수 있는 기술영역에 속한다. 대표적으로 질환을 재현하는 질환 모델링에 활용한다. 오가노이드를 사용하여 조직이 어떤 과정을 거쳐 발달되며 어떻게 그 상태로 일정하게 유지되는지, 어떻게 재생이 되는지를 탐구할 수 있다. 오가노이드를 구성하는 세포의 운명이 어떻게 결정되는지를 알아낼 수 있다. 그 과정에서 주변 조건을 바꾸거나 특정 유전자를 knockout 시켜 비교하면 관련된 질병의 원인과 진행과정이 정확하게 파악된다.

질환 연구와 더불어 약물의 효과나 독성을 검사하는 약물 스크리닝에서 다양한 실험동물들이 사용되고 있다. 여기엔 윤리적인 문제도 있지만 실제로 인간의 세포와 조직이 가진 생물학적 특성과 실험동물의 그것이 모두 일치하지는 않는다는 문제가 더 크다. 인간과 실험동물이 다르다는 것이다. 동물실험에서는 긍정적이던 신약 후보 약물이 인간을 대상으로는 하는 경우 실패하는 일이 낯선 일은 아니다. 경우에 따라서는 인간의 질병 상태에 견줄 정확한 모델을 실험동물에서는 찾지 못하기도 한다. 인간 세포로 만든 iPSCs기반 오가노이드도 답일 수 있다. 인간의 위장관 오가노이드, 간 오가노이드, 췌장 오가노이드, 젖샘

---

15 '미래를 위한 과학기술 R&D 혁신', 『열린정책』 제5호: 78~89쪽, 정책기획위원회.

오가노이드 등을 인간 암 관련 질병연구와 치료법 연구에서 활용한다. 동물에서 정확하게 재현되지 않는 신경계 질환 연구와 치료약물 개발에는 뇌 오가노이드가 역할을 한다.[16]

조직 손상으로 인한 질병을 치료하기 위해 등장한 개념이 세포치료제이다. 줄기세포를 이용한 재생치료제 개발은 최근 오가노이드를 활용하는 방향으로도 진행되고 있다. 가장 잘 알려진 실험적 사례는 장 오가노이드를 활용하여 소장이나 대장의 손상을 재생시켜 장의 기능을 회복시킨 연구 결과들이다.[17] 고무적이긴 하지만 아직은 인간화 실험 동물을 대상으로 하는 데에 머무르고 있다. 인체를 대상으로 현실화되는 데에는 시간도 필요하겠고 극복해야 될 문제들도 있다.

환자에서 유래한 시료와 개인 맞춤형 질환 모델 오가노이드에 대한 단일세포-multi-omics 분석 결과와 인공지능 학습을 연계시켜 개인의 건강 궤도와 질병의 발생 궤도를 예측한다는 계획도 있다([그림 3-10]).[18] 이 착상에 의하면, 시뮬레이션을 통해 예측되는 건강 궤도 이탈 전에 개인 맞춤 치료를 하면 질병 궤도로 가는 길이 차단된다. 미국과 영국을 중심으로 2016년 착수된 인간세포지도(human cell atlas) 프로젝트에서 모아지는 단일세포 오믹스 정보가 인공지능을 통해 맞춤형 질환 모델 오가노이드와 결합되면 가까운 미래에 세포-기반 차단 의학(interceptive medicine)의 목표가 이루어질 것이다. 이에 더하여 오

16　Engineering organoids, Nature Rev. Materials 6; pp.402~420(2021).

17　「오가노이드 기술 동향 및 시사점」 바이오인프로, 93(2021), 생명공학정책연구센터.

18　Lifetime and improving European healthcare through cell-based interceptive medicine, Nature 587; pp.377~386(2020).

[그림 3-10] Interceptive medicine의 개념

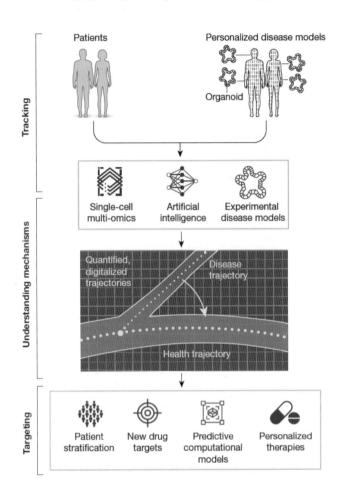

출처: Nature 587; pp.377~386(2020).

가노이드를 구성하는 세포와 배양 환경의 조성을 바꾸는 엔지니어링을 통해 대응되는 기관이나 조직에 더 일치되는 오가노이드 시스템을 만들 수 있다. 오가노이드의 생물학적 변화 요인을 상시적으로 모니터링하기 위해 미세유체장치(microfluidic device)가 사용되기도 한다.

종합하면, 인체의 신경계, 순환계, 소화계, 내분비계 등 인체의 주요 기관과 조직을 연계·모사한 인간화 시스템이 정밀 오가노이드로 가능하다. 각 개인의 생물학적 트윈(아바타)도 만들어질 수 있다. 예견된 질병에 대해 사전에 대응할 수 있는 선제적인 생애 전주기 헬스케어 시스템은 물론 임상시험의 혁신을 가져올 새로운 모델이 될 것이다.

4. 마이크로바이옴

생물자원은 바이오산업과 바이오경제의 기반이다. 얼마나 많은 생물자원을 확보하고 어떤 활용 기술을 가지고 있느냐가 바이오경제 선도국의 진입을 결정할 것이다. 앞서 언급했듯이 기후변화와 재난으로 인한 당면 과제를 해결하기 위해서 화석연료 기반의 경제를 지양하고 바이오소재 기반의 지속가능한 바이오경제를 선택하지 않을 수 없다. 바이오소재는 생물에서 유래되는 물질들이다. 따라서 식량과 의약품은 물론 산업용 소재 물질의 원천인 바이오소재를 생산할 수 있는 역량은 생물자원 확보 역량에 달려 있는 것이나 매 한가지다. 생물자원의 확보는 근미래 성장 동력과 국가 경쟁력의 필수 요건이다.

생태학의 관점에서 중요하지 않은 생물은 없다. 생태계의 네트워크는 다양한 생물들이 서로 영향을 주고받으며 만든 복잡계이다. 오늘날 볼 수 있는 지구상의 생물 다양성은 우여곡절을 거쳐 지구의 전 역사과정을 통해 만들어졌다. 환경의 급격한 변화와 우주적 사건으로 인한 종의 소멸과 탄생이 반복된 결과이다. 다난한 환경에 적응하고 생존에 필요한 수단을 마련한 현존 생물들은 겉보기에는 물론이고 몇 겹을 들춰 보면 같은 점을 찾기가 쉽지 않을 만큼 엄청나게 다양하다. 이런 다양성에도 불구하고 단일 기원에서 비롯된 유전물질의 체계와 작동 원리의 동질성 때문에 종 가리지 않고 유전자와 구성 부품을 교환할 수 있다. 엔지니어링이 가능한 것이다.

마이크로바이옴은 엄청난 규모의 생물정보의 원천이 되는 소중한 자원이다. 특정 환경에서 공존하고 있는 미생물 집합체 또는 미생물 생태계가 마이크로바이옴이다. 현미경으로 볼 수 있을 만큼 작지만 그 능력은 우리가 느끼지 못할 만큼 거대하다. 오늘날 대기 중 산소의 존재는 지구상 미생물 집단의 막강한 힘을 보여주는 예이다. 미생물 집합체, 즉 마이크로바이옴의 중요성은 인간의 장내 미생물의 역할에 주목한 20세기 초 메치니코프의 연구에서 비롯되었다. 그런 연유로 마이크로바이옴 연구는 주로 인간의 장내미생물 집단을 대상으로 하는 것이 많았다.

한 사람의 장내에는 약 500~1,000종의 박테리아가 살고 있으며 그 수는 수 십 조에 이른다.[19] 장 마이크로바이옴은 거대한 생태계이다. 사람이 먹는 식품을 비롯하여 소화관으로 들어가는 수많은 물질에 의해서 미생물의 수와 종류가 영향을 받아 변한다. 그 과정에서 소화관에 투입되는 음식물을 재료로 삼아 새로운 생물활성분자(bioactive molecules)를 생산한다. 생물반응기(bioreactor) 기능을 수행한다고 볼 수 있다. 생산된 생물활성분자들은 인체에 흡수되어 멀리 떨어진 다른

---

[19] Revised estimates for the number of human and bacteria cells in the body, PLOS Biology 19 Aug.(2016).

[그림 3-11] 여러 가지 질병에 영향을 주는 장내 마이크로바이옴

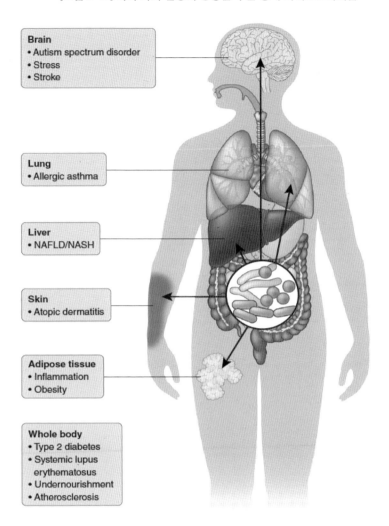

출처: Nature Medicine, 22: 1079~1089 (2016).

장기에 영향을 주는 신호물질로 작용한다. 장내 마이크로바이옴이 면역계나 내분비계와 연결된 활동을 하는 셈이다. 뇌 활동과 통상적인 대사과정에도 영향을 줄 수 있다. 장내 미생물-인체 간 소통은 인간의 건강과 생명 리듬을 유지하는 데 필수적이다. 최근까지 밝혀진 바에 따르면, 여러 가지 질병의 발생과 경과에도 영향을 준다([그림 3-11]).[20] 합성생물학 기술을 적용하면 장내 마이크로바이옴을 변화시켜 질병을 예방하거나 치료하는 수단을 마련할 수 있다. 의약용 물질소재와 산업용 물질소재를 생산하기 위한 유전자자원을 얻는 데에도 장내 마이크로바이옴은 필요한 자원이다.

식물의 생존과 건강은 주변 환경에 의해서 거의 결정된다. 동물도 주변 환경의 영향을 받지만 이동하는 능력을 이용하여 유리한 환경을 찾아갈 수 있기 때문에 식물보다는 나은 편이다. 한자리에 머무를 수밖에 없는 식물의 경우, 수분과 영양 요소를 흡수하고 환경 변화에 대응하기 위해서 여러 가지 수단을 가지고 주어진 환경을 최대로 이용한다. 그중 하나가 다른 생물과의 상호 작용이다. 잘 알려진 것처럼 번식까지도 주변 생물들의 도움을 받는다. 미생물 집단과의 상호 작용도 그런 것 중의 하나다. 식물의 종에 따라 고유한 미생물들이 그 식물의 표면, 내부 공간, 뿌리 주변에 서식한다. 이것이 식물 마이크로바이옴이다([그림 3-12]).[21]

20 Signals from the gut microbiota to distant organs in physiology and disease, Nature Medicine 22(19); pp.1079~1089(2016).

21 Plant microbiome-an account of the factors that shape community composition and diversity, Current Plant Biology 23(sep 2020).

[그림 3-12] 식물 마이크로바이옴

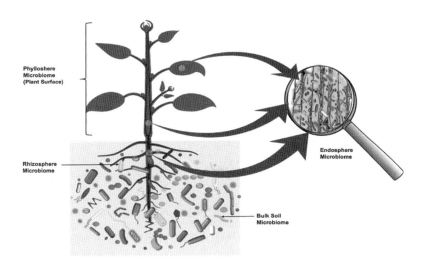

출처: Current Plant Biology, 23: 1~9 (2020).

기후변화와 자연재해는 식물의 성장에 좋지 않은 영향을 준다. 농업 생산 역시 심각한 타격을 받게 된다. 인구 증가로 인한 농작물 수요는 상당한 정도 커질 것으로 예상된다. 반면에 농작물 생산량의 증가는 수요에 미치지 못하는 게 현 상황이다. 이런 농업과 식량의 위기 상황을 해결하기 위하여 농작물 신품종 개발과 함께 식물 마이크로바이옴을 활용하는 대안을 찾고 있다. 농작물의 최적 성장에 필요한 식물 마이크로바이옴을 재구축하는 일이다. 지속가능을 위한 정밀농업에도 필요한 일이다. 전통적인 마이크로바이옴 재구축 공정은 토양 성분을 개량하여 서식하는 미생물의 종류를 변화시키는 것이다. 변화된 기후 환경에서 농작물의 생육을 촉진하는 자연 상태의 식물 마이크로바이옴을 선별하여 재구축 공정에 활용하는 방법도 있다. 농작물 마이크로

바이옴을 재구축할 때 합성생물학 기술로 제조한 인공 미생물을 투입할 수도 있다. 어떤 방안이든지 모두 식물 마이크로바이옴 자원 확보와 R&D 고도화가 필요한 일이다.

극한 환경(extreme environment)에서 서식하는 극한 미생물(extremophils, XMP)집단도 관심의 대상이 되는 마이크로바이옴이다. XMP 마이크로바이옴이라 칭할 수 있다. XMP는 무산소 환경, 심해의 고압 열수 환경, 화산 지대의 열수 환경, 고농도의 염분 환경에서 서식하는 특별난 생물체이다. 우주생물학의 기초를 다질 수 있는 연구 대상이기도 하다. 살고 있는 극한 환경도 그렇지만 특수한 물질을 생산하는 등 기상천외한 특성을 가지고 있기 때문에 산업용 소재 물질 생산에 필수적인 생물자원으로 인정된다. 차세대 바이오연료인 바이오수소(bio-hydrogen), 바이오플라스틱, 내열성 바이오물질, 의약용 신물질 등의 생산을 기대할 수 있다.

한국은 생물자원의 해외 의존도가 높다. 식품, 의약품, 화장품 등의 원료의 80% 이상을 수입에 의존하고 있다. 생물자원 주권을 명시한 '나고야 의정서'를 감안하면 생물자원이 부족한 우리가 어떤 노력을 먼저 해야 하는지가 확실해진다. 마이크로바이옴은 자원 확보를 위한 경쟁의 장이다. 국내의 생물자원 특히 각종 마이크로바이옴은 물론이고 공해의 해양과 해저, 그리고 극지에 서식하는 XMP 마이크로바이옴을 우선적으로 최대로 확보해야 하며 이 분야 R&D에 대한 집중적인 지원이 있어야 한다.

제4장 바이오경제 실현과 선도국가

1. 한국 바이오산업의 현황과 전망

바이오산업의 대한민국 경쟁력은 26위(2018) 수준이며 세계 시장에서 차지하는 비중이 2% 정도로 미약하다. 벤처 투자가 확대되고 있으며 기술 특례 상장 회사의 증가에서 알 수 있듯이 지원에 의한 생태계 조성이 이루어지고 있다. 의약바이오 분야에서는 규제로 인해 서비스 출현이 지연되는 일도 빈번하다. 화이트바이오 분야 산업생태계 조성은 관심도 부족하고 정책과 자금 지원이 원활하지 못해 더디게 진행된다. 코로나19 대응 과정에서 보여준 일부 분야의 글로벌 경쟁력과 미래 가능성-분자진담 분야와 백신 허브 국가-은 최근 제약바이오 분야의 빠른 성장과 더불어 고무적으로 평가된다.

한국 바이오산업의 가장 큰 강점은 세계적인 추세, 제4차 산업혁명의 방향과 맥을 같이 하는 디지털과 바이오의 융합에서 나오는 경쟁력이다. 지식과 기술은 물론 제품생산과 서비스에 이르는 바이오의 전 영역과 디지털, ICT 기술의 융합이다. 이를 통해 기존 바이오산업의 혁신과 신산업 창출을 기대할 수 있다. 특히, 의약분야의 축적된 막대한 보건 관련 데이터는 미래의 새로운 비즈니스 모델을 구축하는 데 필요한 우리만의 자원일 수 있다. 전체적인 면에서는 다른 국가의 경우와 유사하게, 디지털과 바이오 융합의 초기 버전은 헬스케어 분야에서 주목될만한 성과들을 보여주겠지만, 점차 고도화된 버전을 통해서 농업/식량(그린바이오) 분야와 신소재/제조(화이트바이오) 분야에서 더 많은 혁신을 이루어낼 것이다.

경제 기반으로서 인적자원이 가지는 중요성을 고려하면 한국 바이오산업의 핵심 경쟁력의 하나는 생명과학과 공학 분야에서 그동안 양성되어온 고급 수준의 전문가 인력과 그 배출 시스템이라 볼 수 있다. 바이오 R&D에 대한 지속적인 투자가 바이오산업 인재양성에 기여했다는 사실은 분명하다. 바이오 분야에 대한 선제적인 R&D 투자로 인해 바이오산업 강국으로 도약하는 데 필요한 현재의 기반이 마련된 셈이다. '의약품 생산기지를 넘어 바이오산업 강국으로 도약하겠다'는 목표를 가진 정부의 2021년 바이오 R&D 예산이 1.7조 원으로 확대된 것도 이러한 의지가 지속적인 것임을 보여준다.[22]

바이오산업 생태계 구축과 관련 중소기업 육성이라는 목표가 포함된 제4차 과학기술기본계획(2018)과 축적된 R&D 역량 기반 바이오경제 구현을 위한 제3차 생명공학육성기본계획(2017)은 바이오산업 발전을 위한 정부 정책의 근간이다. 최근의 코로나19(COVID-19) 팬데믹은 수십 년에 걸쳐 쌓인 이런 국가의 역량과 정부의 정책적 노력을 평가하는 기회가 되었다. 코로나19에 대응한 최근의 K-방역 성과가 한 사례이다.[23] 재난 대응을 영역으로 하는 미래 방역(바이오) 경제라는 분

---

22 문재인 대통령 바이오산업 발전 전략 발표(2020.11.18); 2025년까지 바이오산업 인재 4만 7,000명 양성과 여러 개의 바이오선업 클러스터 육성이 포함됨.

23 2019년 12월, 코로나19 팬데믹이 발생한 이후, 각국의 대응방안에 따라 그 결과가 큰 차이를 보여주었다. 대한민국은 초기 방역에 성공한 경험(K-방역 3T)을 18종의 국제표준으로 제안하였다. 검사·확진 부분 6종, 역학·추적 부분 4종, 격리·치료 부분 8

야의 시작일지도 모르는 일이다. 백신과 치료제 개발에서는 역량이 부족하고 아쉬운 점도 있다. 짧은 기간에 부족한 부분이 다 채워질 수는 없겠지만, 바이오 연구개발 고도화와 바이오산업의 차세대 주력 산업화를 위하여 '바이오산업 혁신 정책방향 및 핵심과제'(2020. 1)를 발표하고 추진체계를 마련한 것이나 '바이오 · 헬스 산업 사업화 촉진 및 기술 역량 강화를 위한 전략'(2020. 11)을 통해 바이오기술 융합과 인프라 고도화를 추구하고 있는 것은 중장기적인 목표 달성에 긍정적으로 기여할 것이다.

바이오산업 R&D와 시설에 대한 투자에 대한 회의적인 시각도 바꾸어야 한다. 그동안 투자비 대비 낮은 성장률은 바이오산업의 미래 전망을 어둡게 하는 요인이었다. 바이오분야에 대한 투자는 지난 5~6년간 연평균 10% 이상의 상승을 보였으나 성장률은 최고 20%에서 5%까지 점점 낮아져왔다. 투자에 대한 신중함이 필요하다는 의견도 많았다. 코로나19 팬데믹의 위력과 PCR 진단 분야 기업들이 성취한 큰 규모의 영업이익과 성장은 이러한 우려를 잠재우기에 충분하다. 재난에 대한 준비 부족과 인류 사회의 약점으로 인해 바이오산업의 중요성과 의외성을 인식하는 계기가 된 셈이다. 백신 개발에서 뒤진 우리의 현실이 아쉽긴 하지만, 새로운 형태의 백신은 제약산업의 신시대가 도래하였다는 사실을 일깨워주기에 충분하다. 임상시험 표준의 혁신과 RNA로 만든 다양한 신약의 출현 등 질병치료를 위해 바이오헬스 영역에서 출발한 이런 흐름은 바이오산업 전반에 대해 다시 생각하게 하며, 현 경제 시스템을 혁신하도록 추동하는 요인이다.

종이 그것이다.

2. 주요 국가의 정책 현황

주요 국가들도 바이오산업과 바이오경제의 중요성을 인식하고 이전부터 그에 대응할 정책적 노력을 지속하고 있다. 전체적인 맥락은 바이오를 통해 미래를 준비하고 바이오 R&D를 집중적으로 관리하여 국가 혁신을 도모한다는 것이다.

미국은 바이오 기반 산업의 비중이 매우 큰 국가이며, 혁신과 환경 친화 기술에 중점을 두며 의료기술 관련 산업의 지속적인 성장을 목표로 대응하고 있다. 오바마 행정부는 National Bioeconomy Blueprint(2012)를 수립하여 바이오경제를 일종의 산업 전환으로 바라보며 지속가능 특성을 가진 바이오소재 분야를 집중 추진하고 있다. 인프라와 혁신제품, 기술, 데이터 등을 포괄하는 복합적 개념으로 인식, 헬스케어, 정보시스템, 농업, 제조, 국방 등 전 분야에서 활용 방안을 모색한다는 것이다. 생명과학 연구와 혁신을 기반으로 한 경제활동과 공공이익 창출로 바이오경제를 정의하며, 농업·산업·의료 등 다양한 부문을 포함하는 포괄적 의미로 규정한다. 최근 바이든 정부의 ARPA-H24는 직접적으로는 감염병 대응과 헬스케어 강화를 위한 것이지만 고도의 산업정책을 내포하고 있다.

영국은 2018년에 '국가바이오경제전략 2030'을 새롭게 마련하였다. 자국의 강점인 생명과학과 기초의학 분야 경쟁력을 기반으로 하는

---

24 ARPA-H는 DARPA의 방식을 바이오헬스영역으로 확장한 버전으로 읽히며, 특히 감염병과 관련하여 주목할 만한 내용을 담고 있다. 새로운 팬데믹이 발생하는 경우, 백신의 설계, 시험, 승인의 100일 이내 완료와 대규모 신속한 백신 접종을 위한 skin patch, oral spray 투여방법을 시사하는 내용이 있다.

바이오경제가 산업 전반을 견인하도록 바이오 산업소재, 바이오 공정, 바이오 연료 분야에 집중하여 성과를 거둔다는 전략이다. 생명과학 선도국 지위를 견지하기 위해 새로운 도구와 기술 도입을 통해 생명과학의 한계를 극복하고 전통산업의 전환과 신산업 창출을 도모한다는 것도 국가 목표 중의 하나이다.

독일은 2010년부터 일찍이 바이오 기반 경제 실현을 위한 전략(National Research Strategy Bioeconomy 2030)을 발표하고 진척시켜왔다. 바이오경제를 지속가능 개발이라는 환경 정책적 목표와 지식기반 사회라는 기존의 경제 정책적 목표가 융합된 것으로 인식하고 핵심 분야는 농업 경제와 생산제조 부문으로 설정했다. EU와 국제 협력을 통해 바이오경제 개념을 규정하고 확산을 선도하고 있다. 그 일환으로 2009년 독립기구인 바이오경제 평의회(Bioeconomy Council)를 설치, 운영하며 바이오경제 가이드라인, 목표, 실행방안을 제시하였다. 독일의 국가 바이오경제 전략은 2개의 가이드라인과 6개의 전략 목표를 포함하고 있다.

일본의 경우, 2030년 목표의 세계 최첨단 바이오경제 사회 실현을 위해 2019년에 세계동향, 시장 성장성 및 자국의 경쟁력을 바탕으로 미래 사회상(4개)과 시장 영역(9개)을 설정하고 5개 기본 방침과 9개 전략을 제시하는 등 활발하게 바이오의 미래에 대비하고 있다. 바이오전략 2020을 통해 코로나19 대응과 이후의 바이오경제를 강조하고 있으며, 한편으로는 5차 산업혁명을 거론하며 바이오기술이 주도하는 산업 발전 대책을 마련하고 있다.

이스라엘의 혁신적 노력은 시사하는 바가 매우 크다. 2019년 '바이오 융합 정책 동향'을 발표하였는데, 그 핵심은 바이오 융합이다. 즉,

제약, 유전체학 등 생물학 분야와 데이터, 컴퓨팅, 재료 등의 공학 분야 간의 시너지를 기반으로 한 새로운 산업에 관심을 두고 있다. 다학제적 연구와 AI 기반의 바이오헬스 산업에 강점이 있다. 관련 혁신 생태계가 해당 분야를 이끌어갈 수 있는 잠재력이 풍부하다. 다학제적 연구 장려와 중개 연구사업 강화, 인적자원 개발, 글로벌 협력 연구 장려 프로그램 등의 정책적 전략을 가지고 있다. 새로운 형태의 다학제적 스타트업 설립 지원을 강조한다.

OECD는 2009년, '바이오경제 2030'을 발표하였으며, 바이오경제를 바이오기술이 경제적 산출량의 상당 부분에 기여하고 있는 경제로 정의한다. 유전자와 세포에 대한 첨단 지식을 활용한 새로운 공정 및 제품, 지속가능한 생산을 위한 재생가능한 바이오매스와 효율적인 바이오 공정, 여러 영역에 걸친 생명공학 지식과 응용의 통합이라는 주요 내용이 담겨 있다.

주요 국가의 정책을 종합하면, 환경 친화적, 지속가능한 제품시장의 창출과 생명과학의 기초, 응용 연구에 대한 장기적인 지원의 중요성을 공통적으로 강조하고 있다. 바이오의약을 넘어서 농업과 산업 바이오에 대한 관심과 투자가 확대되어야 한다는 점을 강조한다. 나라마다 차이는 있지만 다가올 바이오경제 시대를 예상하여 나름의 종합전략을 미리 수립하였으며 상황 변화에 맞추어 전략을 보완하고 정책 운용에 반영하는 유연성을 갖추고 있다. 결론적으로, 바이오경제의 핵심을 지속가능성과 순환성으로 규정하며, 바이오경제 전략을 통해 기존 산업을 새롭게 하고 미래 성장 동력을 선제적으로 구축하여 바이오 선도국의 위상을 확보한다는 것이다.

3. 바이오 선도국가와 미래를 위한 준비

바이오경제 전환이 가속될 수 있도록 우리의 강점인 디지털과 생명과학의 융합을 확장시켜야 한다. 생명과학 탐구와 디지털 전환에 제한을 두지 말아야 한다. 유전체를 해독하고 인공세포를 제작하는 수준에 이르렀지만 우리의 지식은 아직 생명체의 일부분을 아는 데에 머무르고 있다. 기존의 사회 제도와 경제 구조도 디지털 전환의 진행을 더디게 하고 있다. 과도한 인간 활동에 의해 나타난 기후변화와 생태계 파괴는 그 자체로도 문제지만 당장의 팬데믹 감염병과 같은 재난은 물론 우리 사회의 지속가능성을 위협하는 근본 원인이 되고 있다. 기술 혁신은 당면한 위기에 대응하고 현안 해결책을 마련하는 데 항상 중요한 역할을 해왔다. 선도국가는 기술 혁신에 치열할 정도로 투자하는 국가이다. 선도국은 파괴적 전환기술의 가치와 위력을 알기 때문에 당치 않는 분야라고 여겨지는 곳에도 투자를 아끼지 않는다. 혁신적 신기술이 산업화에 적용되고 경제를 바꾸기까지는 지나온 산업혁명의 경험에서 알 수 있듯이 상당한 기간이 걸린다. 따라서 혁신의 전통과 경제적인 토대가 없이는 쉬운 일이 아니다.

바이오 선도국가로 진입하기 위해서는 먼저, 현재 진행되고 있는 바이오헬스, 농업, 산업 영역에서 이루어지고 있는 기술 혁신과 디지털 전환에 필요한 R&D와 관련 사업을 지원하고 발전시키는 일은 빠른 속도로 계속되어야 한다. 여기에 더하여 파괴적 전환기술을 창조하고 업그레이드한 범용기술이 확산되도록 해야 한다. 그 시급함을 반영하여 파격적으로 이루어져야 한다.

예를 들면, 농업 분야에서 생산성을 올리고 농촌 구조를 고도화하는 목적을 이루기 위해 기술 혁신과 디지털 전환이 진행되고 있다. 국가의 지속 가능을 위해서 당연히 해야 하는 필수적인 일이다. 우리 사회의 모든 영역에서 좀 더 관심을 기울이고 참여해서 빠르게 성과를 내야만 한다. 현실에 부합하는 당면한 현장 친화적 목표인 것은 분명하지만 이것만으로는 농업 등 1차 생물산업이 바이오경제의 원천 사업으로 재구축되는 데에는 부족하다. 지역 혁신과 균형발전을 위한, 농·수·임 산업과 엔지니어링의 융합을 위한 범용 바이오기술의 도입이 추진되어야 한다. 지역균형발전과 지역혁신을 위해서도 필요한 일이고, 이를 통해 바이오경제 원천사업의 적지라는 지역의 강점을 살릴 산업전환도 이루어질 수 있다.

농업을 비롯한 1차 생물산업의 미래를 위해 제안된 '농업의 크로스 디멘션 산업화 개념'을[25] 확장시켜 실현해야 한다. 이 개념에 따르면 엔지니어링의 융합은 1차 생물산업의 미래를 바꿀 수 있는 방안이다. 달리 말하면 범용 바이오과학기술에 의한 1차 생물산업 즉 농·수·임 산업의 재해석으로 생산물의 의미와 가치가 완전히 바뀐다. 농산물의 하나인 보리도 신소재 추출, 용도 개발, 고순도 원천 재료화라는 고도화와 소재화 과정을 거치면 파격적인 고부가가치를 창출하는 바이오경제의 원천 재료가 된다([그림 3-13]).[26] 이와 같은 1차 생물산업 엔지니어링을 통한 바이오경제 선도국의 토대는 지역에 구축되는 합성생물학 클러스터가 이끌어야 한다.

---

[25] 수직적, 수평적 다각화에 의한 농업의 크로스 디멘션 산업화가 가능하다는 개념으로 조남준 교수(싱가포르 난양공대)가 제안함(2019). 1차 생물산업에 엔지니어링을 융합시켜 부가가치를 올리면 농업생산성이 증가될 수 있다.

[26] 조남준 교수의 자료를 부분적으로 재구성하였음.

[그림 3-13] 보리 농업의 크로스 디멘션 산업화

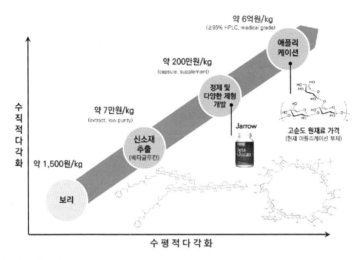

출처: 신농업인재: Food science and technology plantform connecting AgTech pioneer, 난양 공대 조남준 교수 발표.

　합성생물학 기반의 다층다각화로 현재의 1차 생물 산업을 차세대 바이오화학의 원천 산업으로 우선 전환시켜야 한다. 지역 생산 생물자원의 가치와 위상이 차원을 달리함으로써 지역 산업이 차세대화 될 수 있다. 대전환기의 도약 기회에 대응함으로써 각 지역별 특성에 부합하는 지역 특화 균형발전이 실현되는 것이다. 더불어 합성생물학 지역 클러스터를 통한 새로운 종자산업 영역의 경쟁력 강화는 신물질 생산을 위한 고도화 신품종 개발과 식량 자급률 개선으로도 연결된다.

　혁신적 차세대 1차 생물 산업은 바이오경제의 원천 기반산업이 된다. 이에 대한 체계적인 대응과 준비가 필요하다. 현재와 근미래는 제4차 산업혁명 초기라고 할 수 있다. 이 시기에는 전통 농·수·임 산업에서 고도화를 위한 디지털 전환이 진행되고 스마트 팜과 정밀농업이 확산될 것이다. 데이터 수집과 활용한 위해 다양한 수단이 도입되며 생산물 저장과 유통에도 IoT를 활용할 것이다. 전반적으로 디지털 기술의 활용에 의한 1차 생물 산업의 생산성 향상을 통해 식량 자원의 안정적 확보라는 목표를 이루게 될 것이다.

선도국가의 바이오경제가 1차 생물 산업의 혁신으로 한계가 지어져서는 안 된다. 1차 생물 산업을 강조한 이유는 그 생산물인 바이오매스가 전환된 바이오경제의 '원유'와 같기 때문이며, 근본적인 산업전환을 목표로 한다면 바이오산업 전반에 걸친 혁신이 있어야 한다. 제4차 산업혁명이 초기상태를 지나 고도화되어 가는 과정에 이르면 바이오경제가 보다 더 성숙한 단계로 진입할 것이다. 가장 큰 변화는 석유화학 소재인 석탄과 원유가 차세대 1차 생물산업의 바이오매스로 대체되는 것이다. 바이오수소 생산기술의 확보와 공급은 재생에너지 네트워크를 완성하는 결정적인 계기가 된다. 범용 바이오과학기술에 기반하여 지속가능한 순환형 신소재가 창출되어 생산되고 지역성에 기반한 바이오경제가 국토의 균형발전에 기여할 것이다.

헬스케어에 비중을 두고 있는 한국판 뉴딜의 바이오 영역 육성 방안이 바이오산업 전반의 혁신을 이루기 위한 방향으로 확장되어야 한다. 바이오경제 전환을 촉진하고 이를 바탕으로 하는 초격차 선도국가를 목표로 한국판 뉴딜의 진화가 필요하다. 바이오를 로봇, 인공지능, 데이터, IoT라는 제4차 산업혁명의 혁신기술에 융합시켜 창출한 범용 바이오과학기술이라는 기반은 사회적 수용성이 제고된 정의로운 산업전환의 동력이다([그림 3-14]).27

27 임용훈 박사(오송첨단의료재단) 자료를 수정, 재구성함.

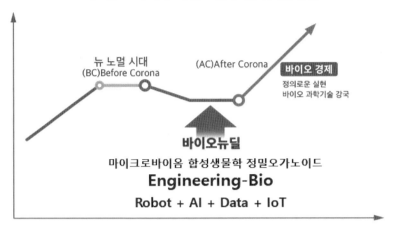

[그림 3-14] 바이오뉴딜로 진화하는 한국판 뉴딜

출처: 바이오산업 혁신을 위한 정책제안, 임용훈 토론자료.

우리는 이제 인류의 미래를 함께 준비하는 선진국으로서의 책무를 생각해야 하며, 전 지구적 미래 성장동력을 구축하기 위한 혁신적 프로젝트를 추진해야 한다. 우주로 향하는 꿈과 더불어 인류 전체의 건강과 안전을 선도하는 포용적 혁신 R&D 이슈를 그런 프로젝트의 주제로 해도 좋을 것이다. 팬데믹 대응 과정에서 확인된 우리의 역량을 거울 삼아 질병 퇴치와 관련된 바이오 전략을 선도국가 전략의 한 부분으로 마련해도 좋다. 미지의 병원체 항원을 예측, 설계하고 그것을 기반으로 하여 미래의 감염병에 대한 백신과 치료제를 선제적으로 확보하는 K-바이오 샷도 가능할 것이다. 범용 바이오과학기술은 여기에서도 활용된다.

강조하지만, 합성생물학은 전환기 산업과 경제의 게임 체인저, 즉 제조 혁신과 지속가능 바이오경제 실현을 위한 동력이다. 21세기 초반 산업 전환을 목표로 합성생물학 분야에서 먼저 출발한 미국, 영국,

유럽 등에 비해 시점과 역량이 뒤져 있는 점을 감안하면, 혁신적인 인력양성 계획과 과감하고 신속한 지원과 대규모 투자가 절실하다. 만약 지체될 경우엔 국가의 미래 경쟁력이 치명적으로 약화될 수 있다. 이 분야의 발전이 비록 초기 단계이긴 해도, 신속한 코로나19 mRNA 백신 개발과 산업화에서 이미 그 위력을 보였으며. 다른 산업 영역의 소재 생산 분야에도 빠르게 적용되어 성과를 얻고 있다는 점을 생각해야 한다.

우리 정부도 2023~2030년, 8년에 걸쳐 바이오파운드리 구축(6기) 예정으로(2021년 9월 예타 신청 중) 뒤늦게 계획을 수립하여 사업을 추진하고 있으나, 절박함에 비해 진행이 느리고 규모도 부족하다는 생각이다. 현재의 투자계획을 전면 수정하여 1단계 사업으로 2025년까지 바이오파운드리 구축 10기를 목표로 지원 규모를 대폭 늘리고 기간도 단축할 필요가 있다. 2025년 이후 구체적인 추진 계획도 바로 수립해야 한다.

제 4차산업 혁명의 인공지능과 자동화의 확대에 따른 기업의 지형 변화와 일자리 감소에 대한 대응 방안을 합성생물학 기반 바이오경제에서 찾을 수 있다. 특히, 지역성을 가지는 바이오경제의 특성에 부합하도록 합성생물학 구현을 위한 임무중심형 바이오파운드리를 지역별로 구축하면 주변 산업에 대한 긍정적 파급효과가 매우 클 것이다.[28] 바이오파운드리를 구축하는 일 자체가 가까운 미래의 독립적인 산업

28 자동화된 AI기반 설계(D)-실험로봇을 통한 제작(B)-바이오센서 기반 테스트(T)-머신러닝 학습(L) 의 과정을 수행하는 바이오파운드리(Biofoundry)의 인프라는 디지털 정보기술과 생명과학 기술을 실행하는 장비와 구조물로 구축된다. 관련된 산업 클러스터 형성을 촉매할 수 있다.

이 되기 때문에 기존의 기계·전자·소재·장치 산업의 주력 방향도 바이오파운드리 장비 시장에 맞추어 전환될 수 있다. 더 강력한 인공지능과 디지털의 출현에 맞추어 바이오파운드리 장비도 고도화되며 차세대로 진화할 것이기 때문에 20세기에 자동차산업이 진화하며 경제구조를 전환시켰던 것과 같은 대전환이 바이오파운드리를 중심으로 가능할 것이다.

합성생물학에 기반하는 바이오화학 결과물이 2050년에 이르면 석유화학산업 제품의 50%를 대체할 것으로 예상하고 있다. 이처럼 지역 생산 생물자원이 산업소재의 원천이 되는 과정에서 진정한 균형발전을 이룰 관련 신산업이 형성되고 지역의 역동성이 찾아질 것이다. 그만큼 다양한 일자리가 창출되고 디지털에 강한 창의적 청년들의 진출기회가 많아진다. 여기에 맞는 교육 시스템이 전제 조건이긴 하다. 지역별 특성에 맞는 바이오파운드리 구축과 그 지역의 인재 양성을 병행할 수 있어야 지속가능한 지역 발전 동력이 구축된다. 진정한 지역의 과학기술 R&D 플랫폼이 될 수 있는 혁신 기회를 청년 인재들과 대학이 가져야 한다.

바이오경제 입국을 위해서 초중등과 대학을 포함하는 각종 교육시스템과 실험 실습실의 전환과 재구축이 필요하다. 바이오경제와 산업을 담당할 인재 교육과 인력 양성에 최적화된 신개념의 실험 실습실 구축이 필요하다. 일례로 바이오파운드리를 이해하고 진화시키기 위한 소양과 역량을 지닌 인재 교육은 디지털, AI, 로봇, 생명과학기술의 융합을 시현할 수 있는 신개념의 실험 실습실에서 가능하다. 인문, 사회 과학 분야의 인재 교육과 훈련에도 실험 실습실은 필요하다. 미래 바이오경제의 금융이나 생명자원과 관련된 특수한 지식재산권 또는 바이오경제에서 발생하는 윤리적인 문제나 규제와 분쟁 등을 다루고 경험해볼 수 있는 적합한 신개념의 실험 실습실이 주어져야 한다. 전면적인 교육개혁이 여기에서도 필요하다.

모든 분야의 기술 혁신과 신산업은 과학기술 R&D에서 시작된다. 그동안의 성과가 증명해주는 것처럼, DARPA의 임무 중심 연구개발(mission-oriented R&D)은 80년 이상 지속되고 있는 미국의 강력한 산업정책이다. 여기에 더하여 바이오 영역의 초격차 선도국가를 목표로 최근 미국이 준비한 ARPA-H는 특히 바이오헬스 역량 강화를 위한 DARPA 방식의 확장 버전이다. 우리도 더 혁신적인 방안을 마련하여 바이오 분야에 대한 정부 주도 연구개발을 강화하고 실천하여야 한다. 여기에 적합한 거버넌스도 새롭게 만들어야 한다. 우리가 해야만 하는 새로운 형태의 강력한 바이오 산업정책을 찾아야 한다. 단순히 정부는 지원만 하고 민간이나 기업이 개발을 주도하면 된다는 소박함에서 벗어나야 한다.

| 참고문헌 |

소준노(2020), 미래를 위한 과학기술 R&D 혁신, 열린정책(대통령직속정책
　　기획위원회) 제5호; 78~89.

손미영(2021), 오가노이드 기술 동향 및 시사점, 바이오인프로(생명공학정
　　책연구센터) 93, 1~15.

유발 하라리(2011), 사피엔스: 유인원에서 사이보그까지, 인간역사의 대담
　　하고 위대한 질문, 김영사.

임용훈(2021), 바이오산업 혁신을 위한 성과분석 및 정책제안, personal
　　communication.

임일권, 김무웅(2021), 합성생물학의 시장 현황과 전망, 바이오인더스트리
　　(생명공학정책연구센터) 163; 1~15.

정책뉴스(2020), 문재인 대통령 바이오산업 발전 전략 발표, 대한민국 정책
　　브리핑 (2020. 11. 18).

조슈아 B. 프리먼(2018), 더 팩토리: 공장은 어떻게 인류의 역사를 바꿔왔
　　는가, 시공사.

조남준(2019), 신농업인재: Food science and technology platform
　　connecting AgTech pioneer, 토론회 발표자료.

최윤섭(2020), 디지털 헬스케어: 의료의 미래, 클라우드나인.

코로나바이러스감염증19 중앙사고수습본부(2020), "K-방역 모델을 세계
　　의 표준으로 만들 길잡이 나왔다", 보건복지부 보도자료(2020. 06.
　　11).

홍지영, 김무웅(2018), 글로벌 유전체시장 현황과 전망, 바이오인더스트리
　　(생명공학정책연구센터) 129; 1~11.

Bastogeer, M. G. K. et al.(2020), Plant microbiome-an account of the factors that shape community composition and diversity, Current Plant Biology 23; 1~9.

Basu, A.(2021), Synthetic biology-enabling the nascent bioeconomy, Industrifonden.

Bray, D(2011), Wetware: A computer in every living cell, Yale Univ. Press,

Enriquez, J.(1988), Genomics and the World's Economy, Science 281(5379); 925~926.

Garner, L. K.(2021), Principles of synthetic biology, Essays in Biochemistry 65; 791~811.

Glover, A.(2012), The 21st century: The age of Biology, Anne Glover, OECD Forum on Global Biotechnology in Paris (12 Nov. 2012)

Hofer, M. and M. P. Lutolf(2021), Engineering organoids, Nature Rev. Materials 6; 402~420.

Nerney, P. M. et al.(2021), Theranostic cells; Emerging clinical application of synthetic biology, Nature Rev. Genetics, 22; 730-746

NIH(2021), Advanced Research Project Agency for Health(ARPA-H); Concept paper, NIH, 1~7.

Meng, F. and T. Ellis(2020), The second decade of synthetic biology: 2010~2020, Nature Communications 11(5174); 1~4.

Rajewsky, N. et al.(2020), Lifetime and improving European healthcare through cell-based interceptive medicine, Nature 587; 377~386 (2020).

Schroeder, O. B. and F. Bäckhed(2016), Signals from the gut microbiota to distant organs in physiology and disease, Nature Medicine 22(10); 1079~1089.

Sender, R., S. Fuchs and R. Milo(2016), Revised estimates for the number of human and bacteria cells in the body, PLoS Biology 14(8); 1~14

혁신경제 II : 저탄소경제

제1장 탄소중립과 온실가스 감축목표

1. 기후변화 대응의 글로벌 환경

1) 코로나19와 기후 위기

2020년부터 온 세상을 뒤흔들고 있는 코로나19보다 근본적으로 인류의 생존을 위협하는 문제가 있다. 바로 기후변화다. 세계보건기구(WHO)와 하버드 공중보건대학의 '기후변화, 보건, 글로벌 환경 센터(Center for Health and the Global Environment, 이하 C-CHANGE)'는 기후변화와 전염병의 창궐이나 빠른 전파 사이에 직접적인 연관성이 있다는 증거는 없으나 두 난제는 같은 뿌리에서 나온 두 가지 결과일 수 있다고 설명한다.[1] 대부분의 신종 전염병과 유행병은 야생 동물과 사람의 접촉에서 시작되는데 기후변화 자체 또는 기후변화를 일으킨 원인이 야생 동물의 병원체가 인간 숙주로 옮겨가기에 좋은 환경을 만들고 있다는 것이다. 농경과 도시화라는 이름으로 인류는 끊임없이 산림을 파괴해왔는데 이 과정은 사람들이 야생동물 서식지로 조금씩 접근하는 과정이기도 했다. 야생동물 역시 서식지를 잃어서, 또는 더위를 피해

---

[1] https://www.hsph.harvard.edu/c-change/subtopics/coronavirus-and-climate-change/

[그림 4-1] 기후변화와 코로나19의 연결고리

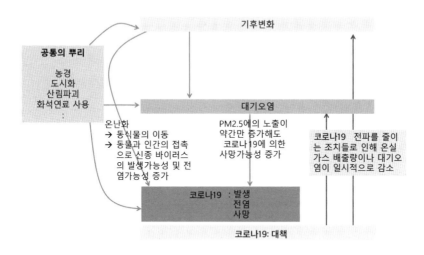

출처: 오형나 기재부 보고자료.

이동하는 과정에서 다른 동물이나 인간과 접촉하게 되는데 이때 병원체가 새로운 숙주를 만나 신종 전염병을 일으키고 전파시킬 좋은 조건이 형성된다. 농경, 도시화, 산림 파괴는 전염병뿐만 아니라 기후변화를 일으키는 요인이기도 하다. 두 난제 간 연결고리는 코로나19의 유병율이나 방역조치가 대기오염물질 배출량에 미친 영향에서도 찾을 수 있다. 화석 연료를 연소하면 이산화탄소뿐만 아니라 대기오염 물질이 배출되는데, C-CHANGE의 최신 연구결과에 따르면 공기질이 나쁜 지역에 사는 사람들이 코로나19에 감염되면 생명을 위협하는 심각한 증상을 보일 확률이 높아진다. 코로나19 확산을 막기 위한 폐쇄(lockdown) 조치는 막대한 경제적 손실을 야기했지만, 34개국에서 이산화질소와 미세먼지 농도를 각각 60%, 30% 감소시켰다.[2] 세계 언론은 이러한 경험이 인류가 오랜 기간 잊고 있던 환경에 대한 중요성을 깨워냈다고 한다.

2) 탄소중립과 그린 뉴딜

2015년 파리협정을 통해 국제사회는 2100년까지 지표면 온도 상승을 $2°C$ 이내로 제한하기로 합의한다. 이후 세계 각지에서 발생하고 있는 극한 기후 현상과 기후재난이 기후 위기에 대한 국제사회의 공감대를 형성하며 감축목표는 $1.5°C$ 이내로 상향 조정되었다. 예상보다 빠른 기후변화 현상은 '기후변화에 대한 정부 간 패널(the Intergovernmental Panel on Climate Change, 이하 IPCC)'이 작성한 두 개의 보고서에 잘 정리되어 있다. 2018년 IPCC는 「지구온난화 $1.5°C$ 특별보고서」에서 2017년 지구 평균 기온이 산업화 이전 대비 이미 약 $1°C$ 가량 상승했으며 2030~2052년에는 상승폭이 $1.5°C$에 달할 것으로 예측했다([그림 4-2 참조]). 3년 후인 2021년 IPCC[3]는 $1.5°C$ 상승 시점을 이전보다 10년 앞당긴 2021~2040년으로 예측하며 국제사회의 빠른 대응을 촉구했다.

예상보다 빠른 기후변화에 대응하기 위해 국제사회는 선진국을 중심으로 「장기 저탄소 발전 전략(Long-term greenhouse gas Emission

---

2   Venter et al.(2020).
3   「제6차 평가보고서」의 '제1 실무그룹 보고서'.

[그림 4-2] 2100년까지의 기후변화 시나리오

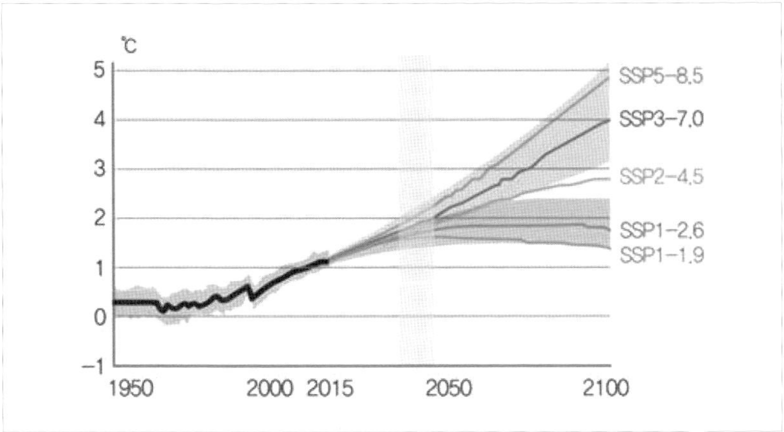

출처: 오형나 기재부 보고자료.

Development Strategies, LEDS)」을 '탄소중립(Net-zero)'으로 설정하고, 그 중간 단계로서 「2030년 국가 온실가스 감축목표(Nationally Determined Contribution, NDC)」를 상향 조정하기 위해 노력해왔다.4 그 결과 2021년 11월 열린 기후변화 당사국 총회(COP26)에서 개발도상국들은 파리협정 당시에 제출된 NDC 원안을 유지했으며 선진국들은 대체로 상향 조정된 NDC를 제출했다.

'2050 탄소중립'과 '2030 NDC 상향 조정'을 선언한 선진국들은 감축목표 달성을 위한 국내 정책으로 '그린 뉴딜(Green New Deal)' 전략을 추진하고 있다. 표현방식은 '그린 뉴딜', '그린 딜'로 차이가 있지만

---

4 2019년 유엔 기후행동 정상회의에서 '2050년 탄소중립을 위한 LEDS' 수립을 촉구했으며, 2021년 4월에는 미국 주도로 열린 '기후정상회의'에서는 선진국 위주로 '2030년 감축목표(NDC)'를 상향 조정했다.

각 국이 추진하는 그린 뉴딜에는 유사한 목표와 정책이 포함되어 있다. 그린 뉴딜의 목적은 단기적으로는 당면한 경제위기 극복이며, 장기적으로는 생산과 소비방식을 친환경(Green)화 현대화함으로써 궁극적으로 '지속 가능한 미래'를 지향한다는 것이다. 친환경 비전의 핵심은 탈탄소화이며 청정에너지 공급확대, 저탄소 기술에 대한 R&D, 자원순환 활성화, 환경관리나 산업부문의 경쟁력 제고를 위해 디지털 기술을 적극 활용한다는 것도 그린 뉴딜에 공통적으로 포함된 내용이다. 이외에 그린 뉴딜사업 예산 확보를 위한 세제개혁, 아직은 비싼 저탄소 원료와 기술을 사용하며 발생할지도 모를 경쟁력 저하를 방어하기 위한 '탄소국경조정세'와 같은 통상정책, 구조 전환 과정에서 어려움을 겪는 계층과 지역을 지원하기 위한 '공정한 전환 메커니즘' 등도 그린 뉴딜 전략에 포함되어 있다.

한국 역시 탄소중립을 핵심 목표로 하는 그린 뉴딜을 추진하고 있다([그림 4-3] 참조). 정부는 2020년 7월 발표한 '한국판 뉴딜'의 한 축으로 '그린 뉴딜'을 설정하고 2020~2025년 동안 약 73.4조 원을 투입해 코로나19로 인한 경제위기를 극복하고 궁극적으로는 저탄소 산업 생태계를 구축해 경제성장의 새로운 동력으로 삼겠다는 비전을 제시했다.

사실 '한국판 뉴딜(K-뉴딜)'이 등장한 초기에는 '그린'은 주요 논제가 아니었으며, K-뉴딜의 핵심은 '디지털 산업의 발전을 통한 일자리 창출과 팬데믹으로 인해 악화된 경제위기 극복'이었다. '그린 뉴딜'을 K-뉴딜의 한 축으로 포함시킨 것은 청와대를 포함한 정부였다는 점에서 우리나라의 '그린 뉴딜'은 다른 나라에 비해 보다 더 정부주도의 특성을 가지고 있다. 그린 뉴딜 선언에 이어 정부는 석달 뒤인 2020년

[그림 4-3] 파리협정 이후 주요 국가의 기후 저감 논의

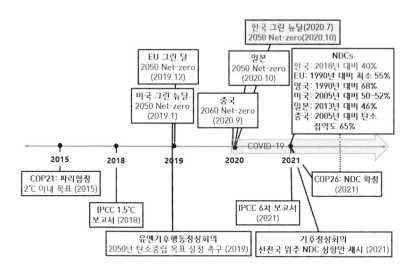

출처: 오형나 기재부 보고자료.

10월 '2050 탄소중립'을 선언했는데 이로써 '순배출량 제로'를 이룰
시점이 2050년으로 확정되었다. 2021년에는 '휴먼 뉴딜'이 한국판 뉴
딜의 새로운 축으로 추가되었다. 이는 '그린 뉴딜'이 경제나 환경 측면
에서의 지속가능성에 국한되지 않고 '사회적 지속 가능성'을 지향하는
'그린 뉴딜 2.0' 버전으로 진화했다는 것을 의미한다. 2025년까지의
누적 사업비 규모도 원년의 160조 원에서 220조 원으로 확대되었다.
이처럼 '그린'과 직접적인 관련성이 적은 사회적 목표를 '그린 뉴딜'
에 포함하는 것이나 정부가 막대한 재정투입을 통해 시장에 개입하는
것은 우리나라만의 특징은 아니다. 이는 코로나19 이후 추진되고 있
는 '그린 뉴딜(그린 뉴딜 2.0)'의 공통점이자 '그린 뉴딜 2.0'이 경제나 환
경적 지속가능성을 강조하고 정부의 개입을 제한적으로 설정한 2000

년대 '그린 뉴딜(그린 뉴딜 1.0)'과 구별하는 특징이기도 하다(Mastini 외 2021). 이러한 막대한 재정 투입을 전제로 한 그린 뉴딜 전략은 재정건전성을 악화시키고 시장 실패보다 심각한 정부 실패를 유발할 수 있다는 우려의 시각에도 불구하고 2020년대 초 대표적인 경제정책이자 미래전략으로 우리나라, 미국, EU 27개국, 영국 등에서 실시되고 있다.

2. 한국의 '2050 탄소중립' 경로

1) '2050 탄소중립' 시나리오

2020년 10월 '2050 탄소중립'을 선언한 정부는 다음 해인 2021년 5월 산업, 경제, 사회 등 모든 영역에서 탄소중립이라는 국가비전을 추진하기 위해 '탄소중립위원회(이하 탄중위)'를 신설했다. 이후 탄중위와 정부는 5~6개월의 짧은 논의과정을 거쳐 탄소중립이 선언된 1년 후인 2021년 10월 A와 B의 복수 안으로 구성된 '2050 탄소 중립 시나리오'를 발표했다(〈표 4-1〉 참조).

〈표 4-1〉 한국의 2050 탄소중립, NDC에 제시된 감축목표

구분	부문	2018년	NDC		A안	B안	2050 NZ
순배출량		686.3	436.6	-36.8%	0	0	
총배출량		727.6	507.1	-40.0%	80.4	117.3	
배출	전환	269.6	149.9	-44.4%	0	20.7	(A안) 화력발전 전면중단 (B안) 화력발전 중 LNG 일부 잔존
	산업	260.5	222.6	-14.5%	51.1	51.1	

구분	부문	2018년	NDC		2050 NZ		
					A안	B안	
배출	건물	52.1	35.0	-32.8%	6.2	6.2	
	수송	98.1	61.0	-37.8%	2.8	9.2	(A안) 도로부문 전기·수소차 등으로 전면전환 (B안) 도로부문 내연기관차 대체연료 사용가정
	농축 수산	24.7	18.0	-27.1%	15.4	15.4	
	폐기물	17.1	9.1	-46.8%	4.4	4.4	
	수소	-	7.6		0	9	(A안) 국내생산수소 전량 그린수소로 공급 (B안) 국내생산수소 일부 부생·추출수소로 공급
	탈루	5.6	3.9	-30.4%	0.5	1.3	
흡수 및 제거	흡수원	-41.3	-26.7		-25.3	-25.3	
	CCUS	-	-10.3		-55.1	-84.6	
	DAC	-	-33.5		-	-7.4	

주: CCUS=탄소포집 및 활용·저장, DAC=직접공기포집.
출처: 관계부처 합동, 「2050 탄소중립 시나리오」, (2021.10).
　　관계부처 합동, 「2030 국가 온실가스 감축목표(NDC) 상향안」, (2021.10.18).

　　A안과 B안의 가장 큰 차이는 화석 연료의 하나인 LNG를 이행기 연료(Bridge fuel)로 활용할 것인가의 여부다. 2050년까지 화력발전을 전면 중단하는 A안에 비해 B안은 LNG 발전을 일부 유지하고 그린 수소 이외에 추출 수소를 일부 활용하는 안이다. 따라서 B안은 산림에 의한 흡수용량을 초과해 배출된 온실가스를 포집하거나 재활용하기 위해 CCUS와 DAC 기술을 A안에 비해 광범위하게 활용하는 이행 경로를 제시한다. 이로 인해 B안은 실현 가능성 측면에서는 A안보다 낮지만 '순배출 제로(Net-zero)'를 의미하는 '탄소중립'의 관점에서 보면 아쉬운 안이라는 평가를 받고 있다.

　　A안과 B안은 공통적으로 2018년을 배출 정점으로 가정하고 2018년부터 2050년까지 순배출량을 기준으로 매년 21.4 MtCO2씩 감축하는

[그림 4-4] 한국의 LEDS와 NDC 감축목표

출처: 관계부처 합동, 2030 국가 온실가스 감축목표(NDC) 상향안, 2021.10.18.

선형 감축경로를 설정하고 있다. 2018년 순배출량(686.3백만톤)을 기준으로 하면 1년에 3.12%를 감축하는 수준이며 2050년이 가까워질수록 분모가 작아지기 때문에 연 감축률은 커지는 경로이다([그림 4-4] 참조).

2) '2030 국가감축목표(NDC)'

2021년 11월 문재인 대통령은 영국의 글래스고(Glasgow)에서 열린 COP26(2021년 유엔 기후변화협약 당사국 총회)에서 '2018년 배출량 대비 40% 감축'하는 NDC 상향안[5]을 2030년 감축목표로 제출했다(〈표 4-1〉 참조). 2030년까지 9년을 남겨두고 있기 때문에 NDC는 '2050 탄소중

---

5 2015년 당시 제출했던 NDC는 '2017년 배출량 대비 26.3% 감축'이었음.

[그림 4-5] 2030년까지의 감축목표: 2050 탄소중립 시나리오와 NDC 비교

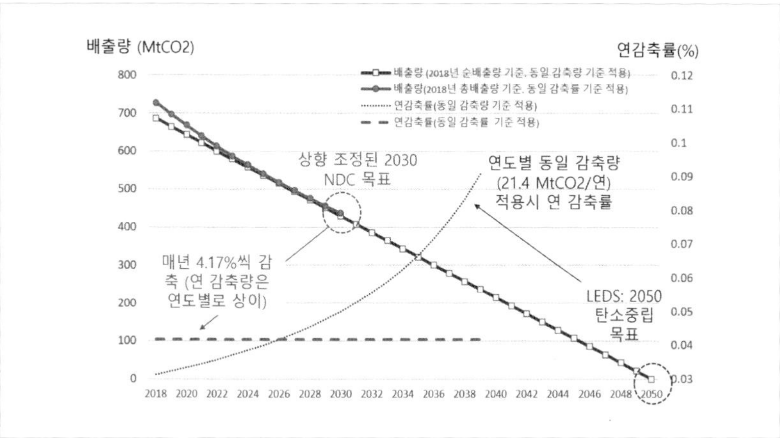

출처: 오형나 기재부 보고자료.

립'에 비해 실질적인 감축목표로 작용한다.

　NDC는 목표 설정 방식과 연 감축률 면에서 '2050 탄소중립' 시나리오와 차이를 보인다. 앞서 언급했듯이 '2050 탄소중립' 시나리오는 A안, B안 할 것 없이 순배출량을 기준으로 매년 같은 양의 이산화탄소(21.4 백만톤)를 줄이는 선형(동량) 감축안이다. 이에 비해 NDC는 총배출량을 기준으로 2018~2030년간 매년 연 4.17%씩 감축하는 동률 감축안이다. 탄소중립 시나리오의 선형 감축경로를 따라 2018~2030년 동안의 연 감축률을 계산하면 3.8% 수준으로 NDC의 연감축률 (4.17%) 보다 낮다.6 이는 NDC가 '2050 탄소중립 시나리오'에 비해 초기(2018~2030년) 감축목표를 높게 설정했다는 것을 의미한다.

6　이러한 차이는 2021년 10월 정부가 발표한 「2030 국가 온실가스 감축목표(NDC) 상향안」에 명시되어 있다([그림 4-5] 참조).

이러한 2030 NDC 상향에 따른 부문별 감축목표를 보면, 기존 NDC에 비해 모든 부문에서 감축목표가 상향되었다. 가장 온실가스 배출량이 많은 전환, 산업, 건물, 수송, 농축수산, 폐기물 중에서 폐기물 부문의 감축률이 46.8%로 가장 높고 그 다음으로 전환부문이 44.4%로 높다. 부가가치 창출과 산업의 국제경쟁률에 노출되어 있는 산업부문의 감축률이 14.5%로 가장 낮다. 하지만 산업부문은 감축량으로는 전환부문 다음으로 높아 산업계의 부담이 여전히 큰 것은 사실이다. 2030년까지 산업계는 2018년 대비 37.9백만톤CO_2-eq를 감축해야 한다. 산업계 전반적으로 혁신적인 기술적용이 아니고서는 이 목표를 달성하기 힘들다. 따라서 산업부문의 온실가스 감축 기술개발과 적용이 시급한 실정이다.

〈표 4-2〉 2030 NDC 부문별 감축목표

단위: 백만톤CO_2-eq

구분	부문	2018년 배출량 (총배출량에서 차지하는 비중)	기존NDC (2018년 대비 감축률)	NDC상향안 (2018년 대비 감축률)
배출량		727.6 (100.0)	536.1 (−26.3%)	436.6 (−40.0%)
배출	전환	269.6 (37.05)	192.7 (−28.5%)	149.9 (−44.4%)
	산업	260.5 (35.80)	243.8 (−6.4%)	222.6 (−14.5%)
	건물	52.1 (7.16)	41.9 (−19.5%)	35.0 (−32.8%)
	수송	98.1 (13.48)	70.6 (−28.1%)	61.0 (−37.8%)
	농축수산	24.7 (3.39)	19.4 (−21.6%)	18.0 (−27.1%)
	폐기물	17.1 (2.35)	11.0 (−35.6%)	9.1 (−46.8%)
	수소	−	−	7.6
	기타(탈루 등)	5.6 (0.77)	5.2	3.9
흡수 및 제거	흡수원	−41.3 (−5.68)	−22.1	−26.7
	CCUS		−10.3	−10.3
	국외 감축		−16.2	−33.5

출처: 2050.cnc.go.kr

'2050 탄소중립 시나리오'와의 비교뿐만 아니라 주요 국가의 NDC 와 '배출정점으로부터 NDC까지의 연평균 감축률'을 기준으로 비교해 도 우리나라의 NDC는 도전적인 수준에 해당한다.7 〈표 4-3〉에는 주 요 국가가 발표한 NDC와 각 국가의 배출정점(해당 연도는 괄호에 표시)으 로부터 NDC까지의 연 감축률이 정리되어 있는데, 비교 대상 중 연 감 축률이 4% 이상인 국가가 없다. 특히, 상당한 감축실적을 이룬 국가도 배출 정점에 이른 후 5~10년 내외의 정체기를 거쳐 본격적인 감축이 시작되었다는 사실은 우리나라의 NDC가 상당히 도전적임을 짐작케 한다([그림 4-6 참조]).

〈표 4-3〉 주요 국가의 NDC 비교

국가	NDC	배출정점부터 2030년 NDC까지의 연 감축률 (배출정점 연도)
EU	1990년 대비 최소 55%	-1.98% (1990)
독일	1990년 대비 65%	-2.59% (1990)
프랑스	1990년 대비 40%	-2.27% (2005)
영국	1990년 대비 68%	-2.91% (1991)
미국	2005년 대비 50~52%	-2.73% (2005)
캐나다	2005년 대비 40~45%	-2.33% (2007)
호주	2005년 대비 26~28%	-2.75% (2017)
일본	2013년 대비 46%	-3.56% (2013)
중국	탄소집약도 기준	-0.95% (2019)
한국	2018년 대비 40%	-4.17% (2018)

출처: 세계은행, IEA, Our World Data와 각국의 NDC를 이용하여 계산.

7 관계부처 합동, 2030 국가 온실가스 감축목표(NDC) 상향안, (2021.10.18).

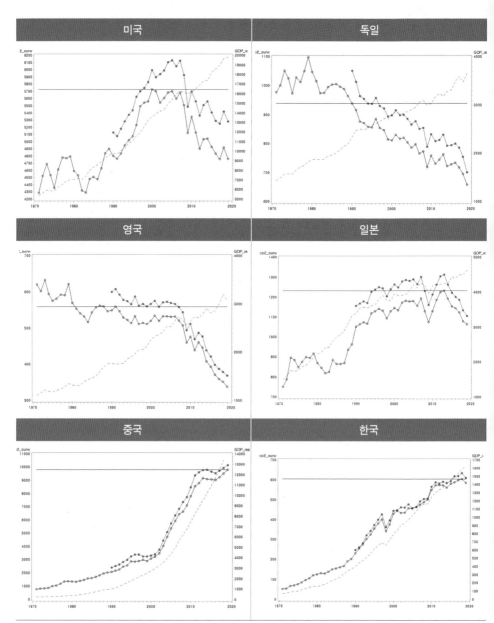

주: 파란색 = 에너지 연소에 의한 배출량(E), 빨간색= 총배출량, 녹색=GDP, 검은색= E 기준 배출정점.
출처: 세계은행, IEA, Our World Data(각 년도), Climate action tracker 등.

3. 주요 국가의 온실가스 배출량, GDP와 NDC

이처럼 한국이 의욕적인 NDC를 제출한 것은 그간 우리나라가 세계 10위 안팎의 배출순위를 보이며 기후대응에 적극적이지 못했다는 국제사회의 압력을 반영한 측면이 있다. 우리의 3대 시장인 중국, 미국, EU가 탄소중립을 선언했거나 선언할 것으로 예상되는 가운데, 세계 9위 온실가스 배출국인 우리에게 보다 공격적인 온실가스 감축을 요구하는 국제사회의 분위기, 그리고 팬데믹 이후 기후변화가 주요 통상이슈가 될 것이 분명한 상황, 특히 미국과 EU 그린 뉴딜에 포함된 '탄소 국경조정 조치'가 실행될 경우 탄소 다배출 상품 비중이 높은 우리의 수출이 위축되지 않을까 하는 우려 등이 정부가 서둘러 적극적인 저감 의지를 보인 배경이 되었다.

정부뿐만 아니라 민간기업 역시 파리협정 이후 기후변화가 주요 변수로 등장한 비즈니스 환경에 놓여 있다. 마이크로소프트, 테슬라 등 가치사슬(GVC)로 엮인 글로벌 바이어들이 국내 협력기업에게 온실가스 저감, RE100 활동, 기후관련 정보공개 요구를 요구하기 시작했기 때문이다. 최근에는 세계 최대 자산관리사인 '블랙락(Blackrock)'을 필두로 글로벌 투자사들이 기후변화와 지속가능성에의 영향을 투자의 주요 결정요인으로 고려한다는 발표 역시 민간부문에서도 탄소중립에 과거와는 다른 전향적인 태도를 보이는 요인으로 작용했다.

이러한 대외적 요인 이외에 다양한 국내 요인도 정부의 결정에 영향을 미쳤다. 가장 큰 요인은 글로벌 상품시장의 변화다. 전통적인 산업부문의 성장세가 둔화된 반면 저탄소 상품 및 서비스 시장의 성장률과 일자리 창출 잠재력이 높게 평가되며 미래의 경제성장을 위해 주력 산업의 저탄소화와 저탄소 산업의 육성이 시급한 과제로 부상한 것이다. 코로나19를 계기로 기후변화를 포함하여 기업을 둘러싼 이해관계자의 이익에 부합하는 경영활동이 단기 이윤을 우선시하는 경영에 비해 기업의 장기적인 지속가능성에 도움이 된다는 인식이 확산되며 ESG(Environment, Social, Governance) 경영이 시대의 화두로 등장했다. ESG 경영의 부상은 민간 부문이 정부의 탄소중립 전략에 동참하는 계기로 작용했다. 끝으로 그러나 가장 중요한 내적 동인으로 국민의 인식 전환이 있다. 극한 기후 현상과 재난의 빈도와 강도가 커지면서 시민, 특히 청소년과 청년층의 기후 위기에 대한 인식 수준이 높아지고 있다. 2020년 글로브스캔(Globescan)이 실시한 세계 27개국에 대한 설문에서 한국 응답자의 96%는 기후변화가 매우 또는 상당히 심각하다고 답변했다. 이는 설문 대상 27개국 중 멕시코와 터키를 빼면 최고 수준이다. 이는 문재인 정부가 초석을 놓은 '2050 탄소중립' 목표나 상향 조정된 NDC가 국내외 상황을 고려할 때 규범적 정당성을 확보했음을 의미한다.

4. 탄소중립과 향후 과제

이제 탄소중립을 위한 장·단기 목표가 설정되었다. 향후 정부의 탄소중립 목표를 이행하기 위해서는 2030년과 2050년 감축목표에 대한 구체적인 로드맵을 수립하는 것이다. 특히 2021년 말에 수립된 2030년 목표를 이행하기 위한 로드맵 수립은 시급한 실정이다. 왜냐하면 2022년부터 감축목표를 이행한다 하더라도 9년 밖에 남지 않았기 때문이다. 2018년 온실가스 배출을 정점으로 2030년에 2018년 대비 40%를 감축하는 것은 2018년까지 지속적으로 온실가스가 증가하고 있는 현실에서 감축해야 하는 것이라 전 세계에서도 전례가 없는 파격적인 목표설정이기 때문이다.

온실가스 감축 과정에서 국가가 치러야 하는 경제적인 비용도 만만치 않다. 이러한 탄소중립을 위한 탄소중립위원회가 2021년 실시한 설문조사에서도 시민들은 기후변화를 완화하기 위한 정부의 활동이나 '탄소중립'에는 대체로 지지하는 입장을 보이면서도 경제적 안정을 정부가 고려해야 할 최우선 과제로 선택했다. 적극적인 온실가스 저감 정책 추진과정에서 발생하는 경제적 피해에 대한 우려는 우리나라뿐만 아니라 기후문제에 관한 한 가장 진보적인 입장을 보이는 EU에서도 발견된다. 이러한 우려는 EU 집행위원회나 회원국의 정부, 미국·일본·중국 정부가 '탄소중립'과 함께 '자국산업 및 일자리 보호'나 '산업부문의 경쟁력 제고'를 그린 전환의 핵심 과제로 설정한 배경이 되었다. 이러한 방향성은 문재인 정부의 2021년 '그린 뉴딜 2.0'에서도 발견된다. 이에 따라 정부는 탄소중립 과정에서 한국 경제의 강점인 제조업 경쟁력이 훼손되지 않도록 다양한 '그린 뉴딜' 추진 정책을 통해 가치사슬의 핵심에 있는 소재산업의 빠른 저탄소화를 시도하고 있으며, 청정에너지, 그린 모빌리티, 배터리, 자원재활용 산업 등 미래지향적 그린 산업이 성장할 시장환경을 조성하기 위해 노력하고 있다. 따라서 차기 정부에서도 경제적 비용을 최소화하면서 효과적인 온실가스 감축을 이룰 다양한 방안을 수립해야 할 것이다.

제2장부터 제5장까지는 각 부문에 대해서 저탄소 및 성장전략을 모색해보고 정책과제를 도출해보고자 한다. 제2장에서는 전력부문의 저

탄소화 추진에 대해서 알아보고 제3장에서는 신재생에너지 산업을 미래먹거리 산업으로 육성하기 위한 경쟁력 확보에 대해서 알아본다. 제4장에서는 수송부문의 저탄소화와 친환경 모빌리티 산업의 현황을 살펴보고 동 산업의 육성을 위한 정책과제를 도출해 본다. 제5장에서는 온실가스 다배출산업 특히 온실가스 난(難)감축 산업의 저탄소화 방안을 모색해 보고 저탄소화와 경쟁력을 동시에 확보할 수 있는 방안에 대해서 논의한다. 그리고 그 과정에서 정부의 어떤 정책이 필요한지도 논의한다.

제2장 전력부문의 저탄소화

본 장에서는 2050 탄소중립 실현을 위하여 현재의 발전부문의 연료를 신재생에너지로 전환하기 위한 방안에 대하여 서술한다.

1. 전환부문 현황

전력생산에 해당하는 전환부문의 최종에너지는 2018년 기준 45.3백만 TOE으로서, 우리나라 전체 225.5백만TOE 중의 20.1%를 차지하는 데 비하여, 탄소배출량은 우리나라 전체 탄소배출량 686.3백만톤CO_{2eq} 중에 269.6백만톤CO_{2eq} 로서, 전체 배출량의 39.3%를 차지하여 최종에너지 대비 높은 배출량을 보인다. 2020년 기준 우리나라 총 발전량은 552TWh이며, 대부분 화석연료 위주의 대규모 발전으로서, 원별 발전비중은 석탄 33.9%, 원자력 29.0%, LNG 28.6%를 차지하며 수력을 포함한 신재생에너지 발전량은 38.2TWh로 전체 발전 대비 6.9%이다. 총 전력소비량은 송배전 손실이 반영된 509.3TWh로 전년 대비 2.2% 감소하였다.

2. 탄소중립 전환 부문 목표

1) 재생에너지 발전 목표의 지속적인 증가

정부는 2008년부터 재생에너지 중심의 청정에너지 체제로 전환을 추진해왔으며, 2017년 10월 '에너지전환 로드맵'을 발표하고, 동년 12월에 '재생에너지 3020 이행계획'을 통해 2030년까지 재생에너지 비중을 20%로 높이겠다고 발표하였다. 2019년 6월 제3차 에너지기본계획을 통해 재생에너지 발전비중을 30~35%로 확대하고, 분산형 전원의 발전비중 목표를 2040년까지 30%로 제시하였다. 또한, 석탄발전은 과감히 축소하고, 원자력은 신규 건설하지 않으며 노후 원전은 수명 연장 없이 점진적으로 축소할 계획이라고 밝혔다. 2020년 12월에 발표된 제9차 전력수급기본계획에서 2030년 전환부문의 온실가스 배출량 목표를 달성하기 위한 이행방안을 구체화하였으며, 2034년까지 재생에너지 발전량 비중 26.3%를 달성하기 위하여 분산형 전원의 확대와 재생에너지 확대를 고려한 전력시장 제도 개선 계획을 제시하고 있다. 국가 탄소중립 선언 이후, 2021년 10월 부처 합동으로 수립한 2050 탄소중립 시나리오에서 탄소중립 실현을 위한 재생에너지발전량 비중을 60.9~70%로 설정하였으며, 2030년 국가 온실가스 감축목표(NDC)가 2018년 대비 26.3% 감축에서 40%로 상향 조정됨에 따라 2030년까지 필요한 재생에너지 발전비중은 30.2% 수준으로 조정되었다. [그림 4-6]은 앞에서 상술한 우리나라 재생에너지 발전목표의 지속적인 증가 추이를 나타낸다.

[그림 4-6] 신재생에너지 발전 목표 추이

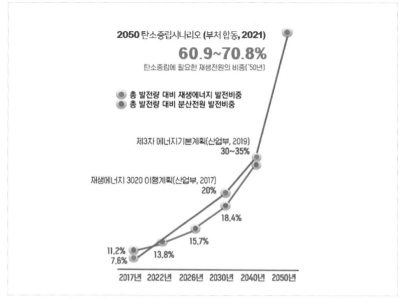

출처: 에너지기술평가원 자료 가공.

2) 탄소중립 시나리오의 전환부문 목표

최종에너지의 전기화 수요에 따라 2050년 연간 발전수요는 1,209~1,258TWh로 2018년 대비 2배 이상 대폭 증가될 것으로 전망된다. 탄소중립 시나리오에서 전환부문 탄소 감축 방향은 화력발전을 대폭 축소 또는 전면 중단하고 재생에너지와 수소기반 발전을 확대하여 탄소배출량을 0으로 하거나 0에 가깝게 축소하는 것이며, 화력발전의 축소 정도에 따라 〈표 4-4〉와 같이 두 가지 시나리오를 제시하고 있다.

A안은 석탄발전 중단 근거 법률 및 보상방안 마련을 전제로 화력발전을 전면 중단하며 전환부문 배출량을 제로로 함에 따라 재생에너지

[그림 4-7] 2050년 탄소중립 시나리오에 따른 최종에너지 수요

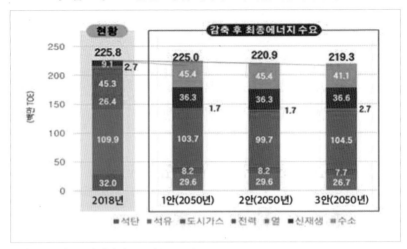

출처: 2050 탄소중립 시나리오 초안(2021. 8).

발전량 목표를 약 890TWh/년으로 전체 발전량의 70.8%로 두고 있으며, B안은 천연가스 발전을 일부 유지하는 안으로서 재생에너지 발전량은 736TWh/년으로서 전체 발전량의 60.9%에 해당한다. 화력발전을 중단하는 경우, 재생에너지 발전이 대부분을 차지하고, 나머지는 무탄소 가스터빈 21.5%, 원자력 6.12%, 연료전지 1.4%, 부생가스 일부로 대체하게 된다.

〈표 4-4〉 탄소중립 시나리오의 전원별 발전량

(단위: TWh)

구분	원자력	석탄	LNG	재생E	원료전지	동북아 그리드	무탄소 가스터빈	부생가스	합계
A안	76.9 (6.1%)	0.0 (0.0%)	0.0 (0.0%)	889.8 (70.8%)	17.1 (1.4%)	0.0 (0.0%)	270.0 (21.5%)	3.9 (0.3%)	1,257.7 (100%)
B안	86.9 (7.2%)	0.0 (0.0%)	61.0 (5.0%)	736.0 (60.9%)	121.4 (10.1%)	33.1 (2.7%)	166.5 (13.8%)	3.9 (0.3%)	1,208.8 (100%)

출처: 2050 탄소중립 시나리오안(2021. 10. 18).

3. 신재생에너지로의 전환

전환부문의 탄소감축 목표를 달성하기 위하여 전체 발전량의 70% 이상을 재생에너지로 대체하여 하여야 하며, 재생에너지의 대부분을 차지할 것으로 예상되는 태양광, 육상 및 해상 풍력 발전은 기후에 따른 출력의 간헐성과 변동성 때문에 이를 보완할 수 있는 무탄소 기반의 유연성 자원[8]이 필요하다. 또한 수소, 열, 수송 부문 등과 연계하여 재생에너지의 잉여출력을 저장하거나 재생에너지 발전이 충분하지 못할 때 전력으로 전환하여 공급하기 위한 비전력부문과 연계를 통한 유연성 자원 확보도 같이 병행되는 것이 바람직하다.

1) 신재생에너지 발전

신재생에너지 잠재량　재생에너지전원의 대부분을 차지하는 태양광발전과 육상 및 해상 풍력발전의 시장 잠재량(연간발전환산량) 합계는 〈표 4-5〉에서와 같이 2020년 기준 666TWh/년으로, 2050 탄소중립 시나리오 목표인 890TWh/년에 미달되나, 기술적 잠재량은

8　유연성 자원은 변동성 신재생에너지전원의 출력 변동을 완충할 수 있는 유연한 응동력을 갖춘 자원을 의미한다. 유연성자원은 필요에 따라 전력을 흡수하여 저장하거나 반대로 전력을 생산할 수 있는 배터리 등의 에너지저장 자원이나, 출력을 자유롭고 용이하게 줄이거나 증가시킬 수 있는 가스터빈 발전 등의 발전자원이 해당된다. 대부분의 재생에너지전원은 전력수요의 크기에 관계없이 기상조건에 따라 발전하기 때문에 실제 생산전력과 소비전력 간에 불균형이 발생하고, 이러한 편차는 전력계통의 품질(전압, 주파수 등)에 악영향을 주며 심한 경우 전력계통이 붕괴될 수도 있다. 따라서 재생에너지전원의 발전전력과 소비부하 간의 차이를 완충할 수 있는 적정한 유연성자원이 확보되어야 한다.

5,074TWh/년으로 시나리오의 목표값을 훨씬 초과한다.

태양광과 육상 및 해상 풍력발전의 기술적 잠재량은 2050년 예상 전체 발전수요(1257.7TWh/년)의 4배 이상. 태양광발전은 설비용량과 연간발전량에서 기술적 잠재량과 시장 잠재량 모두 가장 우위를 나타내고, 해상 풍력이 육상 풍력보다 기술 및 시장 잠재량 관점에서 모두 유리한 걸로 나타난다. 시장 잠재량은 기술적 잠재량 중 경제적 영향 요인9과 정책적 요인10을 적용하여 활용가능한 발전량으로서, 해당 기술의 시장 및 지원 확대, 규제 개선 등을 통하여 적극적으로 확대가 필요하다. 배출권 거래체 강화에 따른 탄소비용의 발전원가 반영 등을 통해 경제성 제고와 시장잠재량 확대가 가능하며, 원스톱 서비스, 계획입지제도 도입 및 재생에너지 설치 확대를 위한 환경, 산림, 농지 등 국토 이용 관련 규제혁신을 통하여 시장 잠재량 확대가 가능하다.

〈표 4-5〉 2020년 기준 재생에너지의 잠재량

구분		설비용량(GW)			연간발전환산량(TWh/년)		
	세부	이론적	기술적	시장	이론적	기술적	시장
태양	광	102,455	2,409	369	137,347	3,117	495
풍력	육상	499	352	24	968	781	52
	해상	462	387	41	1,298	1,176	119
수력	-	28	12	3	246	41	9
바이오	-	12	10	0	89	72	3
합계		103,456	3,170	437	139,948	5,187	678

출처: 2020 신·재생에너지 백서, 한국에너지공단.

---

9 균등화발전원가, 전력판매가격 등.

10 신재생에너지공급인증서, 설치보조금, 환경규제, 인허가규제 등.

광역지자체별 시장 잠재량은 〈표 4-6〉에서 보듯이 태양광은 경상북도, 충청남도, 전라북도 순으로 풍부하며, 육상풍력은 경상북도, 전라남도, 충청남도 순, 해상풍력은 전라남도, 경상남도, 충청남도 순으로 풍부한 것으로 나타난다. 상대적으로 전력수요가 적은 지역이 신재생에너지가 풍부한 지역으로서, 재생에너지전원 증가에 따라 지역별 전력생산 및 수요의 편차 심화되고 이로 인하여 지역 간 송전선로의 허용용량 초과 등의 전력망 문제가 발생할 우려가 있다.

〈표 4-6〉 2020년 기준 광역지자체별 시장 잠재량

지역	태양광 [TWh/년]	육상풍력 [TWh/년]	해상풍력 [TWh/년]	합계 [TWh/년]
서울	44	–	–	44
대전	871	8	–	879
부산	1,211	52	4,386	5,649
세종	2,575	79	–	2,654
울산	2,995	293	1,896	5,184
대구	3,086	19	–	3,105
인천	4,099	504	–	4,603
광주	4,798	63	–	4,861
제주도	24,235	5,687	4,567	34,489
경기도	36,205	1,167	15,586	52,958
강원도	36,101	3,227	1,720	41,048
전라남도	40,474	8,197	37,924	86,595
충청북도	48,048	2,178	–	50,226
경상남도	49,166	3,831	21,230	74,227
전라북도	50,584	2,183	8,672	61,439
충청남도	80,904	7,422	19,314	107,640
경상북도	109,111	17,364	3,844	130,319
전체	494,506	52,274	119,139	665,919

출처: 2020 신·재생에너지 백서, 한국에너지공단.

분산에너지 활성화 대규모 발전소 건설 입지에 대한 제약과 송전선로 건설 관련한 사회적 갈등 및 비용의 증가로 인하여, 수요지 인근에서 발전하는 저탄소 기반의 중소규모 분산형 전원 활성화에 대한 요구가 증대되고 있다. 분산형 전원은 에너지 소비지역 인근에 설치되어 전력을 공급함에 따라 장거리 송전망 건설을 최소화하고, 대규모 발전소 건설을 회피할 수 있으며, 발전원을 분산화함으로써 중앙 전력계통에 문제가 발생하더라도 지역의 독립적인 에너지 생산 및 소비가 가능한 장점이 있다(〈표 4-7〉 참고).

정부는 2021년 6월 '분산에너지 활성화 추진전략'을 수립하고. 분산에너지의 생산 및 소비의 확대, 분산에너지 친화적인 전력시장 및 제도 조성 그리고 분산에너지 확대 기반인 전력계통의 관리 및 수용 능력 강화를 기본 방향으로 추진하고 있다. 분산형 전원 발전량을 2025년까지 전체 발전량의 17%, 2030년까지 19.0%, 2040년까지 30%로 확대할 계획이며, 재생에너지 기반의 자가소비를 확대하고 마이크로그리드 구축을 통하여 전력망 증설 회피와 에너지시스템 안정성을 제고하여 지역 내에서 독립적이고 자율적인 생산 및 소비가 가능한 체계를 마련할 계획이다.

〈표 4-7〉 분산에너지 시스템의 특징

	기존 에너지 시스템	분산에너지 시스템
기본방향	대규모 발전소 중심의 집중형 발전	소규모 발전 중심의 분산형 발전
	해안가 발전, 수도권 소비로 원거리 전송	지역 내에서 생산 및 소비 가능
전력계통	발전-송전-소비자의 일방향적 전력계통 체계	프로슈머형 전력플랫폼 기반 양방향 계통 체계
전력거래	규모의 경제 기반 효율성 위주의 전력시장	자가소비 및 수요지 인근 거래 중심

	기존 에너지 시스템	분산에너지 시스템
전력거래	변동성 재생에너지 관리 어려움	재생에너지 입찰제도, 실시간 시장 등으로 재생에너지 관리 강화
에너지 분권	중앙정부 주도의 중앙집중형 전력 체계	중앙정부와 지방정부간 협업+적극 적인 주민 참여 체계

출처: 분산에너지 활성화 추진전략, 산업통상자원부, (2021. 6).

2) 저탄소(무탄소) 유연성 자원

유연성 자원　재생에너지전원의 간헐성과 변동성을 완화하기 위한 유연성 자원은 [그림 4-8]과 같이 공급 측 자원, 수요측 자원, 저장성 자원, 전력계통 보강에 의한 유연성 제공, 그리고 계통운영 개선에 의한 유연성 제공 등으로 구분할 수 있다. 공급 측 유연성은 최소 운전출력 감소, 기동시간 감소 및 증감발율 증가 등 기존의 화력발전기 개선을 통하여 속응성을 높이는 것을 의미하며, 수요 측 유연성은 스마트 가전, 소비자 배터리저장장치, 전기자동차 등 소비자의 분산형 자원을 이용한 수요반응 등을 통하여 전력생산과 소비의 편차를 해소하는 것을 말한다. 배터리저장장치, 양수발전기 등의 전력의 저장 및 발생이 가능한 구조의 저장성 유연성 자원을 이용하여 재생에너지 발전의 변동성을 감소 또는 완충할 수 있으며, 송전선로·배전선로 등 전력망/설비를 신설 또는 증설하거나, 중앙급전발전기들의 급전 간격 조정, 보조서비스 보강 등 기존 전력계통 운영체계를 개선하여 재생에너지 수용성을 높일 수 있다.

한편, 재생에너지의 변동성 및 간헐성은 시간대별로 전력계통의 수급균형 운영에 악영향을 미치며, 이를 해결하기 위하여 [그림 4-9]에서 제시한 바와 같이 운영 유연성과 수요 측 유연성, 공급 측 유연성,

[그림 4-8] 계통 유연성 향상을 위한 기술적 방안

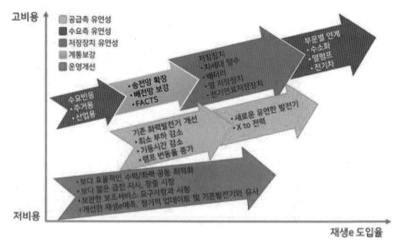

출처: Power system flexibility for the energy transition, IRENA, (2018).

[그림 4-9] 시간대별 재생에너지의 에너지수급 영향과 기술적 해결방안

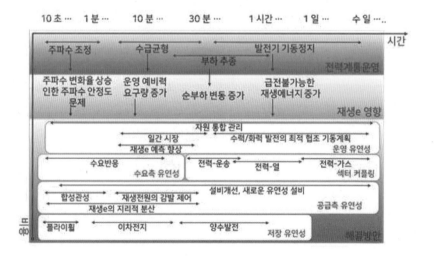

출처: Power system flexibility for the energy transition, IRENA, (2018).

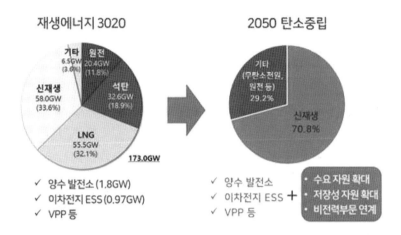

[그림 4-10] 탄소중립을 위한 유연성자원 전환 및 확대

출처: 한국전기연구원, 제9차 전력수급기본계획과 2050 탄소중립 시나리오 자료 가공.

저장 유연성, 섹터커플링11 등을 적절하게 조합하여 운용해야 한다.

유연성 자원 전환 대규모 발전 체계에서 대표적인 유연성 자원은 신속한 출력제어와 기동시간이 짧으면서 석탄 및 석유에 비하여 상대적으로 탄소배출량이 적은 천연가스터빈 발전이었다. 그러나 탄소중립을 실현하기 위하여 탄소배출이 전혀 없는 무탄소 자원으로 전환이 필수적이며, 지속적인 전기화에 따른 재생에너지 보급의 급격한 증가에 대비하여 유연성자원의 획기적인 확대가 필요하다.

제9차 전력수급기본계획에서는 재생에너지 3020 목표를 이행하기

11 독일의 에너지전환 정책에서 소개된 개념으로 가변성이 있는 재생에너지 전력을 다른 형태의 에너지로 변환하여 저장, 사용하여 전력 수급의 균형을 유지하기 위한 유연성을 확보하는 방식으로서, 전력-비전력, 공급-수요 부문을 유기적으로 연계하는 것을 의미함. 출처: 섹터커플링 개념 및 주요기술, 에너지경제연구원, (2021. 5).

위하여 LNG 터빈발전과 양수발전, 이차전지가 주요 유연성 자원으로 제시하고 있다. 그러나 궁극적 탄소중립을 위하여 현재 가동 중이거나 건설 계획 중인 LNG 터빈을 수소가스터빈으로 단계적으로 전환하고 무탄소기반의 수요자원 및 저장성 자원을 발굴하여 획기적으로 확대할 필요가 있다. 수소, 열, 수송 등 비전력 부문과 연계한 유연성 자원을 도입하여 전력부문에서 부족한 유연성 자원의 절대량을 보충하며, 부문 간 결합을 통하여 인프라를 공유함으로써 통합적이고 효율적인 에너지 공급체계를 마련해야 한다([그림 4-10] 참고).

무탄소 공급 측 유연성　천연가스터빈은 청정수소를 100% 사용하는 수소가스터빈으로 단계적인 전환이 필요하다. 수소혼소터빈을 시작으로 수소비율을 점진적으로 늘려가면서 수소전소터빈으로 전환하며, 소형부터 중형, 대형12까지 규모별로 실증을 거쳐서 상용화를 추진한다. 수소가스터빈은 기존 가스터빈설비를 활용 가능하고, 태양광 및 풍력발전 대비 이용률이 높아서 상대적으로 전력망 증설 수요가 적다. 또한 중·소·대용량의 유연성 공급이 용이하고 전력계통 관성을 제공함으로써 계통 안정성에 기여할 수 있다는 장점이 있다. 그러나 수소가스는 연소 시 천연가스보다 화염온도가 높아 질소산화물 배출이 증가함으로 이를 기술적으로 해결하기 위한 연구가 필요하다.

정부는 '제1차 수소경제 이행 기본계획'을 수립하고 수소가스터빈으로의 전환 로드맵을 제시하고 있다. 1MW 이하는 수소시범도시, 그린수소 생산 지역에서 실증 후 분산형, 비상용 등의 수요를 대체할 계획이며, 감가상각비 회수가 끝난 중형 가스터빈 대상으로 수소혼소를

12　소형은 80MW 미만, 중형은 80~270MW, 대형은 270MW 이상.

2030년까지 실증을 완료한 후 상용화할 계획이다. 대형 전소터빈은 2040년 이전에 실증을 완료한 후, 재생에너지 비중 및 수소공급량을 고려하여 상용화를 추진할 계획이다. 현재 가동 중인 천연가스터빈발전소는 87개의 총 39.5GW로 2034년 총 99개의 49GW에 이를 전망이며, 기술이 확보되면 수소전소용 연소기 및 압축기, 연료공급 계통 교체를 통하여 비용을 대폭 절감할 수 있을 것으로 예상된다.13

수요 측 유연성 소비자의 무탄소 분산형 자원(수요조절 가능 부하, 배터리저장장치, 연료전지, 전기자동차 등)을 통합 관리·이용하여 재생에너지 출력의 변동에 대처하는 유연성을 제공할 수 있다. 재생에너지의 잉여전력을 사용하는 소비자에게 보상하는 플러스 DR(Demand Response) 등 다양한 수요반응 자원 및 서비스를 확대하고, 분산에너지와 수요자원을 통합 관리하여 재생에너지 변동성에 대응하는 가상발전소의 도입을 조속히 확대해야 한다. 이를 위해서 현재의 소규모 전력중개사업자14 제도는 상당히 제한적이므로, 다양한 수요반응 및 가상발전소 서비스를 위한 관리 플랫폼 개발과 관련 제도 및 시장의 개발과 도입이 선행되어야 한다.

저장성 유연성 유연성 자원을 확보하기 위하여 이차전지 저장장치, 양수발전, 열저장장치, 수소저장 등 다양한 ESS15들의 기술발전 속도와 경제성, 성능, 입지 등을 종합적으로 고려하여 재생에너지 비중

---

13 50MW 이상 터빈은 기당 전환비용 400억~500억 원, 50MW이하는 기당 약 200억 원 예상, 출처: 두산중공업.

14 샌재생에너지전원, ESS, 전기자동차 등에서 발생한 전기를 통합하여 전력시장에 거래하는 사업, 출처: 분산에너지 활성화 추진전략, 산업동상자원부, (2021. 6).

15 Energy Storage System: 에너지저장장치.

에 따라 적절한 에너지 저장 포트폴리오를 계획하고 적용해야 한다. 공공 주도와 민간 주도 방식을 병렬적으로 추진할 필요가 있는데, 계통안정화, 재생에너지 변동성 대응 예비력 확보, 송전망 과부하 해소 등 공공 인프라를 위한 ESS는 공공주도로 진행하고, 재생에너지발전과 연계한 ESS와 수용가 부하관리용 ESS 등은 민간주도로 구축하는 것이 바람직하다. 양수발전, 열저장장치, 수소저장 등은 비교적 수주에서 수개월의 장시간에 걸친 유연성 제공이 가능하고, 이차전지는 단기 및 중기 저장에 적합하며 속응성이 필요한 주파수 제어부터 부하추종, 출력제한 등 광범위한 보조서비스가 가능하다.

3) 전력-비전력 부문 연계(섹터커플링)

섹터커플링 재생에너지의 발전 전력을 이용하여 다른 에너지로 전환하여 활용하는 방식으로, 재생에너지의 간헐성에 따른 공급 불안정성을 보완하고, 다른 에너지의 운송망을 직간접적으로 공유함으로써 전력망 부담을 해소할 수 있다. 에너지 부문 간 연계되는 과정에서 에너지 소비구조가 변화되고, 에너지 소비 절감 및 전력수요의 증가폭이 최소화될 수 있다는 전망이다.

전력-수소 연계 수전해 수소를 이용한 에너지 저장과 수소 수송망 활용, 수소연료 발전을 통하여 재생에너지의 변동성과 전력전송 수요를 줄여 계통의 유연성을 확보하고 전력망 증설 회피에 기여할 수 있다. 장기 저장이 가능한 수소 저장장치와 수소기반 분산형 전원(연료전지, 수소가스터빈) 등을 활용하여 재생에너지 간헐성에 의해 시간별·계절별 에너지수급의 불균형을 해소할 수 있으며, 장기적으로는 전기화

[그림 4-11] 전력-수소 연계 활용

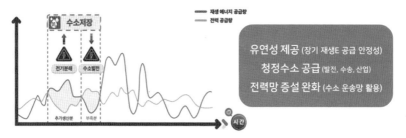

출처: 제1차 수소경제이행기본계획(2021.11).

에 의한 전력수요 증가에 대응하여 전력망-가스망 간 상호 보완을 통하여 전력망 증설 수요를 완화할 수 있는 장점이 있다. 또한 최종에너지로서의 청정수소 수요 증가에 대응한 수소생산 인프라로서 활용이 가능하다. 제1차 수소경제 이행 기본계획에 따르면 2050년까지 전력, 산업, 수송 등 분야에 걸쳐서 전체 에너지의 37%를 수소로 대체할 계획이며, 수소 생산, 저장, 운송, 활용 단계별 목표를 수립하고 이를 실행하기 위한 추진전략, 이행과제, 당사자별 역할을 구체화하고 있다.

전력-열 연계 재생에너지 생산전력을 전기보일러, 히트펌프 등을 이용하여 열로 전환하여 집단에너지(지역난방) 사용자에게 공급하거나 축열조에 저장하여 활용하는 방식이다. 집단에너지 사업자인 한국지역난방공사를 활용할 경우 대규모 사업이 가능하며 기술이 간단하고 관련 인프라가 이미 구축되어 있다. 재생에너지 열공급 의무화, 지역난방시스템의 도입 등과 연결하고 시범사업을 통하여 확대할 필요가 있다. 향후 다양한 유형의 P2H[16] 자원을 집합화하여 계통 유연성 서비

---

16 Power to Heat.

스 제공하는 방향으로 확장할 필요가 있다. 산업공정에서 전기 히트펌프의 경우 고온의 열을 생산할 때 효율이 떨어지므로, 수소 가스보일러와 복합으로 구성하면 보완이 되고, 수전해시스템을 연계할 경우 전력-열-수소 활용 또한 가능하다.

전력-운송 연계 전기자동차 배터리를 전력계통과 연계하여 충전 또는 방전을 수행함으로써 재생에너지 변동성 완충을 위한 자원으로 활용이 가능하다. 또한 [그림 4-12]와 같이 다수의 전기자동차 배터리 자원을 통합 관리하여 전력계통 안정화를 위한 보조서비스를 제공할 수 있다. 운송 부문의 전기화로 급증하는 전기자동차 자원을 효과적으로 집합화하고 관리하기 위한 플랫폼들이 개발되고, 전력수요관리, 가상발전자원, 재생에너지 잉여전력 해소 등 다양한 범위의 유연성 제공이 가능할 것으로 전망된다.

[그림 4-12] 전력-운송 연계 계통안정화 서비스

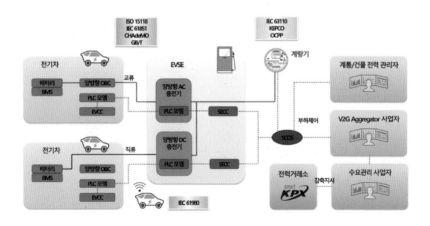

출처: 한국전기연구원.

4. 신재생에너지로 전환 위한 주요 과제

신재생에너지로 전환을 돕기 위한 정책·제도 마련과 기술개발·실증을 통한 상용화 등의 주요 과제를 정리 요약하였다.

1) 신재생에너지로 전환 위한 정책 및 제도 환경

신재생에너지발전 신재생에너지의 시장성 제고와 지속적인 보급 환경 조성을 위하여 경제적 요인과 정책적 요인을 개선하여야 한다. 현실성 있는 탄소배출비용 적용 등을 통하여 재생에너지의 경제성 또는 수익성을 확대하고, 재생에너지 설치 인센티브 지원, 부지 규제 개선 등을 통하여 투자 및 보급의 저해요인을 해소하여야 한다. 청정수소 도입 여건이 마련되면 청정수소 발전의무화 제도를 도입하여, 수소연료전지, 수소가스터빈 발전을 확대해나가야 한다.

분산에너지·유연성자원 분산에너지 및 유연성자원의 확대 기반을 강화하고 유인체계를 마련하며 전력시장 참여 환경을 조성해야 한다. 먼저 분산에너지 수용을 위한 지역 전력망의 보강, 유연성 자원의 확대, 관제시스템 구축 등 전력계통 핵심 인프라를 구축한다. 그리고 송배전망 투자 회피, 재생에너지 변동성 완화 등에 따른 편익 지원, 재생에너지 자가소비에 대하여 인센티브 부여 등의 유인체계를 마련하여, 마이크로 그리드 등 지역단위 에너지 생산·소비 체계를 구축한다. 전력시장 개편, 가상발전소 제도 도입, 지역망 운영제도 마련, 지역별 특성을 고려한 송배전망 요금제 개발 등을 통하여 분산에너지 및 유연성 참여 환경을 조성한다. 또한 재생에너지 변동성 대응을 위한 에너지저장 믹스 계획 수립 시 그린수소 저장을 장주기 저장장치로 포함하는 것을 추진할 필요가 있다.

에너지부문 간 연계 섹터커플링 기술의 미성숙도, 기존 자원 대비 낮은 경제성, 탄소중립 기술에 대한 외부효과들을 반영하지 않고 있는 정책 등으로 섹터커플링에 대한 투자 유치 및 확대에 한계가 존재한다. 이러한 한계를 극복하기 위하여 P2G, P2H, V2G 등의 활성화를 위하여 ESS와 유사한 수준의 지원정책이 필요하며, 섹터 커플링 전용 전기요금제 신설, 전력계통 보조 서비스 시장 진입 허용 등의 제도 마련이 우선되어야 한다. 그린수소 생산인프라 설치 보조를 추진하고, 전력계약 허용, 요금제 개편, 플러스 DR 참여 등 관련 제도를 정비하여야 한다. 또한 수요지 인근에 P2G 설비를 유치하기 위한 안전관리 종합대책 및 허가제도의 도입이 필요하며, 수소 전문기업 및 인력을 육성하고 수소에 대한 국민 인식 전환을 위한 수용성 제고 방안도 마련하여야 한다.

2) 신재생에너지로 전환 위한 기술 개발 및 실증

신재생에너지발전 초고효율 태양전지 및 핵심 소재·부품·장비 기술개발과 건물 일체형, 수상·해양 태양광 등 입지 변화에 따른 신시장 기술을 개발하고 역량을 강화하여야 한다. 이를 위하여 다음 분야의 기술개발, 실증 및 상용화가 요구된다.
- 12MW 이상의 초대형 풍력터빈 및 핵심 부품의 국산화와 부유식 풍력터빈 및 부유체 기술개발 및 실증
- 연료전지 양산기술과 내구성 향상, 효율 향상 등 신뢰성 제고 기술

- 대형 풍력 및 태양광 발전단지를 활용한 그린수소 실증사업을 통하여 100MW 이상의 그린수소 양산 기술의 개발 및 상용화
- 조류/조력, 파력 등 해양에너지 상용화 및 단지화, 바이오연료 생산·발전 등 미래 유망 재생에너지원의 기술

분산에너지·유연성자원 적정한 분산에너지 및 유연성 자원을 확대 보급하기 위하여 추진해야 할 기술 개발 및 실증 과제는 다음과 같다.

- 중대규모 수소혼소 및 수소전소 가스터빈 기술 개발 및 실증, 상용화
- 대용량 ESS 구축 및 운영을 통한 재생에너지 변동성 대응 예비력 제공, 전력계통 안정화, 송전망 과부하 해소 등의 실증 및 적용
- 재생에너지 출력제어, 사고 시 계통연계유지기능, 계통복구기능 등을 갖는 스마트인버터 기술의 개발 및 고도화
- 전력계통 가상관성 제어, 고속주파수응답 제어 등 전력계통 관성 감소에 따른 주파수 불안정 해소 기술의 개발, 실증 및 상용화
- 전고체전지, 리튬-황전지 등 차세대 이차전지 ESS의 원천기술 및 시스템 기술 개발 및 상용화
- 레독스 플로우 전지 ESS, 수소저장장치 등 장주기 에너지저장장치 구축 및 운영 기술 개발 및 상용화

에너지부문간 연계 전력 부문과 비전력 부문의 연계를 위하여 다음과 같은 기술개발 및 실증이 추진되어야 한다.

- 양방향 충전장치, 전기차-계통 연계시스템, V2G 통신 모듈 등 제반 기술 개발 및 테스트베드를 통한 실증 및 상용화
- 수전해 시스템의 대용량화, 고효율화, 저가화, 내구성 및 안정성 기술 개발 및 실증

* 그린수소는 선도국 대비 5~7년의 기술격차 존재. 해외 선진국의 수전해 효율은 60% 수준이며 MW급 실증 중인데, 국내 수준은 효율 55%에 수백 kW급 수준

- 재생에너지 발전단지와 연계한 P2G 실증과 안전하고 안정적인 수소 관리 기술개발
- 수전해 종류별 기술 개발과 대규모 실증 및 수전해 보급·생산 기반
- 에너지 다소비 사업장의 P2H 설치 등 시범사업을 통한 신뢰성 확보 및 보급 확대

제3장 탄소중립을 위한 전력계통의 전환 방안

1. 우리나라 전력계통 구성

1) 전력계통 구조

전력계통은 전기를 생산하고 전송하며 배분하여 사용자(소비자)에 전달하는 인프라와 체계를 의미한다. 전력계통은 [그림 4-13]과 같이 전기에너지(전력)를 생산하는 발전, 생산된 전력을 사용자가 집중된 지

[그림 4-13] 전력계통 구성 및 현황

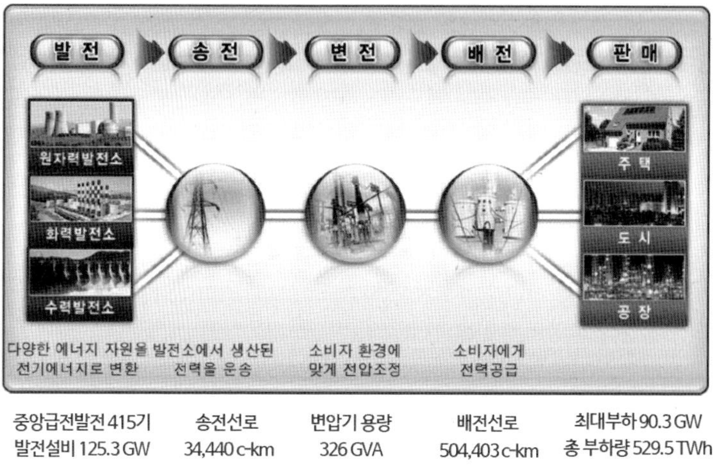

발전	송전	변전	배전	판매

원자력발전소
화력발전소
수력발전소

다양한 에너지 자원을 발전소에서 생산된 | 소비자 환경에 | 소비자에게
전기에너지로 변환 | 전력을 운송 | 맞게 전압조정 | 전력공급

중앙급전발전 415기	송전선로	변압기 용량	배전선로	최대부하 90.3 GW
발전설비 125.3 GW	34,440 c-km	326 GVA	504,403 c-km	총 부하량 529.5 TWh

출처: 한국전력거래소, 한국전력통계(2021).

역(부하지역)으로 장거리로 전송하는 송전, 소비자 인근지역에서 소비자가 사용환경에 맞게 전압을 조정하는 변전, 그리고 낮춰진 전압의 전력을 사용자에게 배달하는 배전으로 구성된다.

발전설비 기준으로 전체 용량은 125.3GW이고, 연간 최대부하는 90.3GW이며 1년간 총 전력부하량은 529.5TWh이다. 송전, 변전 및 배전 등 전력망 규모는 326GVA으로서 최대부하의 3.5배 정도인데, 이는 발전소들에서 생산된 전력이 전국에 분포된 수많은 부하지역들로 전송되는 과정에서 어떤 선로들은 다른 선로들보다 상대적으로 많은 전력이 흐르게 되고 이때 허용가능한 양을 초과하지 않도록 충분히 여유 있게 선로들을 건설하기 때문이다.

※ 발전, 송전, 변전 및 배전

- 발전: 원자력, 수력, 화력(석탄 및 석유 등), 재생에너지(태양광 및 풍력 등) 등의 에너지원을 이용하여 전력을 생산. 대부분의 발전소는 경제성과 입지성을 이유로 대용량(수백MW에서 수GW)으로 건설되며 소비자 생활권으로부터 멀리 떨어진 해안가 등에 위치함.
- 송전: 발전소에서 생산된 대규모 전력을 소비자가 있는 도심지 등으로 장거리 전송하는 선로들의 집합. 장거리로 보낼 때 전송 손실을 최소화하기 위하여 전압을 매우 높게 올려서 운송한다. 우리나라의 송전 전압으로 154kV, 345kV 그리고 765kV를 사용 중이며, 부하지역에 가까워질수록 낮은 전압으로 변경됨. 높은 전압일수록 송전용량이 크며, 하나의 높은 전압 선로는 여러 개의 낮은 전압 선로들로 나누어짐.

- 변전: 송전 전압은 매우 높아서 일반 사용자가 직접 사용할 수 없으므로, 부하 밀집지역 근처로 가면서 단계적으로 낮춤. 전압이 낮추어진 전력은 배전선로를 통해 일반 소비자에게 공급되며, 일부 대용량 전력 소비자는 송전선로에서 직접 전력을 받아서 사용함.
- 배전: 변전소를 거쳐서 전압이 낮아진 전력은 배전선로를 통하여 사용자들에게 전달됨, 대표적인 배전전압은 22.9kV이며, 고압 소비자는 이 전압을 그대로 수전하고, 대부분의 저압 소비자는 220V로 낮추어서 공급함. 일반적인 배전선로 길이는 10~20km 정도이다.

2) 전력계통 운영

전력계통의 운영 목적은 소비자에게 양질의 전기를 안정적으로 공급하는 것이다. 전기 품질은 주파수와 전압으로 정의되며, 정해진 규격에 맞는 주파수와 전압의 전기가 지속적으로 공급이 되어야 한다.

적정한 주파수를 유지하기 위하여 사용량(부하)과 공급량(발전)이 항상 실시간으로 균형을 이루어야 한다. 대부분 부하는 임의적으로 조정이 불가능하므로, 전력계통운영자(전력거래소)는 전국의 발전기들의 출력을 조정하여 매 순간순간의 발전량 합이 전체 부하량과 일치하도록 한다. 발전-부하의 균형을 위하여 출력을 조정하는 발전기(중앙급전발전기)들은 400여 기이다.

계통운영자는 시시각각 변하는 전국의 부하를 정확히 예측하고, 각 발전기들의 발전 단가 및 출력 특성 등을 고려하여 발전기들 간의 출력량을 배분하여 부하를 추종한다. 2020년 기준, 연간 발전량은 원자력 29%, 석탄 35.6%, 천연가스 26.4%, 석유 0.4%, 양수발전 0.6%를 차지하는데. 신재생발전은 약 6.6%이며, 출력이 기상조건에 좌우되어 조정이 어렵기 때문에, 계통운영자의 출력지령을 받지 않는 비중앙급전 발전기로 분류되어 운영된다.

송배전망이 충분하지 못하면 필요한 발전량이 온전하게 부하로 전달될 수가 없으며, 충분한 전력망을 갖추고 있더라도 발전기나 선로 등에 고장이 발생 시 충분한 발전량 생산 및 전달이 어려울 수 있으므로, 추가적으로 신속하게 기동할 수 있는 발전기를 갖추거나 부득이한 경우 부하를 차단하는 등의 비상운영계획을 두고 있다.

전력은 선로를 따라 전송되면서 전송손실에 의해서 전압이 떨어지는 특성을 갖기 때문에, 변전소에서 전압 강하를 감안하여 전압을 조정하거나 필요한 경우 송전선로 및 배전선로에 별도의 전압조정장치를 설치하여 적정한 전압을 유지하도록 운영한다.

전력계통 운영구조는 [그림 4-14]와 같이 중앙관제센터, 계통운영센터 그리고 배전센터의 세 계층적 구조로 구성된다. 중앙관제센터는 전력망에 연계된 부하를 예측하고 발전소들의 발전계획을 수립하여 실시간으로 국가 전역의 발전 및 부하의 균형을 맞추는 역할을 하며, 전력거래소(계통운영자)가 운영하고 있다. 계통운영센터는 송전선로를 조작, 송전 전압 관리, 고장 시 고장복구 등의 역할을 담당하며 한국전력공사가 전국에 15개소를 운영 중이다. 배전센터는 배전선로를 운영하고 배전선로의 전압을 관리하는 역할을 하며 한국전력공사가 전국에 41개소를 운영하고 있다. 전력거래소가 전체 전력수급 균형을 맞추고 있으며 한국전력공사는 송배전망사업자로서 송전망, 변전설비, 배전망에 대한 관리와 망에서의 전압을 관리하고 있다.

[그림 4-14] 국내 전력계통 운영 구조

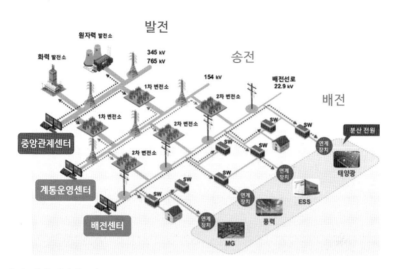

[그림 4-14] 국내 전력계통 운영 구조

출처: 한전 전력연구원.

2. 재생에너지 수용성 문제

1) 전력계통의 신재생에너지 수용성 문제 심화

재생에너지 출력의 간헐성 및 변동성으로 인한 재생에너지 발전비중 증가에 따른 다양한 문제점이 발생하며, 국제에너지기구(IEA)에서는 재생에너지 발전비중에 따라 [그림 4-15]와 같이 4단계의 수용성 이슈에 대하여 보고하고 있다.

- 1단계(재생에너지 비중 3% 미만), 전력계통 영향 거의 없음
- 2단계(재생에너지 비중 3~15%), 재생에너지의 관측성 이슈 발생으로 재생발전 예측 기술의 고도화 필요

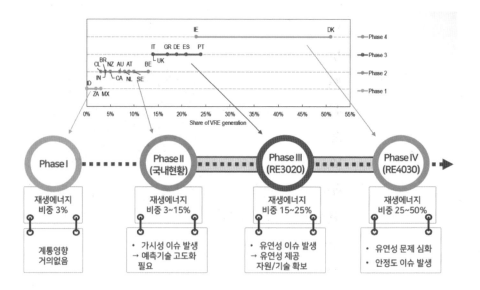

[그림 4-15] 재생에너지 비중 증가에 따라 발생하는 전력계통 문제

출처: Getting wind and solar onto the grid-a manual for policy makers, IEA, (2017).

- 3단계(재생에너지 비중 15~25%), 전력계통 유연성 문제 발생에 따라
  유연성 제공 자원과 기술의 확보가 필요
- 4단계(재생에너지 비중 25~50%), 전력계통 유연성 문제가 심화되고,
  계통관성 저하에 따른 안정도 문제 발생. 설비 고장, 부하 급증 등
  외란 발생 시 전력계통 붕괴 발생 우려 있음

국내외에서 재생전원 접속을 위한 설비 부족, 재생에너지 발전출력
제한, 공급불안정성, 전력계통 관성저하 등의 문제가 보고되고 있다.
송배전망 접속 설비의 부족으로 인하여 재생에너지전원 접속 지연 문
제가 발생하고 있으며, 장기간의 건설기간 소요와 낮은 주민 수용성으

로 인하여 송전망 건설 지연 문제가 누적되고 있다(〈표 4-8〉참고). 또한 과조류 및 유연성 자원 부족에 의한 태양광 및 풍력발전 출력의 제한도 발생하고 있다. 제주지역 재생에너지는 2020년 현재 전체 발전설비의 16.2%를 차지하며 제주지역 유연성 자원 부족으로 인한 연간 재생에너지 출력제한이 2015년 발생이후 2020년 77회로 급증하고 있으며, 2021년 201회, 2022년 240회로 증가할 것으로 전망하고 있다([그림 4-16] 참고). 공급안정성 측면에서는 신재생에너지 출력의 간헐성으로 월별 또는 계절별로 공급과 수요 간의 불균형이 발생하여 안정적 전력공급에 차질이 발생하기도 한다. 2021년 여름 유럽 국가들의 몇 주간 북해지역 풍속 저하에 따른 풍력발전량 감소로 인하여 전력공급 불안정이 야기되었고 전력 도매가격이 급상승하였다. 한편, 관성이 없는 인버터 기반의 재생에너지 전원의 증가에 따라 계통관성17의 감소가 발생하여 전력계통 주파수 안정도가 저하되고 이로 인하여 대규모 전력계통 붕괴 가능성도 증가할 수 있다.

〈표 4-8〉 송전망 및 배전망 연계 재생에너지 전원 접속현황(2017년~2020년 8월)

		용량(MW)			%	
		접속신청	접속완료	접속대기	접속완료율	접속지연율
송전망	2017	595	121	474	20.3%	79.7%
	2018	1,652	430	1,225	26.0%	74.2%
	2019	8,508	1,916	6,593	22.5%	77.5%
	2020	9,368	803	8,564	8.6%	91.4%
합계		20,123	3,270	16,856	16.3%	83.8%

17 계통관성은 발전기, 선로 등 설비고장 등에 따른 계통 외란 발생 시 전력계통 주파수의 변화에 저항하는 성질. 계통관성이 클수록 외란의 변화에 덜 민감하여 주파수 유지에 용이함.

		용량(MW)			%	
		접속신청	접속완료	접속대기	접속완료율	접속지연율
배전망	2017	2,436	2,097	339	86.1%	13.9%
	2018	6,258	3,068	3,190	49.0%	51.0%
	2019	3,435	1,591	1,844	46.3%	53.7%
	2020	1,889	443	1,446	23.5%	76.5%
합계		14,018	7,199	6,819	51.4%	48.6%
송전망+배전망 접속완료 용량 및 %		34,141	10,469	23,675	30.7%	69.3%

출처: 2020년 국정감사 자료.

[그림 4-16]제주지역 재생에너지 출력제한 추이

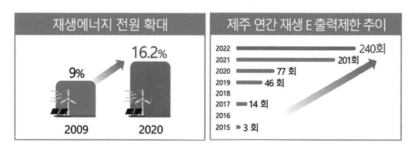

출처: 호남권 초광역 에너지경제공동체 구축 용역 보고서, 기술과 가치, 2021.5.

2) 대규모 발전-장거리 송전-중앙집중 운영 등 현재 전력계통의 한계

2050 탄소중립 실현을 위하여 신·재생에너지 중심으로의 전력공급 전환이 필수적이며, 이는 재생에너지 발전비중을 2019년 5.6% 수준에서 2050년 70% 수준으로 확대해야 하는 것을 의미한다.

신재생에너지의 발전비중 확대를 위해서 이를 수용하는 전력망의

[그림 4-17] 지속적인 송전망 확충의 제약

154KV
345KV
764KV

대규모 발전·장거리 송전 유지하며, 전력망의 지속적 확충??

사회적 갈등 및 비용 증가 (2017~2019 송전망 접속 이행률 23%)

출처: "호남RE300 정치권과 지방정부는 무엇을 할 것인가" (송갑석 의원실) 자료 가공.

보강이 반드시 선행되어야 하나, 사회적 수용성 악화 등 전력망 신·증설의 어려움으로 인하여 신·재생에너지전원의 계통 접속 및 수용이 지체되고 있다. 실제로 2017~2019년 3년간 신규 신·재생전원의 신청 대비 전력망 접속율은 평균 40.3%에 불과하며 특히 송전망 접속 이행률은 23.0%로 매우 저조하다. 특히 송전망 보강의 경우 장기간의 건설기간 소요와 더불어 낮은 주민수용성으로 인하여 신속한 진행이 곤란한 실정이다.

현행 중앙집중형 전력공급 운영구조로는 분산형 신·재생에너지전원 중심의 발전자원 관리에 한계가 예상된다. 전력거래소(KPX)는 전국에 분포하는 400여 대형 중앙급전발전기들에 대한 직접 제어·관리를 통해 안정적인 전력수급을 유지하고 있는데, 기타 전국 8만여 발전기들은 대부분은 소규모 신·재생에너지전원으로 전력거래소가 직접 제

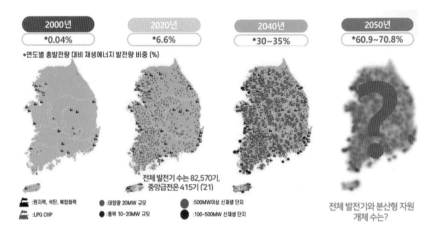

[그림 4-18] 급증하는 분산형 재생에너지 자원의 중앙집중식 관리의 제약

출처: 에너지경제연구원 및 이투뉴스 자료 가공.

어 및 관리하지 않고 있다. 탄소중립 시나리오에 따라 재생에너지전원 규모는 현재 수준의 10여 배 이상이 될 것을 감안하면, 중앙의 계통운영자가 이를 모두 제어 관리하는 것은 불가능하다고 볼 수 있다.

주요 유연성 자원인 천연가스터빈을 탄소배출이 없는 무탄소 자원으로 전환하는 것이 필요한데, 대규모 가스터빈의 경우 전국망에 분포된 재생에너지 출력의 보완 전력을 장거리 전송해야 하므로 송전망 확충이 상당히 수반될 수 있다. 탄소중립 수준의 재생에너지를 수용하기 위하여 필요한 유연성 자원의 급격한 수요를 고려하면, 전력망을 통한 장거리 전송을 최소화하면서 무탄소 기반의 유연성 자원을 확대해나가야 한다. 상술한 바와 같이 결국 2050 탄소중립 실현을 위하여 현재의 대규모 발전·장거리 송전·중앙집중형 운영에 의존하는 전력계통 체계의 변화가 불가피할 것으로 전망된다.

3. 탄소중립을 위한 전력계통 전환 방향

대규모 발전·송전망 확충에 대한 사회적 갈등 및 비용, 분산형 재생에너지원 관리에 대한 요구, 전기화·수소경제화에 따른 급증하는 전기수요 등 전환부문 탄소중립을 위한 변화에 대처하기 위하여 현재의 대규모발전, 장거리송전, 중앙집중운영 방식의 현재 전력계통은 분산에너지, 지역중심운영, 에너지부문간 연계 등의 새로운 방향으로 전환되어야 한다.

1) (전력망 전환) 분산에너지 중심의 자립형 지역전력망으로 전환

분산에너지 확대　지역의 분산에너지 활성화를 통하여 대규모 발전소와 장거리 송전망 중심에서 소규모 분산형 발전과 근거리 지역망

[그림 4-19] 전환부문 탄소중립을 위한 전력계통 전환 방향

출처: 호남권 초광역 에너지경제공동체 구축 용역 보고서, 기술과 가치, 2021.5.

중심으로의 전환하기 위한 기반을 마련하고 궁극적으로 지역망 자립화를 추구한다. 송전망 투자 회피를 위하여 지역난방 집단에너지 생산을 확대하며, LNG 연료 열병합발전설비의 수소화를 추진한다. 신규 대규모 전력수요의 지역 분산을 유도하여 신규 송전선로 건설을 회피하고 지역 간 생산·수요의 불균형을 완화하도록 한다. 재생발전단지 인근의 에너지 생산 편차가 큰 지역은 그린수소 생산 인프라 확대 등을 통하여 수요 창출을 추진한다. 전력 생산 및 소비의 분산화를 위하여 산업단지, 건물 등 전력수요 집중지역에 재생에너지 자가 발전을 확대하고, 지역단위의 에너지 생산 및 소비 체계를 마련하기 위하여 마이크로그리드 보급을 활성화한다.

지역전력망 분산형 자원 활성화와 지역망 단위의 에너지 수급 관리를 통하여 자립형 지역망 운영이 가능하도록 지역망 중심 구조로 전환한다. 지역 간의 대규모 전력 전송 수요를 줄여서 송전망 증설 수요를 저감하고 원거리 대규모 발전에 대한 의존도를 줄여야 한다. 자립형 지역망은 [그림 4-20]과 같이 지역의 에너지자원 관리에 대한 독립적인 운영주체로서 내부 에너지 생산 및 수요를 관리하며, 상호 연계된 송전망 또는 이웃 지역망과 협조 운영을 통하여 전체 전력계통의 안정화에 기여할 수 있다. 주민 수용성이 낮은 대규모 송전망에 대한 투자는 최소화하고, 배전망에 대한 선제적 투자를 통하여 분산에너지 기반의 자립형 지역망 인프라를 구축한다. 자립형 지역망의 규모는 수십 MW 규모의 커뮤니티 마이크로그리드(또는 구역전기사업자)에서 수 GW 규모의 지역 배전망이 될 수 있다. 지역의 분산에너지 확대 수준에 따라서 송전망에 전달되는 재생에너지 변동성을 최소화하거나, 지역의 전력 수급을 자율적으로 관리하며 송전망 또는 이웃 지역망과 에

[그림 4-20] 재생에너지 자립형 지역망의 개념

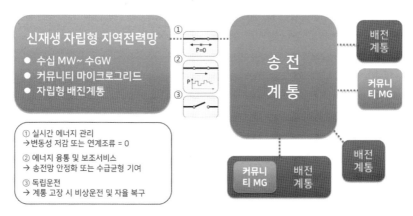

출처: 한국전기연구원.

너지 또는 보조서비스의 공유 및 거래 가능하다. 또한 송전계통 고장 시 분리하여 독립운전을 수행하거나 지역 내 정전구역의 자율복구를 수행하는 형태로 진화가 가능하다.

직류 전력망 혼용 교류 배전 대비 전력손실이 적고 전송전력제어가 용이하여 신·재생에너지 수용과 증가하는 전력수요 대응에 유리한 직류배전 등의 신기술을 도입하고, 기존에 확립된 교류 배전망과 적절하게 혼용 운영하여 안정적인 전력공급 환경을 구축한다.

MVDC 배전[18]은 교류 선로 대비 2배 이상의 전력전송 용량 증대 효

---

18 특고압직류배전(MVDC, Medium Voltage Direct Current): 기존 특고압 교류망을 대체 또는 보완할 수 있는 특고압 직류망 기술로서, 교류 대비 전송용량이 2~3배 이상이며 선로의 전력조류 및 전압 관리, 독립운전 등에서 유연한 제어가 가능하여, 분산전원 및 DC 부하 접속 수용성 증대와 전력품질 개선, 재난·재해 시 신뢰도 향상 가능함.

과가 있으며, 전송 전력의 제어가 가능하여 선로 이용률을 높여서 망 증설을 회피하면서, 급증하는 재생에너지전원과 전기차 충전인프라 등 수요에 효과적으로 대응이 가능하다. 상위 계통에 고장 발생 시 확산 차단과 망의 재구성, 지역적 독립 운영이 용이하여 중앙통제 의존도 낮출 수 있고, 설비 크기 축소 및 지중화에 용이하며, 전자기장 영향이 적어 주민 수용성 측면에서 유리하다. 재생에너지 접속, 도심 전기차 충전인프라 접속 등 직류 배전이 유리한 적용 분야에 선제적으로 도입한다. 교류/직류 혼합 배전망 운영은 분산에너지 활성화와 재생에너지 수용성 향상을 위한 자립형 지역전력망 전환의 핵심 과제로서, 정부는 제4차 에너지기술개발계획(산업통상자원부, 2019. 12)에서 신재생에너지 수용성 확보를 위하여 MVDC 배전운영 기술 확보 및 AC/DC 혼용 운전을 목표로 제시하고 있다.

전력-비전력 에너지망 전력과 비전력(가스, 열, 수송 등) 부문 간 연계를 통하여 통합적 에너지망을 구축한다. 섹터커플링(Sector Coupling)19을 통하여 친환경 에너지 간 효율적인 전환 인프라를 구축하여, 재생에너지 전력망 수용성 강화와 동시에 지역 에너지 자립망 실현을 위한 기반을 구축하고 확대한다. 전력-가스-열 에너지 공급 부문 간 시장제도를 통합하여, 공급-수요 시장을 통합한 에너지시스템을 도입하고 인프라를 상호 공유한다.

---

19 재생전원의 잉여전력을 수소로 변환하여 저장·유통하고 다시 연료전지 등을 통하여 전력으로 변환하여 사용하는 방식과 같이 열, 가스, 수송에너지 등의 다양한 형태로 변환이 가능한 전기에너지의 특성을 이용하면 전력과 비전력 부문 간의 연계와 융합이 가능하다. 이와 같이 전력부문과 열, 수소, 수송 등의 비전력부문을 전기를 매개로 융합하는 것을 섹터커플링이라고 함.

2) (운영체계 전환) 송전망 중심 중앙집중 운영체계에서 배전망중심 분산형 체계로의 전환

분산형 운영체계 송전 계통운영자가 중앙에서 전국의 전력수급을 담당하는 체계에서 [그림 4-21]과 같이 다수의 지역망 운영자가 지역 단위로 전력수급을 관리하는 분산형 체계로 전환한다. 전국망 운영자는 대규모 발전자원 중심으로 국가망의 발전과 부하의 수급 균형을 관리하고, 지역망 운영자는 전국망 및 타 지역망 운영자와의 협조를 통하여 해당 지역의 전력수급을 관리하는 분산형 운영구조로의 변화가 필요하다.

배전관제센터에 배전계통과 지역 내 자원들의 실시간 감시 체계를

[그림 4-21] 전력계통 분산형 운영체계로의 전환

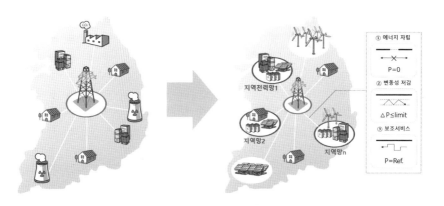

송전망 중심 운영체계   배전망 단위 운영 + 송전망 협조 운영

출처: 한국전기연구원.

확립하여 단위 배전망 자립화를 위한 기반을 구축한다. 배전망 내 분산자원들의 관리 기능을 도입하여, 재생 분산전원의 수용성을 높이고 배전망 단위로 수급균형을 맞추기 위한 운영기반을 마련한다. 현재의 배전운영구조를 가급적 활용하여 배전망운영자의 기본단위로 전환함으로써 자원과 운영체계의 효율화를 제고하고, 배전망의 분산형 전원 및 수요자원, 유연성 자원들을 기반으로 수급균형을 맞춤으로써 단위 배전망에서 재생에너지 기반 자립 운영체계를 실현한다. 또한 상위 송전망과 전력 및 보조서비스의 공유·거래를 통해서 국가 전력망 전체의 전력수급균형에 협력하고 급증하는 재생에너지를 지역 배전망과 국가 송전망에서 안정적으로 수용하는 유기적인 협조 체계를 마련해야 한다.

배전계통 운영자 지역망의 운영자로서 배전망에 연계된 재생에너지전원, 유연성 자원, 수요자원 등 분산형 자원에 대한 제어와 급전, 시장 운영을 담당하는 운영자의 역할을 수행한다. 현재의 배전회사를 단순히 지역 배전계통의 설비를 운용관리하는 운전자에서 새로이 등장한 프로슈머의 부하와 발전설비를 포함한 전체 배전계통의 전력을 운영·관리하는 배전계통 사업자로 전환할 수 있도록 한다.

[그림 4-22]는 배전계통운영자의 국내 적용 방안을 도시화한 것으로서, 단일 보조서비스 시장 모형이 이상적이나 물리적 시스템의 구성과 시장운영 성숙도, 시장참여자 등을 고려 시 수직적(계층적) 모델이 적합한 것으로 예상된다. 배전계통 운영자가 독립법인 형태로 도입되기 전까지는 한국전력공사 내 사업부(지역사업본부)단위로 분산형 자원들의 통합관리자로서 소극적 모형의 도입이 가능하다. 또한 구역전기사업자나 독립 운영이 가능한 커뮤니티 전력망(마이크로그리드) 중심으로 배전계통운영자 자격 부여하는 방안도 가능하다. 배전계통 운영자,

[그림 4-22] 배전계통운영자의 국내 적용 방안

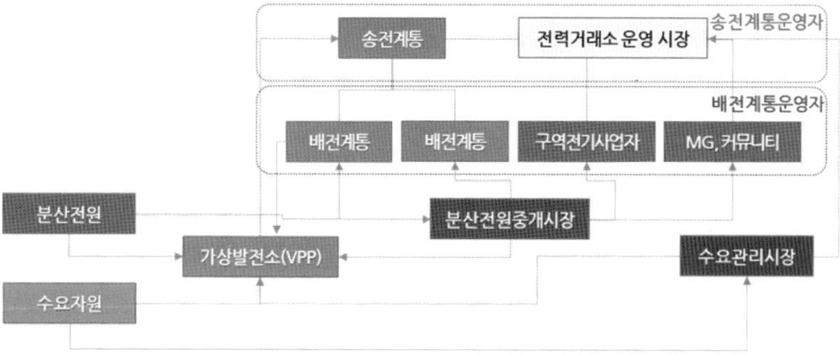

출처: 한국전기연구원.

구역전기사업자 등은 물리적 지역에 종속되는 개념이나, 가상발전소는 지역 범위를 초월하므로 배전계통 운영자, 분산전원 중개시장, 수요관리시장을 연계하는 사업자로서의 역할을 한다.

3) 전력계통의 단계적 전환

지역망 자립기반 조성   재생에너지전원의 지속적인 보급, 배전망 접속 재생발전과 유연성자원의 확대, 배전망 보강 및 고도화, 교류-직류 혼용 배전망 도입 등을 통하여 배전망 자립 운영을 위한 기반을 마련한다.
- 재생에너지: 재생에너지 단지와 분산형 재생에너지 전원의 지속적인 보급 확대
- 유연성 자원: 재생에너지전원의 간헐성 보완을 위한 지역 중심의 수요 측 및 저장성 유연성 자원 확대
- 전력망: 배전망 보강과 고도화를 통한 재생전원의 접속 수용성을

확대하고 송전망 신설을 억제. 직류배전기술을 통한 교류·직류 혼합 배전망 운영 도입

- 계통운영: 지역망의 분산자원들의 에너지관리 실행과 지역단위 전력수급계획 수립

자립형 지역망 구축 분산형 재생에너지발전 및 유연성 자원의 확대를 통하여 지역망의 에너지 수급 자립 능력을 확보하고, 배전계통 운영자 단위의 운영체계로 전환하며, 자립운영과 국가 기간망과 협조가 가능하도록 지역 배전망을 재구성하고 고도화한다.

- 재생에너지원: 지역 자립 수준의 재생에너지전원의 보급
- 유연성 자원: 지역 수급균형을 위한 수요 측·저장성 유연성 자원의 지속적인 확대 및 통합관리 고도화. 섹터커플링 기반 분산형 저장·발전 도입 및 확대
- 전력망: 교류·직류 혼합 배전망을 확산 운영하며, 단위 지역망 및 국가망 간의 연계 선로 재구성 및 보강
- 계통운영: 배전계통 운영자 중심 운영체계로 전환하고, 지역망 자립운전 실현과 이웃망과의 공유·거래 기반 마련

지역망과 국가망 유기적 협력 지역망과 국가망 간의 유기적인 협조체계를 통하여 지역망의 재생에너지 기반 자립과 국가 전체 전력망의 재생에너지 탄소중립 목표를 안정적으로 실현한다.

- 재생에너지원: 국가 전체 탄소중립수준의 재생에너지 발전량 확보
- 유연성 자원: 섹터커플링 기반 대규모 저장·발전 단지 도입 및 확대와 수요 측/저장성/다종에너지 소규모 분산형 자원의 통합관리 고도화
- 전력망: 지역망과 국가망, 이웃 지역망 간 직류 연계 전력망 강화

- 계통운영: 지역망운영자와 국가망운영자의 에너지·보조서비스의
공유 및 거래 활성화 등을 통한 전체 전력망 안정화 달성
〈표 4-9〉에서 상술한 전력계통 단계적 전환 방안을 요약하였다.

〈표 4-9〉 전력계통 전환 단계

단계	목표	재생전원/유연성 자원	전력망 구성 및 운영
1	지역망 자립기반 조성	• 재생에너지(대규모, 분산형) 보급 확대 • 지역 중심 수요측·저장성 자원 확대 • 스마트인버터 등 분산형 전원 제어 고도화	• 송전선로 신설 억제 → 배전망 보강 및 고도화, 직류배전 단계적 확산 • 배전망 자원의 에너지관리 도입 등 지역망 운영 고도화 • 지역단위 전력수급계획 수립
2	자립형 지역망 구축	• 지역자립 수준의 재생에너지 보급 • 수요 측·저장성 분산형 자원 확대 및 통합관리 고도화 • 다종 에너지(전기, 열, 수소 등) 기반 분산형 유연성 도입	• 교류·직류 혼합 배전망 확산 및 지역망-국가망 간 연계선로 재구성 • 배전계통운영자 중심 운영체계 도입 • 단위배전망 내 재생자원 기반 수급 균형(생산=소비+저장)
3	지역망-국가망 유기적 협력	• 섹터커플링 기반 대규모 유연성 자원 확대(대용량 그린수소 저장 및 발전 등) • 수요 측·저장성·다종에너지 분산형 자원 통합관리 고도화	• 지역망-국가망, 지역망-지역망 간 직류 연계망 강화 • 지역망-국가망 에너지·보조서비스 공유 및 거래 활성화 등을 통한 협조체계 완성

출처: 한국전기연구원.

4. 전력계통 전환 위한 주요 과제

탄소중립 수준의 신재생에너지를 수용하기 위한 전력계통의 전환을 위한 정책·제도 마련과 기술개발·실증을 통한 상용화 등의 주요 과제를 요약 정리하였다.

1) 정책 및 제도, 환경

지역 전력망: 자립형 지역망 구축(망인프라 및 자원)

교류 기간망과 직류 배전망을 융합한 혼합 전력망으로 전환하고, 지역의 배전망 중심으로 계통 투자를 촉진하고 연계 범위를 확대한다. 송배전용 전기설비 이용규정 개정을 통하여 직류배전 기술의 도입 및 확산을 위한 제도적 방안 마련한다. 효율적인 분산형 자원 입지 유인 및 계통수용성 향상의 선제적 대응을 위한 지역별 전력수급기본계획 및 배전망 설비계획 제도를 도입한다. 현재는 전국 단위 전력수급기본계획과 송·변전설비 기본계획으로 대응하고 있는데, 향후 분산에너지 확대에 대응하기 위해서는 지역 단위 정밀한 전원설비 계획과 송전망 계획과 연동한 배전망 보강 계획 등의 종합적인 전략 수립이 절대적으로 필요할 것으로 판단된다. 지속적인 분산에너지 활성화 방안 마련 및 실적 공유를 통해, 지역 에너지 자립률 향상을 위한 실효성을 제고하고 참여를 유인한다. 재생에너지 수용 목표 상향 조정 등 변화된 정책 환경을 고려하여 실질적인 분산에너지 확대를 도모하기 위해, 분산에너지 지원제도, 전력시장 및 에너지신산업 조성 등의 다각적인 활성화 방안을 마련하고 추진체계를 구현한다.

운영체계: 지역망 운영체계 전환

정부 주도의 중앙집중형 전력공급구조에서 탈피하여, 정부와 지자체 간 협업과 주민의 적극적인 참여를 중심으로 하는 분산 지향적인 전력공급체계로 전환하기 위한 환경을 조성해야 한다. 배전망 연계 분산형자원에 대한 지역전력망 운영자(배전계통 운영자, DSO)의 제어권한을 부여하고 이를 기반으로 하는 최적 운영체계 설계를 위한 법·제도적 근거를 마련한다. 또한 배전계통 운영자의 공정하고 중립적인 망 운영을 보장하기 위한 감시체계를 수립하고 관련 규제기관을 도입한다. 소규모 분산형자원들을 급전자원화하기 위하여 전력거래제도를 정비하고 지속가능한 사업모델을 개발하여야 한다. 배전계통 운영자-송전계통 운영자, 배전계통 운영자-배전계통 운영자 간 연계 운영 및 협조체계 구축을 위한 기술기준 및 세부운영규정을 마련함으로써 송전계통 운영자와 배전계통 운영자 간 유기적인 협조체계를 구축한다. 필요한 경우, 배전사업과 전기판매사업 겸업을 허용하고 신규 전기사업자의 법적 근거를 마련하기 위하여 전기사업법을 개정한다.

2) 기술 개발 및 실증

지역 전력망: 자립형 지역망 구축

특고압 직류배전의 핵심 요소기술과 교류/직류 혼용 배전망 운영 기술을 개발하고 테스트베드 실증을 통하여 상용화를 추진한다. 높은 비중의 재생에너지 변동성 및 불안정성에 대응하기 위한 능동형 배전계통 재구성 기술을 개발하고 실증한다. 에너지자립, 전력거래 계통운영서비스 공급이 가능한 에너지자립형 배전계통 기술을 개발하고 실증한다. 재생에너지 전용 허브변전소(재생에너지 수용률 향상을 위하여 에너지저장장치, 전기품질보상장치 등이 연계된 재생에너지 전용 변전소로 전력계통의 능동적 제어 수행)를 구축하고 송배전 그리드 서비스 제공 기술의 개발과 실증을 추진한다.

운영체계: 지역망 운영체계 전환

지역망의 분산형 자원들의 실시간 감시, 예측, 원격제어 등이 가능한 통합관제시스템을 개발하고 구축한다. 배전계통운영자 기반 유연성자원 연계 통합 배전망 운영 기술과 유연성자원 거래 기술을 개발한다. 복원력 제고 분산제어·운영 기술, 그리드포밍 및 계통지원 기술 등 배전망과 연계한 마이크로그리드 운영 기술을 고도화한다. 분산자원 통합 및 계통 연동 운영, 분산에너지 기반 가상발전소 운영 등 분산에너지의 계통연계 통합 운영 기술을 개발한다. 또한 에너지 프로슈머 확대를 위한 전력거래 인프라 및 보안 인프라 기술을 개발한다.

부문 간 연계: 전력-가스-열-수송 연동 관리

전기-수소-열-수송 부문의 유연성 자원을 상호연계하는 기술을 개발하고 관련 인프라를 구축한다. VGI[20] 자원예측, 상호운영인증체계, 자원거래 표준화 등 전력계통과 연동 신서비스 지원 VGI 기술을 개발한다. 전기, 수소, 열 등 이종 에너지 공급 및 저장 인프라와 건물, 산업, 수송 등 비전력 부문의 에너지 수요를 통합적으로 운영할 수 있는 기술을 확보해야 한다.

---

20 Vehicle-Grid Integration: 전기자동차 충전 인프라와 전기자동차의 배터리를 집합 자원화하는 전력망-전기차 통합 제어체계.

제4장 수송부문의 저탄소화와 친환경 모빌리티 산업

1. 수송부문의 탄소중립 동향과 전망

수송부문은 탄소의 주 배출원으로서 탄소중립 달성에 매우 중요한 부분을 차지한다. 세계자원연구소(WRI)에 따르면, 2017년 세계 온실가스 배출에서 수송부문이 차지하는 비중은 16.2%에 달하고, 이 중 자동차와 관련한 도로 교통부문이 대부분을 차지하여 탄소중립에 있어 자동차의 중요성이 매우 크다. 온실가스종합정보센터의 통계에 따르면, 2018년 우리나라 전체 온실가스 배출의 14.7%를 수송 부분이 차지하고 있다. 수송부문의 온실가스 배출은 91.1%가 자동차 중심의 도로 부문에서 나오고, 해운 4.6%, 항공 1.7%, 철도 2.6% 등이어서 자동차에 따른 탄소배출이 절대적인 비중을 차지한다.[21] 수송부문 배출량의 대부분을 자동차가 차지하고 있고, 비교적 규제 및 전환이 쉬워 탄소중립은 자동차에 있어 가장 중요한 이슈로 부각하고 있다. 우리나라의 경우 자동차 사용 연료에서 경유가 차지하는 비중이 높은데, 경유는 탄소배출뿐만 아니라 미세먼지 문제와도 연계되어 있다.

---

21   2015년 교통부문 온실가스관리시스템.

[그림 4-23] 교통물류의 부문별 온실가스 배출량 구조

(2015년)

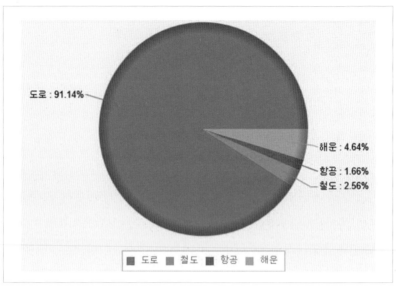

출처: 교통부문 온실가스관리 시스템(KOTEMS).

[그림 4-24] 도로 부문 연료별 온실가스 배출량

(2018년)

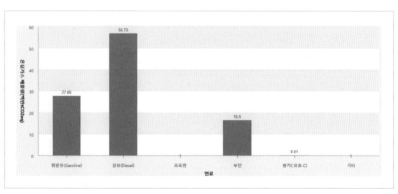

출처: 교통부문 온실가스관리 시스템(KOTEMS).

이에 따라 세계 수송부문 특히 자동차의 탄소중립 논의가 가속화되고 있고, 이와 관련된 각국 정부의 선언과 정책들이 속출하고 있다. 수송부문의 탄소배출에서 가장 큰 비중을 차지하는 도로 수송, 즉 자동차에 관한 탄소중립은 전반적인 탄소중립을 선언한 국가를 중심으로 이루어지고 있는데, EU 및 관련국, 영국, 미국, 일본, 캐나다 등 주요 선진국에 한정되고 있다. 운행하는 차량 전체의 2050년 탄소중립을 달성하기 위해서는 사전적으로 판매하는 차량이 탄소중립을 이루어야 하는데, 주요국들은 2035년이나 2040년 내연기관, 정확히 말해 화석연료를 사용하는 자동차의 판매 금지를 선언하고 있다. 그러나 일본이나 중국은 내연기관 신차 판매 금지에 하이브리드자동차는 포함하고 있지 않아 주요국의 선언 내용을 구체적으로 살펴보는 것이 필요하다.

⟨표 4-10⟩ 주요국의 내연기관 판매에 관련한 선언

Country	
Denmark	2030년부터 내연기관 신차 판매 금지
France	2040년부터 내연기관 신차 판매 금지
Germany	2030년부터 내연기관 신차 판매 금지
Ireland	2030년부터 내연기관 차량 등록 금지
Netherlands	2025년부터 내연기관 신차 판매 금지 2030년 무공해 아닌 이동수단 판매금지
Spain	2040년까지 모든 신규 판매 자동차는 ZEV
Sweden	2030년부터 내연기관 신차 판매 금지 2045년 전기차 하이브리드만 운행
Switzerland	2030년까지 온실가스 배출 90년 대비 50% 이하로 2050년 탄소중립 목표
Israel	2030년부터 내연기관 신차 판매 금지

Country	
Singapore	2040년부터 내연기관 신차 판매 금지
UK	2030년부터 내연기관 신차 판매 금지 2035년부터 PHEV 판매 금지
Norway	2025년부터 판매 금지 정책
China	중국 제조 2025에 따라 추진 2035년부터 내연기관 신차 퇴출
Japan	2030년부터 내연기관 신차 판매 금지 2050년부터 모든 신규 판매 자동차는 HEV, PHEV, BEV, FCEV
EU	2035년부터 EU 27개국 금지계획(Fit for 55)
Canada	퀘백 주 '35년부터 휘발유, 디젤 신차 판매 금지 브리티시 컬럼비아 주 '40년까지 내연 기관 자동차 전면 금지
India	2032년부터 친환경차만 판매 가능
Scotland	2032년부터 판매금지 정책
Taiwan	2040년부터 내연기관 신차 판매 금지
Seoul& California	2035년부터 내연기관 신차 판매 금지 계획

출처: SNE Research, 〈2021.2H〉 Global 전기자동차 시장 및 Battery 수급전망(~2030), (2021.11).

해운은 국내보다 국제 해운이 중요한데, 2018년 UN 산하 국제해사기구(IMO)에서는 2050년까지 국제 해운 분야 온실가스 배출량을 2008년 대비 50% 감축한다는 목표를 채택하였고, 이의 달성을 위해 새로 건조되는 선박은 2030년부터 에너지효율설계지수를 2008년 대비 40% 이상, 2050년부터 최소 50% 이상 개선하도록 요구하고 있다. 최근 해운 분야도 2050년 탄소중립을 달성해야 한다는 압력이 높아지는 상황이어서 2018년 제정된 목표보다 더 강화될 가능성도 존재한다. 2021년 10월 4일 국제항공운송협회(IATA)는 미국 보스턴에서 열린 총회에서 항공운수업계도 2050년까지 탄소 순배출량을 0으로 하는 탄소중립 달성을 합의했다. 항공도 국내보다 국제 항공의 중요성이 커 국제적 합의가 매우 중요한데, 2060년 탄소중립을 목표로 하는 중국의 반대에도 불구하고, IATA는 2050년 탄소중립 결의안을 통과시켰다.

이러한 국제적 흐름에 맞추어 우리 수송부문도 선도적 탄소중립을 추진하고 있다. 2021년 10월 18일 관계부처 합동으로 발표한 2050 탄소중립 시나리오 안에서는 2050년까지 2018년 대비 배출량을 97.1%(1안) 및 90.6%(2안) 감소시키는 2가지 안이 제시되었다. 해운이나 항공 등에서 부분적으로 탄소배출이 존재하고, 2안의 경우 내연기관 자동차가 15% 존재하지만, 대체 연료(E-fuel 등)를 활용하여 탄소중립에 도달하겠다는 계획이다. 중간단계로 2030년 국가 온실가스 감축 목표(NDC)를 현재보다 크게 상향하여 수송부문도 현재 28.1% 감축에서 37.8%로 대폭 상향하였다. 세부적인 배출량 감소 목표를 보면, 교통수요관리를 통해 4.5%, 친환경차 보급을 통해 30.3%, 해운·항공 등의 친환경 선박 및 항공기 보급, 효율 개선 등을 통해 0.5%, 기타 행태 개선 등을 통해 2.5%를 감축한다는 것이다.

2. 저탄소화에 따른 산업의 변화 방향

수송부문의 탄소중립은 제품 사용에 있어 탄소 순 배출이 제로여야 하기에 사용하는 에너지의 전환 및 구동방식의 변화가 요구된다. 대체적으로 구동방식 즉, 파워트레인이 변하는 방향으로 제품의 변화가 이루어지고 있다. 2050년까지 단계적으로 탄소감축이 이루어지기 때문에 중간단계로 기존 제품의 효율을 향상시켜 탄소를 감축시키는 기술도 채택 가능하다.

현시점을 기준으로 볼 때, 자동차에 있어 탄소중립을 달성할 수 있는 자동차는 순수전기차(BEV: Battery Electric Vehicle)와 수소연료전기자동차(FCEV: Fuel Cell Electric Vehicle)이고, 하이브리드자동차(HEV: Hybrid Electric Vehicle)는 플러그인하이브리드자동차(PHEV: Plug-in Hybrid Electric Vehicle)은 내연기관의 효율을 높이거나 내연기관 및 전기자동차를 겸용으로 사용하여 탄소 감축을 실현한다. 현재 통계적으로 전기와 화석연료를 같이 사용하는 플러그인하이브리드자동차는 전기를 주로 사용하기 때문에 전기자동차로 분류한다.

국별 신재생에너지 상황, 기존 내연기관자동차 생태계 문제 등을 고려하여 내연기관 자동차를 그대로 두고 에너지 전환(e-fuel 등 탄소중립 에너지 활용)을 고려하는 방안도 모색되고 있다. 대표적으로 하이브리드자동차에 강점을 가진 일본이 하이브리드자동차 생산 및 판매를 지속하고, 이에 들어가는 에너지로 e-fuel 등을 활용하는 전략을 추진하고 있다. 독일도 대형트럭 등을 중심으로 e-fuel 등 에너지 전환에 관한 가능성에 주목하고 있다. 탄소중립을 선언한 주요국들도 자동차 탄소중립에 있어 직접적으로 내연기관 자동차 퇴출과 같은 표현보다 무배출차량 100% 보급 등과 같은 표현을 사용하여 향후 다양한 기술적 가능성을 열어두고 있다.

국가별로 차이는 있지만, 세계적으로 순수전기차 등 친환경자동차의 보급이 빠르게 확대되고 있다. 2019년 성장세가 다소 둔화되었던 전기자동차 판매는 코로나19로 전반적인 자동차 판매가 크게 줄어든 2020년에 큰 폭의 성장세를 구현하여 전체 판매에서 차지하는 비중도 2.5%에서 4.2%로 대폭 상승했다. 2020년은 탄소배출 규제를 가장 강력하게 추진하고 있는 EU 국가들의 전기자동차 판매가 가장 큰 폭으로 증가했다. 주요국 중 일본의 전기자동차 판매가 가장 부진하며, 2020년에도 28% 감소했다.

2021년 들어 주요국의 친환경 자동차 판매가 폭발적으로 늘고 있지만, 국별로 점유율 및 증가율에 있어 차이가 존재한다. 현재 및 향후 몇 년간의 규제를 맞춘다는 측면에서 HEV나 PHEV 판매도 큰 폭으로 늘고 있고, HEV 점유율이 가장 높은 수준이며, 일본의 경우는 완전히 HEV 중심이다. 우리나라는 유럽이나 중국에 비해 BEV나 PHEV 판매 점유율이 낮은 수준이지만 미국이나 일본에 비해서는 높은 수준이다.

[그림 4-25] 주요국별 전기자동차 판매 추이

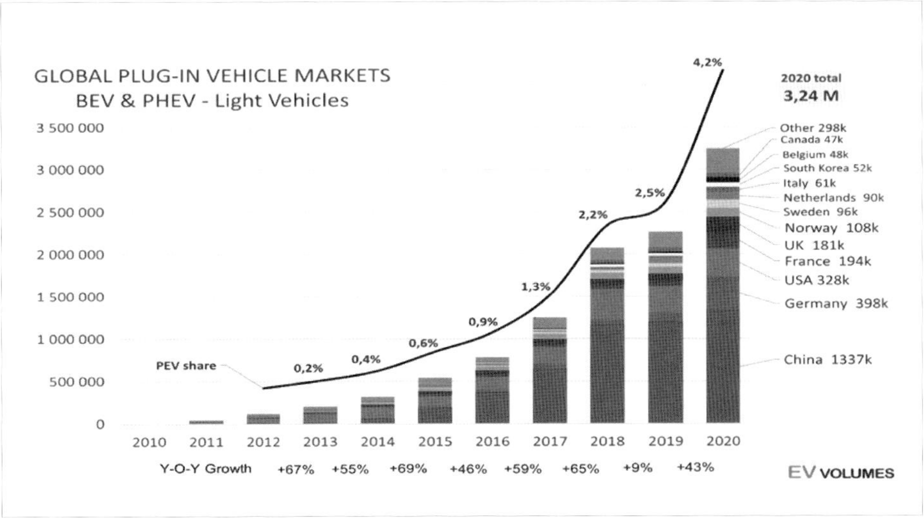

출처: https://www.ev-volumes.com/news/86364/

[그림 4-26] 주요국의 전기자동차 판매 동향

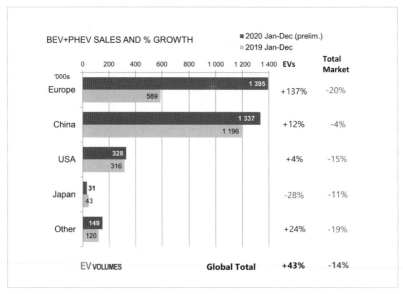

출처: https://www.ev-volumes.com/news/86364/

〈표 4-11〉 주요국의 친환경 자동차 점유율 및 증가율(2021.1/2)

단위: %

	BEV		PHEV		HEV		계	
	점유율	증가율	점유율	증가율	점유율	증가율	점유율	증가율
독일	10.7	235.6	11.8	230.2	15.9	101.4	38.3	161.9
영국	8.1	138.7	6.4	197.4	26.6	165.0	41.1	163.7
프랑스	7.9	61.2	7.8	252.2	16.5	324.3	32.1	192.9
이탈리아	3.4	204.3	4.3	550.7	27.5	290.3	35.2	298.7
스페인	2.3	81.7	4.2	243.8	24.1	134.0	30.6	139.3
스웨덴	12.6	144.6	25.9	99.6	7.7	68.2	46.3	103.5
노르웨이	57.3	68.8	25.4	76.3	7.1	0.8	89.8	62.0
네덜란드	10.7	16.8	9.7	183.6	23.5	108.4	43.9	84.1

	BEV		PHEV		HEV		계	
	점유율	증가율	점유율	증가율	점유율	증가율	점유율	증가율
스위스	9.9	116.6	8.3	134.8	20.6	117.7	38.8	120.9
오스트리아	11.4	219.4	5.9	208.3	16.8	137.0	34.1	171.3
중국	9.8	269.5	2.1	146.6	1.0	32.8	12.9	202.8
일본	0.6	21.9	0.9	85.4	39.5	16.5	41.1	17.6
미국	2.2	92.4	0.9	136.9	4.1	136.1	7.1	120.8
한국	3.5	53.1	1.1	240.9	10.5	41.7	15.2	50.9
합계	6.4	182.1	3.0	176.2	8.3	88.1	17.6	128.0

출처: PWC, Electric Vehicle Sales Review Q3 2021.

다양한 기관에서 친환경 자동차 판매와 관련된 전망이 나오고 있지만, 기관이나 전망 시기에 따라 큰 차이가 존재한다. 가장 많이 인용되는 IEA 전망은 2030년 BEV, PHEV, FCEV 등을 포함하는 무배출 차량

[그림 4-27] 세계 무배출 차량(Zero Emission Vehicles) 점유율 변화 전망

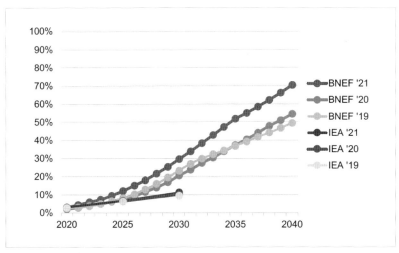

출처: Bloomberg NEF, Zero-Emission Vehicles Factbook, (2021. 11.10).

의 점유율이 10%를 다소 상회하는 것으로 보고 있고, 비교적 낙관적인 전망을 하는 블룸버그는 30% 수준으로 전망하고 있다. 유럽을 중심으로 빠르게 친환경 자동차의 보급이 확대되고 있지만, 여타 지역은 여전히 불확실성이 존재하기 때문이다.

항공산업은 전기나 수소연료전지 등으로 동력원을 전환할 수 있지만, 장거리 비행 등에는 한계가 존재하여 바이오 연료 등 에너지 전환(지속 가능한 에너지)이 주요 방향으로 제시되고 있다. 단거리 비행의 개념인 도심 항공 교통(UAM: Urban Air Mobility)은 전기나 수소연료전지 등을 활용하는 것이 가능하고 현재 이를 실용화하기 위한 개발 및 시범 운행 등이 추진 중이다. 이외에도 운행효율을 높여 탄소배출을 감축시키는 노력 등이 추진되고 있다.

해운도 선박의 동력원 변화 및 에너지 전환을 통해 탄소중립을 실현하기 위해 노력하고 있다. 당분간 IMO 규제 등에 대응하기 위해서는 LNG 추진 선박이 대안이고, 미래 대응으로 수소나 암모니아 연료 추진 선박의 개발을 추진하고 있다. 기존 연료에 수소나 암모니아, 바이오연료 등을 혼합한 혼합연료 추진 선박도 개발 중이다. 선박에서 배출되는 탄소 자체를 포집, 처리하는 선상탄소포집시스템(Onboard CCS)을 적용하는 방안도 연구 중에 있다.

3. 국내 저탄소 모빌리티 현황

친환경차 국내보급은 2016년 말 누적 24.4만 대에서 2020년 말 누적 82만 대로 3.4배가 증가하였다. 2020년 기준으로 하이브리드차

(HEV)가 65.3만 대, 전기차(EV) 13.5만 대, 플러그인하이브리드(PHEV) 2.1만 대, 수소차(FCEV) 1.1만 대를 차지하고 있다. 하지만 전체 80%가 하이브리드차여서 순수 친환경차로 분류되는 전기차와 수소차의 비중은 상대적으로 낮다.

〈표 4-12〉 친환경자동차 국내 보급 누적 추세

(단위: 대)

	2016	2017	2018	2019	2020
전기차(EV)	10,855	25,108	55,756	89,918	134,962
하이브리드차(HEV)	232,636	312,606	399,464	497,697	652,876
플러그인 하이브리드차(PHEV)	580	1,250	5,620	83,50	21,585
수소차(FCEV)	87	170	893	5,083	10,906
합계	244,158	339,134	461,733	601,048	820,329

출처: 산업통상자원부, 제4차 친환경자동차 기본계획.

국내 자동차산업의 친환경 자동차 생산 및 수출에 있어서도 빠른 성장세를 보여 자동차 생산에 있어 주력으로 부상하고 있다. 2021년 1~8월 전체 생산에서 친환경차가 차지하는 비중은 16.2%에 달하고, 무배출차로 분류하고 있는 EV, PHEV, FCEV만 하더라도 6%를 넘어서고 있으며, 수출에서 차지하는 비중은 친환경차 전체로 17.8%이고, 무배출 차량은 7%를 초과하고 있다. 순수전기자동차의 경우 생산의 71.8%를 수출하여 내연기관자동차의 생산에서 수출이 차지하는 비중을 상회하고 있다.

<표 4-13> 2021년 우리나라의 친환경 자동차 수급 동향

(단위: 대, %)

	생산		내수		수출		수출 비중	
	8월	1~8월	8월	1~8월	8월	1~8월	8월	1~8월
전기차(EV)	19,160	118,867	7,191	30,093	11,519	85,358	60.12	71.81
플러그인 하이브리드차 (PHEV)	2,954	20,596	0	0	1,278	9,850	43.26	47.82
수소연료 전지차 (FCEV)	346	6,379	562	5,482	54	872	15.61	13.67
하이브리드차 (HEV)	27,672	233,291	12,954	92,115	14,465	147,328	52.27	63.15
친환경차전체	50,132	379,133	20,707	127,690	27,316	243,408	54.49	64.20
EV비중	8.16	5.06	6.73	3.05	8.85	6.23		
PHEV비중	1.26	0.88	0.00	0.00	0.98	0.72		
FCEV비중	0.15	0.27	0.53	0.56	0.04	0.06		
HEV비중	11.78	9.94	12.13	9.33	11.11	10.75		
친환경차 전체 비중	21.35	16.15	19.39	12.93	20.98	17.77		

출처: 한국자동차산업협회(2021).

친환경 자동차에 있어 우리 자동차업체는 세계적인 경쟁력을 보유하고 있어 탄소중립의 진전에 따른 자동차산업의 재편이 우리 산업에 유리하게 작용하고 있다. 전기차 판매에 있어 현대기아가 VW, 테슬라 등에 이어 르노-닛산-미쓰비시그룹과 3위 자리를 다투고 있는 상황이다. 수소연료전기자동차의 상용판매가 이루어지고 있는 기업은 현대와 도요타에 불과하고, 도요타는 세단에서 현대는 SUV에서 세계 시장을 독점하고 있다.

〈표 4-14〉 세계 주요 업체의 전기차 판매 전망

(단위: 만 대)

								xEV						
	2018	2019	2020	2021	2022	2023	2024	2025	2026	2027	2028	2029	2030	CAGR
LV Car	206	215	303	540	808	1,138	1,475	1,860	2,260	2,729	3,276	3,955	4,803	30%
Top 6 (%)	69 34%	89 41%	150 50%	243 45%	410 51%	606 53%	809 55%	1,041 56%	1,279 57%	1,558 57%	1,881 57%	2,278 58%	2,770 58%	36
VW	8	14	42	68	112	157	200	249	306	371	452	552	677	44%
Tesla	25	38	49	82	121	169	220	271	323	380	433	490	554	30%
R-N-M	19	20	23	25	56	89	120	160	195	238	292	359	443	30%
HKMC	8	12	18	27	51	79	105	134	168	210	261	325	408	38%
GM	6	4	4	8	18	35	57	87	122	162	209	271	350	41%
Stellantis	2	1	14	33	51	77	108	139	165	196	234	280	338	53%

출처: SNE Research, 〈2021.2H〉 Global 전기자동차 시장 및 Battery 수급전망(~2030), (2021.11).

[그림 4-28] 2차 전지의 업체 국적별 공급 전망

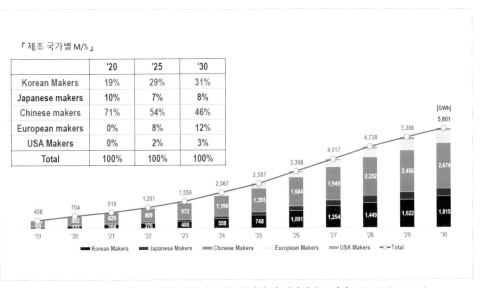

「제조 국가별 M/S」

	'20	'25	'30
Korean Makers	19%	29%	31%
Japanese makers	10%	7%	8%
Chinese makers	71%	54%	46%
European makers	0%	8%	12%
USA Makers	0%	2%	3%
Total	100%	100%	100%

출처: SNE Research, 〈2021.2H〉 글로벌 전기자동차 시장 및 배터리 수급전망(~2030), (2021.11).

전기자동차의 핵심부품인 2차 전지에 있어서도 우리 기업이 세계적인 경쟁력을 보유하고 있어 탄소중립에 따른 전기차 시장으로의 전환에 가장 큰 수혜가 예상된다. 내연기관 자동차에서는 엔진 등 핵심부품 점유율이 우리 기업의 자동차 생산 수준인 8%대에 머물고 있지만, 2차 전지는 2020년 현재 19%에 달하고 있고, 2030년 31%에 달할 것으로 전망되고 있다.

도로교통부문의 탄소중립을 위해 실시하는 교통수요관리는 자동차 운행의 효율화 등과 관련이 있는데, 자동차의 자율주행 실현과 매우 밀접한 관련을 가진다. 미래자동차발전전략(2019)과 미래자동차 확산 및 시장선점 전략(2020)에서 우리나라는 2022년 세계 최고수준 자율주행 레벨3 본격 출시 및 2024년 레벨4 일부 상용화 목표를 제시했다. 현대자동차는 2022년 레벨4 수준의 자율주행차 시범 서비스를 실시할 계획으로 자율주행자동차에 있어서도 세계 시장을 선도하고 있다.

자동차에 기반한 수소연료전지 기술 및 수소 산업은 여타 산업으로 확산되어 수소경제를 앞당기는 역할을 할 것으로 전망된다. 수소연료전기자동차가 시발이 되어 수소의 생산, 운반, 여타 분야의 다양한 활용 등 여러 분야로 확산됨에 따라 국내 업계도 이에 대응하고 있다. 2021년 9월 8일 현대자동차그룹, SK그룹, 포스코그룹, 롯데그룹, 한화그룹, GS그룹, 현대중공업그룹, 두산그룹, 효성그룹, 이수그룹, 일진 등 12개 그룹과 E1, 고려아연, 삼성물산 등 3개 기업이 참여하는 수소기업협의체(Korea H2 Business Summit)가 설립되어 다양한 산업이 동시에 발전하는 체제를 구축하고 있다.

우리 항공기산업은 일부 부품 및 군용기 생산 등에 머물러 있지만,

수소연료전지 등을 활용한 UAM 분야 개발이 진행되고 있어 향후 이들 분야에서 새로운 먹거리 창출이 가능할 것이다. 현대자동차는 수소연료전지 기술을 적극 활용해 항공용 수소연료전지 파워트레인 개발을 추진하고 있다.

탄소중립 및 저탄소화는 우리 조선산업에 매우 유리한 발전 환경을 조성하고 있다. 현재 저탄소화의 가장 현실적인 방안인 LNG 추진선에 있어 우리나라가 세계적인 경쟁력을 보유하고 있다. LNG연료추진선 건조 국가 중 한국 기업이 압도적 Track Record를 보유하고 있다. 또한, LNG연료추진선은 LNG 운반선의 기술이 필요한데, 최근 한국의 글로벌 LNG운반선 수주비율은 80% 이상을 차지하고 있다. 초기 개발 단계에 있는 수소, 암모니아 등 무탄소 선박 기술에서도 조기 국산화를 통해 시장선점, LNG·전기·하이브리드 추진기술 고도화 등의 계획을 가지고 있다.[22]

〈표 4-15〉 국내 조선 3사 LNG 연료추진선 Track Record

회사	LNG연료추진선 관련 실적
현대중공업전기차 (EV)	• 원유운반선부터 벌크선까지 30여 척 LNG연료추진선 수주 • 2014년 2월 현대중공업은 세계 최초로 바다 위 LNG기지라 불리는 부유식 가스저장 재기화설비(LNG-FSRU) 건조
대우조선해양	• 세계 최초로 이중연료 대형 엔진을 탑재한 LNG운반선과 LNG연료 추진 컨테이너선을 수주 • 기존 쇄빙선이 선두에서 얼음을 깨고 LNG운반선이 따르던 운항패턴을 탈피해 2014년 세계 최초 쇄빙 LNG운반선 15척 수주 • 2000연대 초 LNG 인수 터미널 탑재 액화천연가스운반선 (LNG-RV)

---

22 2030 한국형 친환경선박 추진전략, (2020.12).

회사	LNG연료추진선 관련 실적
삼성중공업	• 2012년부터 다양한 형태와 재질의 LNG연료탱크와 엔진을 적용, 연료추진선 분야 차별화된 품질 경쟁력 확보 • LNG연료추진 초대형 유조선(VLCC) 개발/적용 • 2019년 8월 오세아니아지역 선사 LNG연료 추진 유조선 10척 수주

출처: 정기대, 신조 발주 집중될 친환경 선박분야 경쟁 현황과 향후 전망, POSRI 이슈리포트, (2020.8.19).

4. 대응 정책 과제

수송부문의 탄소중립 및 저탄소화는 동력원의 변화, 사용 에너지의 전환, 에너지 효율 향상 등을 촉진하는 방향으로 모빌리티산업을 변화시키고 있는데, 우리 산업은 이에 적절히 대응함으로써 미래 모빌리티산업을 주도해야 한다. 탄소중립에 따라 수송 수단의 제품 성격 자체가 변화하는 것으로 산업 자체의 일대 변혁이라고 할 수 있고, 이에 잘 대처하면, 시장을 주도할 수 있지만 그렇지 못할 경우 이 산업에서 도태될 것이다. 하지만 이러한 탄소중립에 따른 산업의 변화에 능동적으로 대처한다면 우리 산업에는 유리하게 작용할 수도 있다.

친환경 자동차로의 전환에 있어 다양한 과제가 존재한다. 수소 및 전기차 생산·보급 확대 정책을 지속적으로 추진하고, 기술개발·인프라(충전소) 확충 등을 통해 친환경차 전환을 가속화해나가야 한다. 특히 경유 및 CNG를 사용하는 버스·택시·화물차 등 상용차를 친환경차로 집중 전환해나가야 할 것이다. 그리고 전환 과정에서 발생하는 경제성 확보를 위한 보조금 정책을 지속해나가야 할 것이다. 세계적인 경쟁력을 가지고 있는 이차전지·연료전지 한계돌파형 기술개발을 통해 내연기관 대비 우수한 친환경차 구매와 유지에 있어 경제성을 확보해 나가야 할 것이다. 이러한 한계돌파형 기술개발에 대한 산·학·연 연구개발 시스템을 구축하고 기술개발 정책자금을 투입해야 할 것이다. 그 외에도 LNG등 저탄소연료에서 수소·암모니아 등 무탄소 연료로 전환을 위한 친환경선박 개발과 확산이 요구된다.

특히 우리 자동차산업은 수출산업이어서 세계 전체의 친환경 자동차 전환을 고려하여 친환경 자동차 수출전략 수립이 필요하다. 특히 자동차 시장이 큰 미국, EU, 중국 등을 대상으로 수출마케팅을 수립하고 K-팝, K-문화컨텐츠 등과 결부된 국제마케팅을 강화해나가야 할 것이다.

한편, 친환경 모빌리티로 전환하는 가운데 국내 내연기관 부품 생태계 유지 등이 핵심적인 과제로 부상하고 있다. 친환경 자동차로의 전환에 따른 내연기관 차량의 생산 감소로 관련 부품업체의 판매 감소 등에 적절한 대응이 필요하다. 그리고 친환경 자동차로 전환하는 경우 연구개발 등의 인력은 확대되겠지만, 단순 생산인력 등은 감소하는 양상이 예상됨에 따라 일자리 창출에 관한 새로운 전략 마련이 요구된다. 특히, 외국계 자동차업체들은 국내에서 전기차 생산에 관한 계획이 없고, 해외생산 가능성이 더 높은 상황이다. 따라서 친환경 자동차 산업의 확대에 따른 국내 고용 감소는 예견되고 있다. 2차 전지에서 국내 기업의 점유율이 2030년 31%에 달할 것으로 전망되지만, 한국 내 생산은 2%에 불과하여 2차 전지산업이 확대된다 하더라도 생산에 따른 국내 고용 확대는 제한적일 수밖에 없다.

제5장 온실가스 다배출산업의 저탄소화와 경쟁력 확보방안

1. 국내 제조업 현황과 온실가스 배출 현황

국내 제조업은 명목부가가치 기준으로 2019년에 27.7%를 차지하고 있다. 이는 세계의 공장이라고 불리는 중국(27.9%)과 비슷한 비율로서 국내 제조업의 효과적인 온실가스 감축 없이는 2050년 탄소중립을 달성하기는 어렵다. 제조업 중에서도 대표적인 온실가스 다배출

[그림 4-29] 주요 국가별 제조업 비중
(명목부가가치 기준, 2019년)

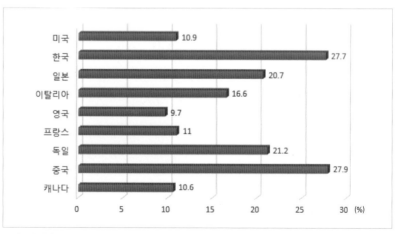

출처: 산업연구원, ISTANS.

[그림 4-30] 산업별 생산액 비중

(2019년)

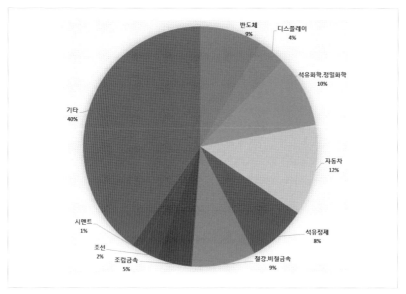

출처: 산업연구원, ISTANS.

산업의 생산액 현황을 보면, 철강·비철금속이 9%, 자동차가 12%, 석유화학·정밀화학이 10%, 석유정제가 8%, 반도체 9%, 디스플레이 4% 등 에너지다소비 업종이 부가가치 측면에서도 높은 비중을 차지하고 있다.

또한 우리나라 제조업은 다양한 산업에서 글로벌 경쟁력을 확보하고 있다. 조선, 반도체, 디스플레이 등은 세계 3위권이며, 자동차, 석유화학, 정유, 철강 등은 세계 7위권 이내를 유지하고 있다.

<표 4-16> 주요산업의 글로벌 순위

순위	자동차	조선	철강	석유화학	정유	반도체	디스플레이
1	중국(27.9)	한국(37.2)	중국(53.3)	미국(21.4)	미국(20.0)	미국(48.8)	한국(41.9)
2	미국(11.8)	중국(33.8)	인도(5.9)	중국(15.4)	중국(16.2)	한국(23.6)	중국(24.1)
3	일본(10.5)	일본(13.0)	일본(5.3)	사우디(10.1)	러시아(7.0)	일본(9.1)	대만(20.0)
4	독일(5.5)	이탈리아(4.5)	미국(4.7)	한국(5.6)	인도(6.2)	유럽(8.6)	일본(12.8)
5	인도(4.9)		러시아(3.8)	인도(4.3)	일본(3.7)	중국(3.8)	
6	멕시코(4.3)		한국(3.8)	이란(4.2)	한국(3.5)		
7	한국(4.3)		독일(2.1)	일본(3.7)	사우디(3.1)		
8			터키(1.8)	독일(3.3)	이란(2.7)		
9			브라질(1.7)	캐나다(3.1)	캐나다(2.2)		
10			이란(1.7)	태국(2.6)	독일(2.1)		

주: 괄호 안은 생산을 기준으로 하는 세계시장 점유율(%).
출처: 산업연구원(2020.11).

산업부문에서는 철강, 석유화학, 시멘트, 정유, 디스플레이, 반도체 산업의 온실가스 배출 비중이 가장 큰데, 동 6개 산업이 전체 산업의 온실가스 배출에서 점하는 비중이 79%로 집중도가 큰 편이다.

그러나 1차금속, 화학, 세라믹, 반도체, 디스플레이산업은 기초소재·핵심부품을 생산하는 산업으로 전후방 연관효과가 높다. 반면 에너지 효율성이 이미 세계 최고 수준이고 추가적인 감축은 파괴적 혁신을 필요로 하는 난감축 산업에 해당한다.

전반적으로 우리나라는 주요국에 비해 제조업 비중이 높고, 에너지원에서도 재생에너지의 비중이 낮다. 따라서 산업부문에서 경쟁력을 유지하면서 탄소중립을 실현하기 위해서는 면밀한 검토와 한국형 추진전략 모색이 필요하다.

[그림 4-31] 산업별 온실가스 배출 비중

(2018년)

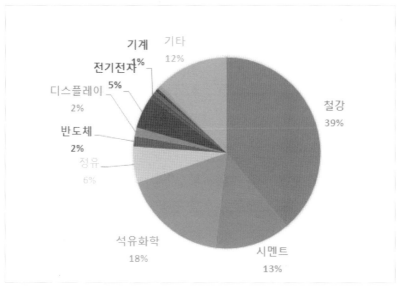

주: 전력소비에 의한 간접배출 불포함.
출처: 산업연구원.

2. 탄소중립 추진방향

산업부문의 온실가스 배출은 2018년 260.5백만 톤에서 2030년에는 222.6백만 톤으로 14.5% 줄어들 것으로 예상하고 있다. 다른 부문에 비해 상대적으로 낮은 감축률이라고 할 수 있다. 아울러, 2030년까지 감축률이 상대적으로 낮은 것은 수소, 바이오 등 대체원료 공급의 불안정성과 혁신공정 기술개발과 적용의 어려움과 불확실성을 반영한다.

그러나 30년대 중반을 넘어서면서 개발을 시도하는 혁신기술이 적용되고 산업구조 전환이 순조롭게 된다면 가속도가 붙어 2050년까지는 80.4%가 줄어든 5,100만 톤이 될 것으로 전망하고 있다. 2050년에 산업부문에서 5,110만 톤이 배출되어 넷제로라고 볼 수는 없다. 그러나 원료 자체에서 배출이 불가피한 시멘트, 화학, 전자를 제외한 대부분 산업이 탈탄소화되었다는 것을 의미하며, 여기에는 다른 국가들이 산업부문에 포함하는 CCUS, 자원순환이 포함되지 않았다는 점을 고려하면 도전적이라고 보아야 한다.

⟨표 4-17⟩ 산업부문 단계별 탄소중립 추진방향

구분	2018년	2030년 NDC	2050년 LEDS
산업부문 합계	260.5백만 톤	222.6백만 톤 (-14.5%)	51.1백만 톤 (-80.4%)

출처: 탄소중립위원회(2021.10.18).

[그림 4-32] 주요 산업 온실가스 배출구조

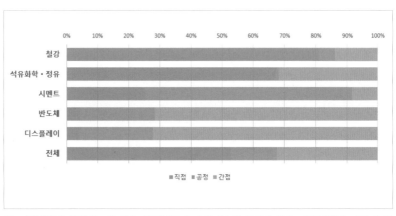

주: 직접배출은 화석연료의 연소, 공정배출은 온실가스의 공정상 활용, 간접배출은 전력 소비에 기인.
출처: 산업연구원.

산업부문의 저탄소화를 기간별로 자세하게 살펴보면, 2030년까지는 주로 에너지효율 솔루션 도입 및 고효율 기기 도입, 전기화가 집중적으로 추진되어야 한다. 이미 배출권거래제가 도입되면서 기업들은 에너지효율 향상을 위해 노력을 기울였으며, 대부분 세계 최고 수준으로 평가되고 있어 추가적인 에너지효율 향상을 위해서는 관련 부품 및 장비를 국내에서 조달하는 데 한계가 있는 상황을 돌파할 필요가 있다.

산업부문의 탄소중립은 에너지효율화, 에너지 전환뿐만 아니라 원료전환, 제품생산-수요의 변화를 의미한다는 점에서 매우 복잡한 과제이며, 실제로 수소환원제철과 같은 혁신공정의 개발과 적용은 적극적인 노력에도 불구하고 2040년 이후에나 본격화될 것으로 예상된다. 이는 산업이 자본(설비)과 기술, 기업과 노동자로 이루어져 규제나 정책의 공급에 의해 전적으로 변화되기보다는 그린 인프라 및 혁신기술의 확보와 적용, 그리고 생산자뿐만 아니라 소비자까지 포함하는 다양한 참여주체의 행동양식을 변화시키기 위한 정교한 전략이 필요하다는 점을 시사한다. 이를 반영하여 산업부문의 탄소중립 대전환 비전과 전략23에서는 탄소중립이 주요국과 동등한 출발이라는 점에서 "우리 경제의 새로운 도약 기회이나, 도전 과정에서 죽음의 계곡과 다윈의 바다를 건너야 하는" 과정으로 표현한 바 있다.

2050년까지 탄소중립을 추진하면서 철강, 석유화학, 정유, 시멘트 등 주요 온실가스 다배출산업뿐만 아니라 산업구조 전반에 큰 변화가 예상된다. 에너지 효율성 향상이나 공정개선만으로는 한계가 있으므로, 혁신공정 도입, 연료전환과 아울러 산업 내, 그리고 산업 간 구조

---

23 정부부처 합동(2021. 12.10), "산업·에너지 탄소중립 대전환 비전과 전략".

재편이 필연적으로 진행될 것이며, 수요 측면에서도 저탄소화·친환경화가 강화되면서 내연차가 전기·수소차로, 탄소유발 소재가 탄소저감 소재로 바뀌는 등 제품구조가 변화할 수 밖에 없을 것이다. 여기에 태양전지, 친환경 모빌리티, 수소운반선, 초저전력·고성능 반도체, 바이오 플라스틱, 스마트 설비, 재생에너지 설비 등이 신산업군으로 부상할 것으로 보고 있으며, 그린 플랜트 EPC, CCUS, EaaS, 데이터 연계 관리 등 그린 엔지니어링·서비스 산업으로 진입할 것으로 보인다.

산업부문의 감축수단 및 감축경로는 산업구조 재편, 혁신공정, 원료혁신, 원료전환, 자원순환, 핵심공통기술의 상용화로 구분되며, 에너효율 향상, 제품혁신과 신수요 창출이 동시에 진행되어야 한다. 산업부문은 에너지전환·효율화뿐만 아니라 혁신공정·원료·제품 변화라는 점에서 다른 부문과 차이가 있으며, 그렇기 때문에 도전적으로 보아야 한다.

우선 산업구조 재편을 보면, 신유망산업 등으로 산업을 완전히 바꾼다기보다는 수요변화를 반영하여 산업 내 주력제품이 변화가 가속화될 것이다. 친환경·저탄소 생산공정의 개발·적용을 통한 새로운 생산 패러다임으로 변화하는 동시에 설비공급·수출국으로의 전환의 기회를 맞이할 수도 있다. 연·원료 대체와 관련해서는 저탄소 연료 및 원료 투입 비중을 높여 온실가스 배출 저감과 자원순환 동시 추구하면서 환경경쟁력과 산업경쟁력을 동시에 높여야 한다. 석유화학산업에서 석유·납사 기반 제품 생산이 바이오·수소 기반 화학제품 생산으로 전환되는 경우를 들 수 있다.

공정배출 저감을 위해서는 원료 이용의 효율화, 공정가스 개발·대체가 이루어져야 하는데, 시멘트산업에서 혼합재 비중의 확대, 반도체·디스플레이 산업에서 불화가스 대체를 통한 공정배출 감소 등이 있다. 에너지효율화를 위해서는 또한 기계·전기전자부문의 업그레이드를 통해 초고효율기기·설비 도입을 촉진하고 노후설비를 교체해야 하는데, 이를 위해 스마트공장, 스마트산단, FEMS 수요 기반 확충, 국내 공급역량 강화 등이 필요하다. 자원순환을 위해 폐열·폐플라스틱 등의 재활용과 투입이 늘어나야 하는데 이를 위해서는 제도적 여건이 개선되어야 한다.

온실가스 다배출 산업을 중심으로 살펴보면, 우선 철강산업은 2050년까지 수소환원제철 기술을 상용화하여 현재 고로제강에 투입되는 코크스 생산용 유연탄을 수소로 대체하여 기존 고로를 모두 전기로로 전환할 계획을 수립하였다. 이 밖에도 순환자원의 활용과 에너지효율 향상 등을 통해 철강산업의 온실가스 배출은 2018년 101.2백만 톤 배출에서 2050년 4.6백만 톤으로 95% 감축하는 목표를 제시하였다.

[그림 4-33] 탄소중립을 위한 산업부문 기본방향

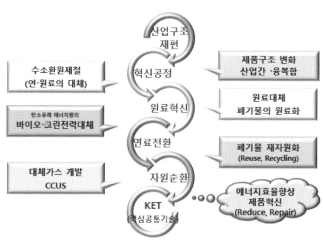

출처: 산업연구원(2021).

시멘트는 폐합성수지(폐플라스틱 등) 및 수소열원 활용을 통한 연료 전환, 석회석 원료 및 혼합재 사용을 통한 원료 전환을 추진하여 2018년 35.8백만 톤 배출에서 2050년 16.1백만 톤으로 55% 감축을 목표로 하고 있다. 석유화학·정유산업은 전기가열로 도입, 바이오매스 보일러 교체 등 연료 전환, 바이오·수소 원료 활용을 통한 납사원료 전환 등을 통해 2018년 62.8백만 톤 배출에서 2050년 16.9백만 톤으로 73%까지 줄일 계획이다. 이를 통해 화학산업은 수송·연료부문 탄소중립연료 확대 등 수요구조 변화에 따른 석유제품생산 감소와 아울러 화학제품 생산량 증가와 같은 구조변화를 크게 나타낼 전망이다.

기타 반도체, 디스플레이, 전기·전자 등 전력 다소비 업종의 에너지 효율화, 친환경 연·원료 전환 등을 통해 온실가스 감축을 추진하고 있다. 설비 경량화, 열손실 감소기술 적용, 노후설비 교체 등을 통해 에너지 효율을 10~20%까지 높이려고 한다. 연·원료 전환을 위해 열병합 발전설비에서 사용하는 석탄, 석유를 LNG 100%로 적극 대체하고, 불소계 온실가스를 대체가스·친환경냉매로 전환, 반도체·디스플레이 업종 F-gas 저감설비를 설치하여 공정배출도 획기적으로 줄여나갈 계획이다.

3. 산업전환과 성장동력의 창출

1) 신수요 및 산업전환의 기회 증대

혁신공정·원료·기술의 상용화를 위한 적극적인 투자 확대는 새로운 생산 패러다임을 선도하면서 글로벌 저탄소 설비·솔루션의 공급·수출국으로의 도약이라는 성장 기회를 가져올 수 있다.

초고효율 제품 수요가 빠르게 늘어날 전망이다. 데이터센터의 저전략화 필요와 스마트워치 등 첨단 제품의 휴대성이 강조되면서 스마트·고효율 가전시장과 초저전력 반도체 및 초고효율 디스플레이 제품 수요가 확대될 것이다. 또한 제조공정의 고효율화 필요성에 따라 예지정비 기능을 보유한 스마트 센서, 탄소저감형 초정밀 전동기 등의 전기·전자 제품 수요가 늘어날 것이다. 기계산업에서도 산업부문 생산전 공정에 적용되는 고효율 가공장비, 수소·암모니아 무탄소 보일러 등의 초고효율 제품에 대한 시장이 빠른 속도로 확장할 것으로 예상할 수 있다.

다음으로 재제조·업사이클링산업의 중요성이 높아질 것이다. 유연탄 대체연료로 폐플라스틱 사용시멘트, 폐플라스틱 업사이클링을 통한 온실가스 저감(화학), 폐플라스틱 열분해유 활용 원유 대체(정유), 재활용 섬유의 석유화학제품 대체(섬유) 등 온실가스 다배출 산업에서 탄소배출 저감수단으로서 리사이클링·업사이클링의 중요성이 높아질 것이다. 여기에 폐배터리·태양광 폐패널 재활용·재제조, 금속 부산물·부생가스 재활용등으로 전략 자원 확보와 동시에 탄소중립에 기여하는 새로운 산업분야가 등장할 것이다.

다음으로 엔지니어링 서비스산업으로의 확장 가능성이 열린다. 예를 들면 탄소중립 주요 수단인 철강의 수소환원제철 등 주요 산업의 친환경 설비 개발 및 도입 수요가 큰 폭으로 늘어날 것이다. 따라서 이에 적기대응하여 국내 산업의 공급역량을 높인다면 플랜트 운영 및 관리고도화, FEMS 등 스마트화 솔루션 도입을 통한 에너지효율 장비 및 서비스 시장을 선도할 기회가 열릴 수 있다.

다음으로는 디지털 전환 기반기술을 들 수 있다. AI기반 전력 계통 운영, 예지정비, 에너지 빅데이터 활용 등 다양한 분야에서 디지털 전환을 통한 에너지 저감이 추진되면서 부분기술로서가 아니라 새로운 유망분야가 될 수 있다. 나아가 디지털 트윈을 활용하는 신금속의 개발, 금속분말의 3D프린팅 활용 등 새로운 제품구조 고도화가 가능해질 것이다.

배출권거래제, 탄소국경조정제도(CBAM), 해외상쇄감축 제도 등 규제 대응 컨설팅, 탄소저감 컨설팅, 탄소처리 서비스, 온실가스 측정·검증 서비스 등의 신규 수요가 발생하면서 저탄소 경영 컨설팅 및 서비스도 새로운 산업으로 부상할 것으로 예상된다. EU의 감축노력분담규제(ESR) 도입 등 중소기업의 동참 의무가 확대되면서 대기업-중소기업 기술공유 플랫폼과 같은 민간·공공의 중소기업 저탄소 지원 서비스도 대상이 될 수 있다.

2) 사회적 감축을 위한 신제품 수요 확대

탄소중립은 산업부문뿐만 아니라 수송·건물·폐기물 등 다양한 분야에서 동시에 추진되는 것이다. 그리고 사회적 감축을 추진하기 위한 신제품이 새로운 성장분야로 부상할 수 있다.

우선 무공해 수송기기를 들 수 있다. 수송부문 CO_2 저감, 내연기관 퇴출 정책으로 전기·수소차 보급이 빠르게 확대되면서 시장성과 성장성은 빠르게 높아질 것이다. 각 국의 에너지 전환과 IMO 등 국제기구의 해운업 온실가스 배출 규제 강화에 따라 기존 선박의 교체주기가

[그림 4-34] LNG 추진 선박 수주량 추이

(단위: 만 CGT)

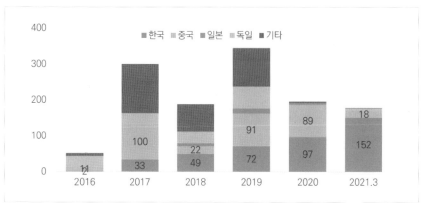

주: LNG 운반선 제외.
출처: 클락슨 WFR 바탕으로 산업연구원 작성.

[그림 4-35] 글로벌 배터리 산업 구조의 변화 전망

(단위: GWh)

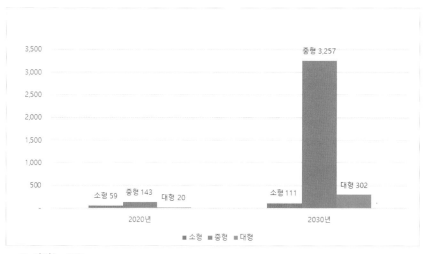

주: 단위는 GWh.
출처: SNE Research(2021)를 토대로 산업연구원 정리.

앞당겨지고 수소·암모니아 추진 및 운반 선박 수요가 늘어나면서 신조선 시장도 확대될 전망이다. 특히 한국의 조선산업은 친환경 선박분야에서 높은 경쟁력을 보유하고 있어 해상수송 분야의 탄소중립 추진은 큰 기회가 될 것으로 기대된다.

모빌리티의 전기화, 신재생에너지 확대의 핵심수단이며 향후 중형배터리는 전기자동차에 대한 폭발적 수요에 힙입어 2030년까지 전체배터리 시장의 90%까지 성장할 것으로 예상된다. 2040년 전후로 새로운 소재 및 공정기술에 기반한 차세대 이차전지 비중은 더욱 빠르게 증가할 전망이다.

한편, 경량소재·친환경소재 시장 창출도 가속화될 것이다. 수송기계의 효율화, 경량화가 필수가 되면서 고강도 철강, 알루미늄, 탄소섬유, 아라미드 섬유 등의 경량소재 수요가 늘어날 것이다. 건물 부문 효율화에 따라 저탄소 건설자재, 친환경 혼합시멘트 등에서 수요가 변화할 것이며, 폐기물 관리가 강화된다면 플라스틱 대체재로서의 생분해성 플라스틱, 친환경 종이 등 친환경 소재 수요도 늘어날 것이다.

3) 에너지 전환에 따른 신수요 창출

에너지 전환은 우선 수소 공급을 늘려나가게 되고, 이는 인프라용 소재·부품·장비 수요 확대로 나타날 것이다. 철강의 수소기반 생산 패러다임 전환, 석유화학·시멘트 등 가열원의 수소 및 전력으로 대체되면서 향후 수소수요량은 큰 폭으로 늘어날 전망이다. 또한 수소 수입이 이루어지면서 화학·금속·섬유 제품군에서 수소 생산·운송·저장 및 수전해용 고기능성 신소재 공급 기회가 열릴 것이다.

2050년 전력 수요는 현재보다 약 2.2배 증가가 예상되며 신재생, 무탄소 발전 비중이 급격히 확대되면서 에너지저장장치(ESS), 초고효율 케이블 및 전기기기의 수요가 늘어나게 된다. 그리고 건물일체형 태양광, 수상태양광 등 태양광 적용 분야의 확대와 풍력설비 대형화 및 효율 개선 추진은 태양광 신소재, 해상풍력 인프라용 고기능성 철강제품의 비중 확대와 플랜트 산업의 성장 기회가 될 것이다.

바이오·합성 연·원료 수요도 증가할 기회가 열린다. 석유화학산업에서 온실가스 감축을 위한 바이오 납사 수요가 늘어날 것으로 보이고, 항공·해운부문의 탄소중립 추진, 그리고 기저전력을 확보하기 위해 바이오 연료의 활용이 늘어나게 되기 때문이다.

여기에 신재생에너지와 CCUS 연계를 통한 합성연료(e-fuel)는 기존 내연기관 활용 가능하여 탄소중립 이행과정에서 수요 증가가 예상되며, 특히 항공·선박 등 전력화가 어려운 분야에서 활용이 확대될 것으로 보인다.

〈표 4-18〉 탄소중립 이행을 위한 주요 산업전환 방향

구분	주요 산업전환 방향
철강	• 수소환원제철 방식으로의 전면 전환을 통해 탄소중립 실현 • 건물의 제로에너지, 친환경 모빌리티 등에 공급하는 저탄소·고기능 소재와 제품의 혁신개발로 고부가가치 창출
석유화학 · 정유	• 화석에너지 기반의 제품생산 및 공정에서 수소·바이오를 활용한 탈탄소 기반으로의 단계적 전환(석유화학→화학산업으로 전환) • 폐플라스틱의 물리적·화학적 재활용 확대를 통해 타 산업과 연계된 순환경제체계 구축 • 정유산업은 내연기관차 퇴출에 따른 급격한 수송유 감소, 난방유의 전기화 등 수요 감소에 대응, 사업다각화 추진으로 신화학산업 또는 신재생에너지산업으로 전환
시멘트	• 생산공정의 근원적 문제를 극복하기 위한 혁신적인 석회석 대체 원료 개발이 필수 • 산업 부산물을 대체연료로 활용, 건설폐기물을 활용한 2차 제품 개발 → 그린빌딩을 위한 저탄소 건설자재 공급

구분	주요 산업전환 방향
반도체 · 디스플레이	• 대체공정가스 개발과 저감장치 개선을 통한 탄소중립 목표 달성 • 저전력·최고효율 친환경 제품을 개발·공급하고, 전자제품, 모바일기기에 적용됨으로써 사회적 탄소 감축에 기여 • 친환경 모빌리티, 5G, AI 등 미래 신유망산업의 핵심 부품으로써 타산업과 연계·융합하여 고부가가치 창출
수송기계	• (자동차) 전기차·수소차·탄소배출중립 자동차 확대 • (조 선) 연료전환, 가스·수소 운반선건조 역량 확대
일반기계	• 내연기관 농기계·건설기계는 전기·수소동력 기반 친환경 농기계·건설기계로 제품군 전환 • 기계산업 생산공정에서 가열·열처리, 히터 및 건조기, 오븐, 보일러 가동에 사용되던 화석연료 사용설비들은 탄소중립 전환 요구에 맞추어 단계별 무탄소·저탄소 사용설비로 교체 • (사회적 감축) 친환경 설비 공급, 설비·장비의 스마트화
전기전자	• (전자) 2030년 이후에는 스마트 가전이 주를 이룰 것으로 전망 • (전기) 2030년 이후에는 온실가스 배출이 없는 친환경 개폐기, 케이블 시장으로 빠르게 변화 • (전지) 2030년까지 고밀도, 대용량 특성을 갖춘 리튬이온전지가 시장의 대부분을 차지하나, 2040년 전후로 새로운 소재 및 공정기술에 기반한 차세대 이차전지 비중이 빠르게 증가 전망

출처: 산업연구원 작성.

4. 대응 정책과제

한국 산업은 국제경쟁에 전면적으로 노출되어 있으며, 산업 간 연관관계가 높아 특정 산업 혹은 공정의 변화만으로는 탄소중립을 실현하기 어렵다. 따라서 탄소중립과 지속성장을 동시에 실현하기 위해서는 기후대응 관점과 함께 적극적인 경제·산업정책 관점에서 면밀하게 준비하고 강력한 사회적 공감대 속에 추진되어야 한다.

1) 돌파기술과 공정혁신 필수

세계시장을 목표로 하기 위해서는 탄소중립을 추진하는 과정에서 우리 산업의 준비도를 점검하고, 변화를 위해 효과적인 속도와 기제를 갖추어야 한다. 현재는 공정혁신이 주로 언급되고 있지만 수소환원제철, 모빌리티의 수소·전기화, 건물의 제로에너지화를 뒷받침하는 소재와 제품의 돌파기술의 개발역량 확보가 중요하다. 탄소중립 관련 분야 핵심소재 개발, 탄소중립기술 R&D 확대·국제 교류·기술 획득 등으로 국내 기술경쟁력이 뒷받침되어야 한다. 이와 관련하여 국내 탄소중립 관련 기술수준은 미국, 유럽 대비 약 80% 정도로 평가[24]되고 있는데, 탄소중립 관련 기술의 정의와 범위를 구체화하고, 단계별 성과지표를 설정하여 차질 없는 기술역량의 확보와 상용화를 추진해야 한다. 하지만 이러한 돌파기술에는 많은 비용이 수반된다. 특히 국내 산업의 온실가스 감축 돌파기술은 EU, 미국, 일본 등에 비해 낮은 수준이다. 특히 수소환원제철 기술은 EU의 경우 이미 상용화에 들어가 있지만 우리는 이제 실험실 수준의 기술에 머물러 있다. 이를 위해서는 산·학·연 공동연구개발체제를 마련하고 정부의 적극적인 지원이 수반되어야 할 것이다.[25]

자동차 혹은 건물과 에너지 사용에서 효율성 향상, 온실가스 배출 감축을 규제 혹은 재정으로 해결하는 방법도 있지만, 탄소중립 제품의

---

24 녹색기술센터(2020).

25 산업통상자원부는 2030년까지 산업 R&D의 305 이상을 탄소 중립 기술에 투자하는 등 R&D 예산을 지속적으로 확대한다. 또한 대규모 기술개발이 필요한 분야는 대형 예타를 추진하고 기후대응기금도 적극 활용할 계획이다.

국내 공급역량을 높여 사회 전반의 온실가스 감축을 지원하는 산업부문의 역할도 중요하다. 이를 위해서는 생산자(기업)와 소비자(시장) 모두 저탄소제품을 발굴하고 소비를 확대하도록 해야 하며, 소비자가 구매를 통해 보내는 신호가 저탄소(탈탄소) 제품을 공급하는 주체만이 계속 성장할 수 있다는 확신을 기업들이 가질 수 있어야 한다. 수요기반 마련을 위해서는 환경표지 제품, 우수재활용 제품, 저탄소 인증제품 등 녹색제품의 생산과 소비 촉진을 위한 인프라를 확대하고, 관련 제품의 가격상승을 사회적으로 수용할 수 있도록 해야 한다. 고효율·고부가제품의 생산을 위한 비용상승이 가격인상으로 이어진다는 점을 인정하고, 그럼에도 불구하고 소비자는 이러한 제품의 공급을 요구하도록 해야 한다.

탄소중립은 디지털 전환과 아울러 글로벌 산업에서 새로운 경쟁의 룰이 적용된다는 것을 의미하며, 국제사회는 탄소중립의 실현을 위해 성장방식을 바꾸되 새로운 시장을 창출하고 혁신역량을 높이는 것을 목표로 한다는 인식을 공유해야 한다. 우리는 다양한 산업 포트폴리오, 국제경쟁력을 갖는 주력산업을 기반으로 우수한 인적자본과 생산 노하우 등을 갖고 있으므로 이를 활용하는 한국형 성장전략을 추구하되 국제사회의 새로운 가치와 비전에 대응하는 탄소중립을 선도하겠다는 목표와 비전을 공유해야 한다. 주력산업 대부분이 저탄소화를 통해 글로벌 리더십을 가진다면 탄소중립에 의한 새로운 경쟁 패러다임을 선도해나갈 수 있으므로 기업들은 과감한 투자와 글로벌 시장 진출을 촉진해나가야 할 것이다. 이를 위해서는 산업 내–산업 간 연계를 견고하게 하면서 면밀한 중간 검토와 체계적인 평가시스템이 구축되어야 하며, 지속적인 개선을 통해 추진 속도를 높일 수 있도록 해야 한다. 개별기업 혹은 특정 산업에 대한 집중적인 이행점검도 필요하지만 긴 호흡과 넓은 시야로 한국형 산업 전환이 추진되어야 할 것이다.

2) 저탄소 신산업의 발굴과 육성

저탄소화를 추진하는 과정에서 유망 신산업의 산업생태계를 강건하게 구축해야 한다. 저탄소 신산업에는 리튬이차전지, 저전력 반도체, 석유화학 대체산업인 화이트바이오 산업, 그린 수소 등이 있다. 리튬이차전지는 전기자동차와 휴대폰 등에 사용되는데 최근에는 배터리 수명이 중요한 제품 경쟁력이 되고 있다. 저전력반도체는 전기차, 모바일기기, 가전의 디지털화, 공장자동화 등의 전압제어를 위해 폭넓게 사용된다. 화이트바이오 산업은 산업생산공정에 생명공학을 응용한 개념으로, 재생가능한 식물자원을 원료로 화학제품 또는 바이오 연료 등의 물질을 생산하는 산업이다. 그린 수소는 탄소중립의 핵심연료로 수소자동차 연료, 수소환원제철소의 연료로 널리 사용될 전망이다. 현재 상용화되어 있는 부생수소는 친환경연료로 보기 어렵다. 따라서 현재 수소수요의 현재 0%인 그린수소는 2050년에는 80% 이상으로 늘어날 전망이다. 이러한 저탄소 신산업의 핵심 기술개발 지원체계 마련과 상용화를 위한 산업생태계 구축이 요구된다. 그 외에도 빅데이터, AI기반 에너지효율 서비스산업, 탄소배출 분석·관리시스템 등 디지털에너지 융합 신서비스 산업이 늘어날 것이다.

기후변화 대응 친환경 자동차 보급 속도도 빨라질 것으로 예상된다. 그러나 이에 대응하기 위한 연관 소재·부품의 공급역량 확보가 상대적으로 뒤처진다면 친환경 수송기기 공급 확대를 통한 수송부문의 탄소중립 추진에서 차질이 빚어질 수 있으므로 선제적인 대응이 필요하다. 마찬가지로 조선산업은 기술력으로는 선도적인 글로벌 경쟁력을 확보하고 있지만 사양산업으로 인식되면서 인력난이 심화하고 중소조선-기자재 산업생태계가 약화될 위험성을 벗어나야 한다.

폐기물 관리에서도 산업정책적 접근으로 영세한 구조의 국내 폐기물 산업의 경쟁력 확보와 전 과정평가(Life Cycle Assessment)기반 제품 생산-소비-폐기-재자원화를 효과적으로 추진해야 한다. 탄소중립 신산업 성장을 위해서는 규제 관점보다는 산업육성 관점에서 규제의 개선과 초기 성장에 필요한 새로운 안전·환경 규제 및 표준 마련과 규제 정비가 중요하다는 관점의 전환도 필요하다.

새로운 기술 적용 과정에는 탄소중립 관점에서 디지털 전환 R&D와의 융합과 활용이 절대적으로 필요하며, 일자리와 산업생태계의 순조로운 전환을 위해서도 중소기업의 참여 기회를 확대하고 혁신역량을 높이기 위한 정책이 강화되어야 한다. 지역 측면에서도 지역 인프라와 연계하는 탄소중립 개발 기술의 실증·인증체계를 구축해야 하며, 전 과정에서 국내 개발 기술의 국제 표준화가 추진되어야 한다. 그리고 탄소중립을 추진하기 위한 산업부문의 투자를 활성화하고, 저탄소 제품의 수요를 빠르게 늘려나기 위해서는 녹색분류체계의 현실성과 인센티브 기제로서의 활용성을 높여야 하며, 금융정책과 산업정책을 긴밀하게 연계하여 신산업에 대한 민간의 투자를 적극 유도해야 한다.

수요창출을 위해서는 소비자에 대하여 저탄소 녹색제품 구매보조금 지급, 국내생산 녹색제품의 공공조달 비중 강화, 국내 공급망 강건화 차원에서의 수입대체, 녹색표준 설정 등을 통해 수요저변을 강화해야 한다. 아울러 핵심전략 기술·산업에 대한 주요국 및 공급망 내 핵심기업 동향을 면밀히 모니터링하며 공급망 충격에 대한 대응체계를 마련해야 한다. 이차전지 등 주요 탄소중립 전략분야는 원료·중간재 대부분을 중국 등 해외에 의존하고 있어 원자재 이슈 대응을 위한 광물 확보, 폐전지의 재자원화 등을 지원하여 공급망의 안정성을 강화해야 한다.

3) 저탄소 산업으로의 전환 지원

산업의 국제경쟁력과 환경경쟁력을 동시에 확보하기 위해서는 저탄소 혁신 공정제품 개발, 연·원료전환에 대한 투자에 대해 과감한 지원이 필요하다. 이를 통해 산업전환·기업투자 부담에 대한 적극적인 금융·재정 지원을 통해 혁신공정기술개발과 상용화에 대한 불확실성과 위험을 사회적으로 공유해야 한다. 아울러 향후 수소, 무탄소 전력 등의 그린에너지 공급에 대한 구체적인 로드맵을 마련하고 투명하게 공개하여 기업의 합리적인 탄소중립 전략 수립과 에너지 불확실성을 해소해야 한다.

한편, 탄소중립 추진과정에서 단기적으로 산업경쟁력이 약화될 가능성을 타진하기 위해서는 탄소저감 인센티브를 적극적으로 발굴하고 적용해야 한다. 이미 유럽에서 적용중인 재생에너지 요금 감면, 탄소차액계약제도 등의 다양한 수단을 활용하는 이외에 우리 산업계의 요구를 반영하는 새로운 제도 발굴이 필요한 이유이다.

그리고 탄소중립을 추진하면서 쇠퇴가 불가피한 분야에 대해서는 정의로운 전환에 대한 준비가 조속히 이루어져야 한다. 기존 산업에서 탄소중립에 따라 수요변화(저탄소화·친환경화)를 반영하여 산업 내 주력

제품의 변화가 발생할 것으로 예상되는 쇠퇴분야는 기술 기반·성장분야로의 전환을 준비하도록 지원해야 한다. 예를 들면 전기·수소차로 전환되면서 내연기관차의 엔진, 배기, 연료계통 부품은 100%, 변속기 등 구동전달 부품은 37% 감소가 예상되면서 생산에 필요한 인력이 감소할 수 있다. 나아가 주유소, 정비소 등 내연기관차 전방산업도 부정적 영향을 받을 것으로 예상된다. 따라서 내연기관 부품 분야는 로봇 등 기계공학 기반의 미래 기술 분야로 전환을 도모하고 기술 재교육 지원을 위한 준비가 필요하다.

2030년 전·후를 기점으로 전 세계 석유제품 수요가 감소세로 전환될 것으로 전망되면서 석유제품 수요의 50% 이상을 차지하는 운송용 수요의 감소는 정유산업에 가장 부정적인 요인으로 작용할 전망이다. 정유의 경우 바이오 연료 및 e-fuel 등 석유제품의 대체 제품 생산으로 석유화학산업과의 통합·연계를 모색하고 수소·신재생에너지 사업으로의 진입을 준비하고 있으므로 이에 대한 지원을 하는 것도 방안이 될 수 있다.

4) 정책지원제도 개편

산업 전환을 위한 투자를 활발하게 이끌기 위해서는 R&D, 녹색금융 시스템 구축 등 개별 기업 및 산업의 투자 활성화를 촉진하기 위한 제도가 마련되어야 한다. 기업의 기술개발과 설비투자를 위한 원활한 자금공급을 위해 조세, 탄소시장 등 다양한 정책의 조합을 정밀하게 설계해야 하며, 정부가 출자하고 민간이 참여하는 매칭 투자펀드 활성 방안이 강구되어야 한다.

국가전략기술로 개발이 필요한 분야에 대해서는 탄소중립 R&D 이니셔티브를 추진하며, 산학연 협의체를 구성하여 국가투자 로드맵을 수립하고 주기적으로 평가·보완이 이루어져야 한다. 신공정·신기술이라는 점에서 R&D도 중요하지만 향후 10~30년 내에 상용화, 설비교체를 할 수 있도록 핵심사업에 대해서는 예비타당성 면제를 통한 조기 착수, 안정적 투자로드맵을 준비해야 한다. 산업 전환을 가져올 원천기술에 대한 대규모 투자가 요구되므로, 대기업 혹은 중소기업 등의 기업 규모에 대한 구분 없이 대폭의 조세특례 혹은 세액공제가 적용되어야 한다.

다음으로 그린인프라에 대한 국가적 신뢰기반 조성을 위해 그린에너지(RE100), 그린 수소, CCUS, 순환자원 등 그린인프라에 대한 불확실성을 해소해야 한다. 이는 양적인 측면에서 그린인프라에 대한 국내 수요의 충족뿐만 아니라 산업의 국제경쟁력을 보장할 수 있는 적정 가격수준도 확보되어야 한다.

무엇보다 중요한 것은 산업전략의 관점에서 볼 때, 한국판 뉴딜 추진과 정부의 모든 정책은 산업계의 이해와 협조가 전제되어야 한다. 기후 위기에 대응하는 기업에 대한 인센티브 제공, 온실가스 배출권 수급관리 강화 등을 통해 기업의 생산성 감소에 대응하도록 하여 변화에 대한 기업의 부담을 경감시키겠다는 신뢰기반을 구축해야 한다. 그리고 재사용·재활용이 가능한 제품을 생산하는 기업, 폐자원 재활용을 이행하는 기업 등에 대한 인센티브를 제공하여 기업이 능동적으로 온실가스 다소비 공정을 탐색·개선하도록 하는 선순환 구조로 견인해야 한다. 산업계도 적극적 주체로서 사회적 가치와 비전을 서로 공유하고, 국가 경쟁력의 촉진자로서의 역할을 해야 하며 이를 위해 사회 구성원 모두 지속해서 소통하고 협력할 수 있어야 한다.

| 참고문헌 |

관계부처 합동, 「2030 국가 온실가스 감축목표 (NDC) 상향안」, 2021.10.18.

관계부처 합동, 「2050 탄소중립 시나리오안」, 2021. 10. 18.

관계부처 합동, 제1차 수소경제 이행 기본계획, 2021. 11. 26.

교통부문온실가스관리시스템, www.kotems.or.kr

산업연구원, ISTANS, www.istans.or.kr/mainMenu.do

산업통상자원부, 분산에너지 활성화 추진전략, 2021. 6. 30.

산업통상자원부, 제4차 에너지기술개발계획, 2021. 12.

산업통상자원부, 제4차 친환경자동차 기본계획.

산업통상자원부, 제5차 신재생에너지 기본계획, 2020. 12.

산업통상자원부, 제9차 전력수급기본계획, 2020. 12.

송갑석의원실, 국회 국정감사 자료(2020).

에너지경제연구원, 섹터커플링의 개념 및 적용 현황, 2021. 5. 31.

에너지기술평가원, 차세대 AC/DC Hybrid 배전 네트워크 기술개발사업 예
비타당성조사 보고서, 2020. 7.

전력거래소, 전력통계정보시스템(2021).

정기대, 신조 발주 집중될 친환경 선박분야 경쟁 현황과 향후 전망, POSRI
이슈리포트, 2020.8.19.

정부부처 합동, "산업·에너지 탄소중립 대전환 비전과 전략", 2021.12.10.

정은미, "탄소중립이 한국산업에 미치는 영향과 과제", 전기저널, Special
Issue, 2021.03.12, www.keaj.kr/news/articleView.html?idxno=3952

탄소중립위원회 내부자료, 2021.10.18.

파이낸셜뉴스 https://www.fnnews.com/news/202109140455361231

한국에너지공단, 2019년 신·재생에너지 보급통계(2020).

한국에너지공단, 2020 신재생에너지백서, 2020.

한국에너지공단, 2020 신재생에너지백서, 2020.

한국자동차산업협회통계센터, www.kama.or.kr/InfoController

한국전기연구원, 신재생에너지 수용률 향상을 위한 미래 배전계통 설계 및 운영기술 개발 보고서, 2020. 12.

한국지역난방공사, 에너지기후변화학회, 2021 하계 심포지움.

Bloomberg NEF, Zero-Emission Vehicles Factbook, 2021. 11.10.

I-KIET 산업경제이슈, "자동차산업 탄소중립 추진 동향과 과제", 제121호, 2021.9.15.

International Renewable Energy Agency(IRENA), Power system flexibility for the energy transition, 2018.

Mastini, R., Kallis, G. and Hickel, J.(2021), A Green New Deal without Growth?, Ecological Economics 179. 106832.

PWC, Electric Vehicle, Sales Review, Q3, 2021.

SNE Research 2021.2H, Global 전기자동차 시장 및 Battery 수급전망 (~2030), 2021.11.

Venter, Z.S., Aunan, K., Chowdhury, S. and Lelieveld, J.(2020), COVID-19 lockdowns cause global air pollution declines. PNAS 117(32): 18984-18990.

www.ev-volumes.com/news/86364/

| 제5부 |

혁신경제Ⅲ:
디지털경제

제5부

제1장 반도체 산업의 국내 및 글로벌 전략

1. 서론

　1970년대 이후 반도체 산업의 경기 순환은 약 4년 주기로 나타났으나 2000년대 후반 스마트폰 이후 반도체 산업의 경기 순환 주기가 짧아지면서 현재 4차 산업혁명, 포스트코로나, 디지털 뉴딜을 위한 핵심 부품으로 이종산업(자동차, 가전, 에너지 등)과의 융합 가속화 및 설

[그림 5-1] 반도체 산업의 선순환 구조에 따른 성장세

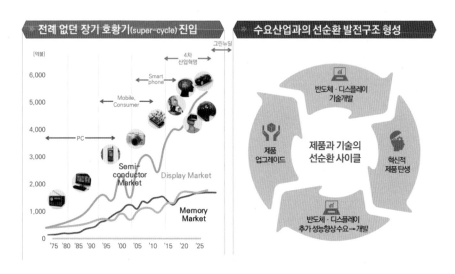

출처: 산업통상자원부(2018.02), 반도체·디스플레이 발전전략.

계기술 발전으로 지속적인 성장세를 예상하고 있으며, Gartner 시장 전망 역시 2018년 2,337억 달러에서 2019년 2,444억 달러, 2021년 2,646억 달러로 연평균 3% 이상의 성장할 것으로 전망하고 있다.

국내 반도체 산업은 단일 품목 사상 최초로 2018년 1,000억 달러 수출을 돌파해 수출 1위의 대표 산업으로 성장했으며, 3,700여 개의 관련 기업과 16.7만 명의 일자리 창출과 함께 세계시장 21.5%(메모리 시장 69.5%)의 점유율로 미국에 이어 세계 2위의 생산 규모를 가지고 있다.

이러한 국내 반도체 산업은 미국과 중국의 대규모 투자와 GVC 재편에 따른 환경 변화 등에 의해 1980년대 D램 개발 등의 태동기, 1990년대 낸드플래시 및 파운드리 기술 확보에 따른 성장기를 거쳐 메모리 초격차 기술 확보, 파운드리 공정 미세화 한계 극복, 전력반도체와 같은 특화 반도체 첨단 공정 확보, 첨단 소재·부품·장비 기술 확보가 필요한 고도화 기술을 확보하기 위한 기술적 변혁기를 맞고 있다.

반도체 산업의 글로벌 종합 강국을 위해 현재 반도체 산업의 세부적인 분야별 국내 현황을 바탕으로 메모리(D램, 낸드플래시, 차세대 메모리), 반도체 제조용 소재, 부품, 장비 및 시스템반도체(파운더리, 팹리스) 분야의 전략적인 정책 지원이 필요하다.

2. 반도체 산업의 국내 및 글로벌 현황

D램 분야 한국은 트랜드포스의 분석에 따르면, 세계시장에서 2020년 3분기 삼성전자가 41.3%(72억 1,400만 달러)의 시장점유율로 1위, SK하이닉스는 28.2%(49억 2,800만 달러)의 시장점유율로 2위, 미국 마이

크론테크놀로지로 25%(43억 7,100만 달러)의 시장점유율을 기록해 3위 차지하고 있어 10년 이상 점유율 1위를 차지하고 있다. 세계 최초로 EUV 공정을 적용하여 양산을 시작하고 있어 가격 경쟁력 면에서도 지속해서 유리한 기술적 위치를 선점하고 있다.

낸드플래시의 경우 2021년 3분기 기준 삼성전자는 34.5%(48억 920만 달러)로 D램과 마찬가지로 1위, SK하이닉스는 13.5%(25억 4,500만 달러)로 3위, 일본 키옥시아 21.4%로 3위를 기록했으며, 국내 두 기업의 점유율을 합치면 48.0%로 국가별로는 대한민국이 1위를 차지하고 있다. 낸드플래시는 1989년 도시바에 의해 처음 시제품이 발표되고 양산을 시작한 지 20년 정도의 가장 최근 기술로 경쟁이 매우 치열한 분야이다. 2019년 SK하이닉스가 세계 최초로 128단 낸드플래시를 발표한 이후 2020년 176단 낸드플래시를 마이크론테크놀러지에서 세계 최초로 발표하고, 중국의 YMTC가 128단 낸드 양산 발표를 2021년에 함으로써 1~2년의 기술 격차를 두고 기술 선점을 위한 경쟁이 아직도 치열하게 진행 중인 분야이다.

차세대 이머징 메모리의 경우 D램의 속도와 낸드플래시의 비휘발성 특성을 가진 Storage Class Memory(SCM)가 인텔의 주도로 개발되어 초기 양산 제품이 발표되었으며, IBM의 서버 및 인텔 프로세서를 쓰는 PC에 사용 가능한 제품을 지속적으로 출시하면서 가격과 수율 특성을 확보한 제품 개발을 진행하고 있다. 국내의 경우 삼성전자와 SK하이닉스는 인텔과 같은 PRAM 개발에 집중하여 초기 제품을 발표하였으나 상용화 출시는 진행하지 못하고 있다. TSMC와 삼성전자의 경우 파운드리 사업에서 20나노 공정대에서 eMRAM 메모리를 IP로 제공하기 시작하였다.

반도체 제조를 위한 소재, 부품, 장비의 경우 자체 조달률이 2018년 기준 68.8%로 외형적으로는 성장하였으나 독과점적 시장구조로 인해 국제 경쟁력을 확보한 미국과 일본에 대한 의존도는 우리 기업의 소재·부품·장비 기술개발부터 양산에 이르는 순환 구조 형성을 저해하는 요인으로 분석되고 있다. 하이테크형 소재·부품·장비 814개 주요 품목 중 일본이 세계시장 점유율 50% 이상인 품목은 포토 레지스트 포함 화학소재 54개, 감속기 포함 정밀기계 16개 등 283개로 특정 국가 의존도가 심화되고 있으며, 2019년 기준 포브스 선정 글로벌 2,000대 기업 중 일본의 소재·부품·장비 기업은 88개, 우리나라는 15개에 불과하며, 경쟁력 있는 증착 장비의 경우 2년의 기술 격차가 있고 첨단 소재·부품·장비 기술 격차는 5년 이상으로 분석된다.

시스템반도체 팹리스의 경우 대기업(삼성)을 제외하면 글로벌 시장점유율 1% 미만으로 2014년 3.8%에서 2018년 3.1%로 지속적으로 감소하고 있으며 중국의 거대 내수시장과 정부의 공격적 지원으로 2018년 매출액 기준 세계 10대 팹리스 기업 가운데 미국 업체 6개, 중국계 업체 4개로 우리나라를 추월한 것으로 예측하고 있다. 이러한 현상은 특정고객(대기업)에 의존, 규모의 영세성, 인력 부족 등으로 성장 기반 취약해진 점이 이유로 분석되고 있다.

시스템반도체 파운드리의 경우 IC Insight에 따르면 세계시장은 2018년 기준 약 710억 달러로 TSMC(타이완)가 48% 점유하고 있으며, 2023년 981억 달러 이상의 시장 확대가 예상되고 있다. 삼성전자 파운드리는 첨단 미세 공정에 집중되어 세계 1위 TSMC(시장점유 48%)의 1/3 수준으로 파운드리 글로벌 업체에 비해 큰 격차를 보이며, DB하이텍, 매그나칩은 대규모 신규 투자의 부재로 양사 보유 공정은 첨단

[그림 5-2] 세계 각국의 반도체 산업 투자 현황

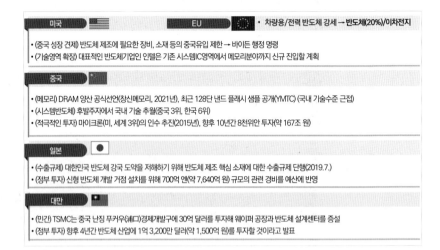

출처: 제27회 한국반도체학술대회.

[그림 5-3] 시스템 반도체 국내 현황

경쟁력

- 특정고객(대기업)에 의존, 규모의 영세성, 인력 부족 등으로 성장기반 취약
  - → (예) 픽셀플러스사: 휴대폰용 이미지센서 개발 후 삼성 애니콜 탑재를 계기로 성장(2005, 나스닥 상장), 이후 삼성의 이미지센서 자체 개발로 기업 경영 악화(2009, 나스닥 퇴출)
- 세계시장 국내기업 점유율(%): (2014) 3.8 → (2015) 3.6 → (2016) 3.0 → (2018) 3.1
- 세계시장 국내기업 점유율(삼성 제외, %): (2014) 0.7 → (2015) 0.6 → (2016) 0.7 → (2018) 0.6
- 글로벌 상위 50위 팹리스 중 우리기업은 단 1개(실리콘웍스)이며, 국내 200여 개 팹리스 중 매출 1,000억 원 이상은 6개(2018)에 불과
  - → (예) LG계열인 실리콘웍스(약 8,000억) 외 실리콘마이터스, 제주반도체, 텔레칩스 등은 1,000억 원 수준

중국 추월

- 메모리/시스템반도체 동시 육성 전략 추진, 거대 내수시장과 수요창출 등 공격적 정부 지원
- 미디어텍, 하이실리콘 등 중국계 기업 매출액 기준 세계 10대 팹리스 기업 가운데 미국 업체 6개, 중국계 업체 4개
- 중기업 팹리스 시장점유율(%, IHS, 2018): (2011) 4.3 → (2013) 7.3 → (2015) 9.2 → (2018) 12.6(팹리스 시장점유율 3위)

파운드리

- 삼성전자 파운드리는 세계 1위 TSMC(시장점유 48%)의 1/3 수준(매출액(2018): TSMC342억 달러/삼성전자 104억 달러)
- DB하이텍, 매그나칩은 경영 전략 및 신규 투자 미진으로 보유 공정은 첨단공정보다 middle-tech 공정으로 90-500mm에 주력

출처: PD하면서 예타등 자료 작성 자료로 출처 미표시.

공정보다 middle-tech 공정의 아날로그, 이미지센서, BCD 전력반도체 등의 90~500nm에 주력하고 있다.

3. 문재인 정부에서 반도체 산업 정책

반도체 산업을 위한 정부의 산업 정책은 크게 파운드리-팹리스, 팹리스-수요기업 등의 연대·협력 강화, 비대면 경제, 시스템반도체 시장 선도기업 조기 창출을 위한 지원 확대, 비대면 경제, 바이오 등 포스트 코로나 분야 및 탄소 중립 집중 지원 및 공급망 개편에 따른 국제 경쟁력 강화, 및 R&D 추진 시 관련 전문인력 양성 사업과 연계로 나눌 수 있다.

연대·협력 강화의 경우 수요기업-팹리스-파운드리 등 밸류체인 전반의 효율적 연계를 통해 시스템반도체 경쟁력 강화를 목표로 두고 있으며 국내 수요기업-팹리스 연계를 통한 수요연계형 R&D 지원을 강화하고, 글로벌 수요기업 연계 R&D 확대하는 데 목표를 두고 있다. 관련하여 대표적인 정책 발표는 시스템반도체 비전과 전략(2019.4.29), K-센서 R&D 투자 전략(2021.1.21), 소부장 2.0(2020.7.13) 및 K-반도체 전략(2021.5.13)이 있다.

예비타당성을 통과한 R&D 예산의 경우 차세대 지능형 반도체 기술개발사업(2020~2026, 1조 96억 원), 시장선도를 위한 K-Sensor 기술개발사업(2022~2028, 1,865억 원), PIM 인공지능반도체 핵심기술개발사업(2022~2028, 4,027억 원)으로 시스템반도채 분야와 기존 사업의 연장으로 반도체를 포함한 주력 산업의 소재·부품 기술개발사업(1조 252억 원)을 통해 지원하고 있다.

[그림 5-4] 시스템반도체 비전과 전략 개요

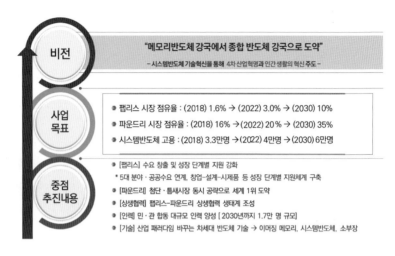

출처: 산업통상자원부외 관계부처 합동(2019.05.01.), 시스템반도체 비전과 전략.

[그림 5-5] K-Sensor 기술개발사업

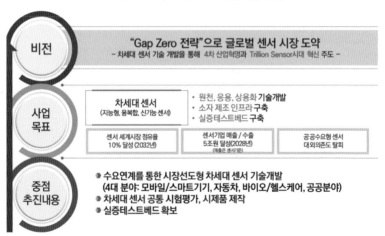

출처: 대한민국 정책브리핑(www.korea.kr), "시장선도를 위한 케이 센서(K-Sensor) 기술개발 사업" 예비타당성 조사 통과. 산업통상자원부.

반도체 제조용 소재, 부품, 장비의 경우 소부장 2.0전략을 통해 국가 전략 물자에 의한 수입 규제에 대응하고 안정적인 GVC(Global Value Chain)을 확보하기 위한 국내 중소·중견 기업과 소자기업(대기업)과의 상생협력을 통한 내재화와 국산화 기술에 집중적으로 투자하고 있으며, 불화수소와 첨단 ALD장비 기술 일부를 국산화하는 등 개발 성과의 결과가 나오고 있다.

또한 K-반도체 벨트 전략을 통해 지방 거점 지역의 반도체 기업을 특화 단지 형태로 조성하여 전공정-후공정-시스템반도체의 종합 반도체 강국을 위한 상생협력 인프라 구축을 진행하려 하고 있다.

[그림 5-6] 소부장 2.0 및 K-반도체 벨트 전략

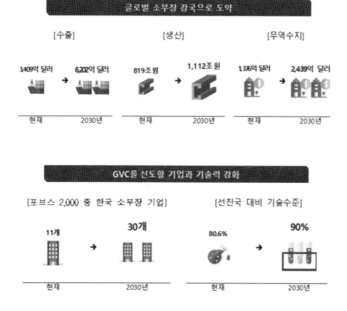

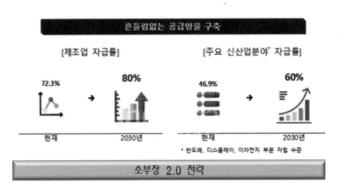

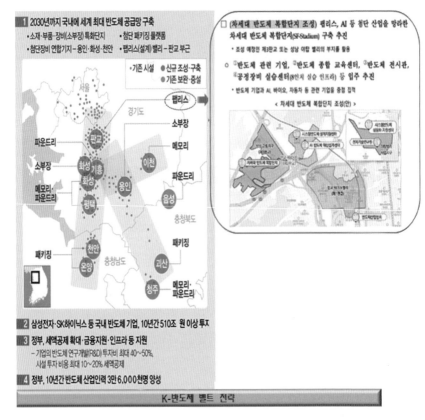

출처: 산업통상자원부(2020.07), 소재·부품·장비 2.0 전략, https://www.mk.co.kr/news/it/view /2021/05/462340/

4. 반도체 산업의 글로벌 탑을 위한 새 전략

2019년 불화수소로 시작한 J-RISK 및 미중 갈등에 따라 GVC에 관한 전면 개편이 이루어지고 있으며, 반도체 기술적인 측면에서도 3나노 이하의 공정을 위한 새로운 소자 구조의 필요성이 대두되고 있어 이에 따른 중장기적인 반도체 산업 전략이 매우 중요한 시기이다. 현재까지 상생 협력기반의 반도체 투자전략을 기반으로 취약한 기술 분야의 공격적인 투자와 함께 1990년 이후 정체되어 있던 정부 주도의 석·박사급의 고급 인력양성을 위한 투자가 필요하다.

세부적으로 국가안보기술과 연계해 화합물반도체 공정 및 설계 기술 확보에 관한 투자가 필요하다. 대표적인 화합물반도체인 전력반도체의 경우 Infineon Technologies(독)가 26.4% 1위로 연간 8% 성장 중이고, 2위는 ON Semiconductor((미), 20%), 3~4위는 일본의 미츠비시전기(8.6%), 도시바(6.5%), 5위는 ST마이크로일렉트로닉스(5.7%)의 순서이며, 국내의 경우 전량 해외에 의존하고 있다.

전력(화합물)반도체 제조는 GaN 화합물 공정은 GaN-on-SiC, GaN-on- Si, GaN-on-Diamond로 크게 분류하며 SiC 기판이 주류로 사용 중이다. 일부 Si 기판도 낮은 단가로 인해 사용 중이나 국내의 경우 대만과 프랑스에 위탁 제조를 하고 있어 기술 의존도가 매우 높아 항공, 국방 등에 사용하기 위한 첨단 부품 제조에 한계가 있다. 미국의 경우 지속해서 현재까지 경제성이 낮은 화합물반도체 설계 공정 기술을 HRL(Hughes Research Lab), WolfSpeed 등에 투자하여 세계 최고의 기술력을 보유하고 있다.

[그림 5-7] 전력반도체 웨이퍼 종류별 대표 기업

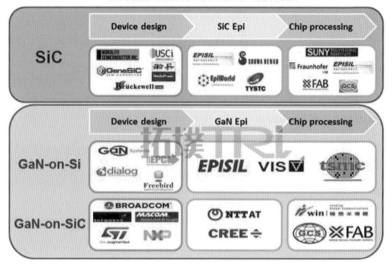

Figure: Ecosystem of Foundry Services for Products Based on
3rd-Generation Semiconductor Materials

출처: TrendForce, Mar., 2018.

따라서, 팹리스의 시제품 제작을 위한 화합물 반도체용 웨이퍼(SiC, Gan-on SiC 등) 공급 자립화와 과도한 해외 파운드리 의존에서 탈피하기 위한 상용화 수준의 화합물 반도체 파운드리 제조 환경 조성에 대한 투자가 필요하다.

현재 ETRI, 나노종합기술원등에 과학 기술개발과 일부 시제품 개발이 가능한 GaN 파운드리 투자는 진행되고 있으나, 국가안보 기술과 전략 물자에 대응할 수 있는 상용화 수준의 화합물반도체 공정 확보는 투자가 진행되지 않고 있다. 따라서, 화합물반도체 공정에 투자를 계획하고 있는 DB하이텍, 웨이비스, RFHIC 등의 국내 기업과 전략적인 파운드리 및 관련 시스템반도체 기술 확보가 시급하다.

이와 함께 로밍이 필요 없는 6G 이동통신과 통합을 위해 추진 중인 저궤도 위성산업과 첨단 국방 무기체계 등 초부가가치의 미래 서비스에 핵심경쟁력으로 활용 가능한 안보 및 첨단 반도체 부품의 경우 향후 공급망 변화에 따라 일본과 중국의 견제가 더욱 심해질 것으로 예상되며, 이에 따른 자국 반도체 설계 기술력 확보와 이를 기반으로 하는 공급망 개선이 필요하다.

반도체 소재·부품·장비의 경우 기존의 공급망 다변화와 자립화를 위한 장비 국산화 투자 외에 국내외 소자 기업(삼성, Sk하이닉스 등)과 연계하여 첨단 기술 확보가 필요하다. 증착 장비와 불화수소 등 일부 소재·부품·장비를 제외하고 첨단 공정의 경우 미국, 일본 및 네델란드의 의존도가 100%임을 고려하여, 식각, CMP, MI 및 첨단 패키지 장비의 전략적인 투자를 통해 글로벌 소부장 기업 육성이 필요하다.

이와 함께, 글로벌 소부장 기업과 기술 격차가 5~10년 이상인 광학 장비, MI장비, 차세대 메모리용 제조 장비 등의 경우 글로벌기업과 국내 소재·부품기업과의 연계를 통한 단계적 기술 확보와 관련 중소·중견기업의 경쟁력을 확보할 수 있는 전략이 필요할 것으로 판단된다.

시스템반도체 팹리스 지원을 위한 다양한 정책과 R&D 예산이 투자되고 있으나, 성과 및 성공 가능성 등에 의해 국내 제한적인 업체에 집중되고 있어, 중장기적으로 국내 시스템반도체 경쟁력 강화에는 큰 기여를 못할 것으로 분석됨에 따라 신규 시스템반도체 팹리스(스타트업) 활성화 및 스타팹리스 육성을 위한 전략이 필요하다.

장기적인 팹리스 경쟁력 약화에 따른 축소된 경쟁력 있는 팹리스 기업을 증가시키려면 수요기업 연계를 통한 타겟이 확보된 기술개발 지원, 제품 개발 기간을 단축시킬 수 있도록 해야 한다. 설계툴이나

MPW 등의 예산 지원 중심의 현재의 지원 형태에서 R&D 연계형 시스템반도체 설계지원 인프라 구축 등을 통해 팹리스 기업의 자유로운 창업과 기업 확대를 할 수 있도록 전략이 필요할 것으로 보인다. 자동차와 같은 수요기업의 국내 팹리스 부품 확대 적용을 위해 중소·중견 팹리스의 협력체 구성 등을 통한 공동 개발과 안정적인 부품 공급 등의 생태계 확보 전략도 필요할 것으로 판단된다.

소프트웨어 등 다른 산업과 유사하게 반도체 설계, 공정, 장비 개발을 위한 고급 인력이 부족하여 핵심기술 확보에 어려움이 있으며, 반도체 산업의 경우 종합반도체 강국을 위한 중요한 전환점임을 고려하여 산학연관이 협력하여 장기적인 인력양성 계획이 필요하다.

5. 결론

반도체 산업의 경우 1900년대 부터의 성장기에 이어 반도체 소자 기술과 공급망 재편에 따른 핵심 반도체 기술 확보 등의 제3의 변환기를 맞이하는 중요한 시기에 있으며, 이에 맞춰 반도체 경쟁력의 주체는 기존 대형 국책산업 중심에서 민관 합동 반도체 기술개발과 이를 연계한 인력양성 확대로 변화해야 한다.

반도체 기술의 경우 산업 중심의 미세화와 3D/4D 구조의 소자 기술개발에서 Enabled Technology를 위한 소부장 및 설계, 제조기술 확보를 위한 트랜드 변화가 따라야 하며, 반도체 기술 개발의 다부처 기술 로드맵 수립을 통한 각 부처 간 함께 달리기 및 이어 달리기 R&D 강화가 필요하다.

[그림 5-8] Top-down 접근과 기술단계별 이어달리기를 통한 First Mover 전략

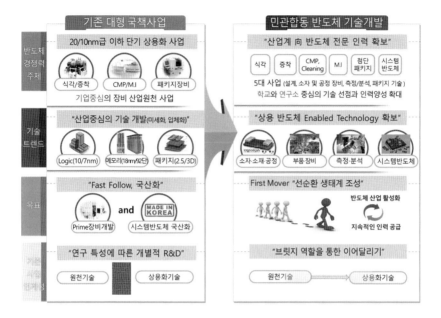

출처: PD하면서 예타등 자료 작성 자료로 출처 미표시.

마지막으로, 현재 반도체 산업은 메모리 및 파운드리 공정에 관한 Fast Follower의 위치에서 소재, 부품, 장비 기업의 First Mover 기술 확보와 시스템반도체 팹리스 기업의 경쟁력 강화를 통한 선순환 생태계 조성이 매우 중요하다.

제2장 메타버스, 현실-가상 융합기술 확보 및 활용 전략

1. 서론

최근 메타버스(Metaverse)가 화제다. 메타버스는 '초월'을 뜻하는 메타 (Meta-)와 '세상'을 뜻하는 유니버스(Universe)를 결합한 단어인데, 해석은 각자의 경험과 지식에 따라 제각각이다. 누군가는 '메타버스는 아직 없다(Metaverse is Nowhere)'라고 하고 또 누군가는 '지금 여기(Now Here)' 있다고 하는 논란의 단어이다. 2007년의 메타버스 로드맵 이후 14년, 왜 다시 메타버스인가? 다시 돌아온 메타버스2.0은 살아남아 일상의 기술로 지속적 활용이 가능한가? 이에 답하기 위해서는 그동안 메타버스가 왜 잊혀졌는지 되돌아볼 필요가 있다.

메타버스에 대한 정의는 관련 기술의 발전과 시대 환경에 따라 계속 진화하고 있다. 현재 주목받고 있는 메타버스란 '현실-가상 융합에 기반한 확장 가상세계'이자 '융합 경제플랫폼'이다. 즉, '아바타'를 통해 다양한 일상 활동이 가능한 '소셜 미디어'이자, 경제적 가치 창출도 가능한 '지속되는 현실-가상 융합 경제플랫폼'이다. 메타버스는 단일 기술이 아니라, 메타버스 플랫폼을 중심으로, 콘텐츠·네트워크·디바이스 등의 정보통신 기술이 유기적으로 연동된 '현실-가상 융합 생태

[그림 5-9] 메타버스의 진화

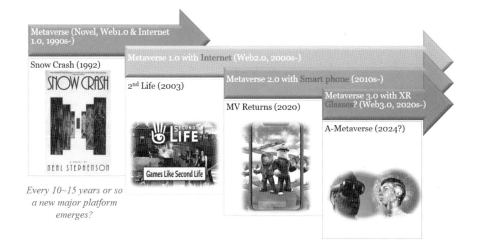

Every 10~15 years or so a new major platform emerges?

계'이다.1

메타버스가 뜨거운 유행어로 다시 등장함에 따라 국내외 관련 기업들도 빠르게 대응하고 있다. 대면 활동이 어려운 코로나 팬데믹 상황에서 비대면의 한계를 극복할 수 있는 대안으로 '경제적 가치 창출이 가능한 현실-가상 융합 소셜플랫폼'의 활용이 더 많아질 것으로 기대한다. 관심의 시작은 게임이었지만 다양한 일상 활용을 모색하고 있다. 하지만 아직 해결해야 할 숙제도 많이 남아 있다. 10대들의 '재미있는 놀이공간'으로 인식되고 있는 메타버스2.0을 넘어 모든 세대가 일상에서 활용할 수 있는 메타버스3.0을 준비해야 한다.

---

1 186회 한림원탁토론회 '메타버스' https://www.youtube.com/channel/UCPXHGG6c
fvqVGWEkIp17B7A

메타버스3.0은 메타버스2.0의 한계를 극복하고 일상에서 활용할 수 있는 메타버스이다. 기존의 메타버스1.0을 인터넷과 데스크톱 컴퓨터 기반으로 경험하였다면, 메타버스2.0은 무선네트워크와 스마트폰 기반으로 경험하는 현실-가상 융합세계이다. 이에 반해, 메타버스3.0은 초고속망과 안경형플랫폼을 기반으로 '일상에서 경험하는 현실-가상 융합 경제플랫폼'이다. 이를 위해서는, 사물인터넷(IoT), 초고속망, 에지/클라우드, 디지털트윈, 인공지능, 메타버스, 가상자산, 가상증강현실 등의 유기적 연동으로 누구나 언제 어디서나 즉각적으로 필요한 정보 활용과 체험이 가능해야 한다.

우리는 무엇을 준비해야 하나? 정부는 메타버스 플랫폼을 누구나 쉽게 활용할 수 있는 사회간접자본으로 이해해야 하고, 관련 현실-가상 융합생태계를 구축하고 활성화해야 한다. 사회적으로 꼭 필요한 분야부터 문제 해결형 실증사업을 통해 융합연구를 지원하고, 산학연관 협력과 역할 분담을 통해 새로운 성장 동력을 함께 만들고, 스스로 산업 경쟁력을 축적하여 시장을 선점하도록 지원해야 한다. 경험하지 못한 새로운 사회에 대해 미리 대비해야 하고, 메타버스에서 활약할 창의적 융합인재를 체계적으로 양성해야 한다. 경험하지 않은 일은 늘 많은 문제와 함께 오지만, 미리 걱정해서 기술 발전을 제약하기보다는 다양한 시도를 하고 또 시행착오를 겪으면서 발전하도록 도전을 권장하고 적극 지원해야 한다.

2. 메타버스의 정의와 재해석

메타버스에 대한 첫 번째 정의는 닐 스티븐슨(Neal Stephenson)이 1992년 출판한 소설 『스노우 크래쉬(Snow Crash)〉』에서, 고글과 이어폰을 이용해 접속하고 아바타로 사회경제적 '활동'을 하는 '3차원 가상세계'로 정의하였다. 좀 더 다듬어진 정의는 비영리 기술 연구 단체 ASF (Acceleration Studies Foundation)가 2007년 메타버스 로드맵에서 '현실과 가상 세계의 융합'으로 정의한 것이다. 즉, 메타버스는 1) 가상으로 향상된 물리적 현실세계와 2) 물리적 현실세계와 연동으로 지속되는 가상공간의 '융합세계'이다.[2]

최근 메타버스에 대한 애매모호한 정의가 확산되면서 관심만큼 혼선과 혼란을 초래하고 있다. 이는 대체로 2007년 공개된 메타버스 로드맵에 대한 오해 때문이다. 많은 이들이 라이프로깅(Life-logging), 가상세계(Virtual World), 거울세상(Mirror World), 증강현실(Augmented Reality) 등 각각이 모두 메타버스라고 말한다. 하지만, 각 분야를 메타버스라고 정의하는 것은 해석의 오류이다. 예를 들면 코끼리는 몸통, 다리, 꼬리, 코, 귀 등의 총체적 존재인데, 몸통을 코끼리라고 하면, 비슷한 몸통을 가진 모든 동물이 꼬끼리가 되는 모순이 생기는 것과 같은 이치이다. ASF의 정의에 따르면, 메타버스는 이들 각 분야의 속성을 가지는 '현실과 가상 세계의 융합'이다.

그렇다면 메타버스, 어떻게 이해해야 할까? ASF가 정리한 메타버스 로드맵에 따르면, 메타버스의 속성을 두 가지 핵심축인 '내재

---

2 Metaverse Roadmap (2007), https://www.metaverseroadmap.org/overview/

[그림 5-10] 메타버스 핵심기술 요소[3]

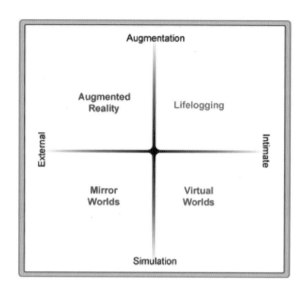

적(Intimate)-외재적(External)' 그리고 '시뮬레이션(Simulation)-증강 (Augmentation)'의 연속체이다. 즉, '사람과 물리적 공간' 그리고 '디지 털 정보 해석과 현실 증강' 측면에서 핵심 4요소를 설명했다. 즉, 내재 적 증강은 라이프로깅, 내재적 시뮬레이션은 가상세계, 외재적 시뮬레 이션은 거울세상, 외재적 증강은 증강현실로 각각을 메타버스의 핵심 속성 또는 요소로 설명했다. 즉, 메타버스는 '현실-가상을 유기적으로 연동한 확장 혼합세계'라는 의미이다.[3]

---

3 Metaverse Roadmap (2007) https://www.metaverseroadmap.org/overview/

메타버스1.0의 대표적인 사례는 2003년 린든랩(Linden Lab.)이 소개한 세컨드 라이프(Second Life)이다. 인터넷기반의 가상세계로 처음 소개 되었을 때는 많은 관심과 기대를 모았는데, 왜 일상의 플랫폼으로 정착하지 못하고 잊혀졌는가? 먼저, 가상세계 재현의 진정성에 기술적 한계가 있었고, 제공할 수 있는 경험도 다소 진부했고, 모바일 환경에 대한 대응도 적절하지 못했다. 더 중요한 것은 최대 사용자 수도 1,000만 명 수준이었고, 상주 인구는 수십 만 명 수준으로 경제적 가치를 생산하고 확산을 기대하기에는 부족한 점도 있었다.

그런데, 왜 다시 메타버스인가? 최근 많은 사람들이 '메타버스가 오고 있다'고 하지만, '다시 오고 있다'라고 하는 것이 더 정확한 표현이다. 최근 비대면 시대와 함께 돌아온 메타버스2.0, 왜 다시 주목받는가? 관련 정보통신 기술의 발달로 콘텐츠가 다양해졌고, 초고속·초저지연·대용량을 지원하는 5G 네트워크 덕분에 영화와 드라마, 게임 등 다양한 실감콘텐츠도 스트리밍 방식으로 소비하는 시대가 열렸다. 동시에, 디지털로 소통하고 교감하는 것에 익숙하고 개인의 취향을 중시하는 디지털 네이티브 MZ세대가 소비 주체로 등장했다. 게다가, 코로나19 대유행으로 대규모 유명인들의 공연을 잇달아 개최하면서 메타버스 흥행에 날개를 달았다.

3. 메타버스2.0 산업 현황

메타버스2.0, 이번에는 살아남아 지속 가능한 일상의 기술로 자리 잡을까? 메타버스가 새로운 유행어로 등장함에 따라 국내외 관련 기업들도 빠르게 대응하고 있다. 메타버스는 단일 기술이 아니라, 메타버스 플랫폼을 중심으로, 콘텐츠·네트워크·디바이스 등이 유기적으로 연동된 현실-가상 융합 생태계이다. 따라서, 플랫폼뿐만 아니라 아바타와 가상자산도 함께 종합적으로 살펴볼 필요가 있다. 하지만 이 글에서는 지면의 제약으로 주로 플랫폼 중심으로 살펴 보고자 한다.

먼저 국내의 대표적인 플랫폼으로는 네이버 제페토(Zepeto), SKT 이프랜드(Ifland) 등이 대표적인 플랫폼인데, 주로 가상공연, 팬사인회, 모임 공간으로 활용되고 있다. 먼저 2018년 출시한 제페토는 올해 2억 명 이상으로 가입자가 증가했는데, 이 중 90%가 해외 이용자이고 10대가 80% 이상을 차지하고 있다.4 한편, 2021년 시작한 이프랜드는 후발 주자이지만 '오픈 플랫폼'으로 운용하고 아이템을 거래할 수 있는 '마켓 시스템'과 전용 화폐 도입을 통한 도약을 계획하고 있다.5 그 외에도 하이브(빅히트)는 팬커뮤니티 플랫폼인 '위버스(Weverse)'를 통해 BTS 글로벌 팬 커뮤니티 서비스를 시작했다.

한편, 해외의 대표적인 플랫폼으로는 로블록스(Roblox), 마인크래프트(Minecraft), 포트나이트(Fortnite) 등이 있다. 메타버스에 대한 기대가 빠른 속도로 확대될 수 있었던 것은 게임의 역할이 컸다. 먼저 2006년 출시한 로블록스나 2011년 출시한 마인크래프트는 게임 플랫폼에서 참여자들이 창의력을 발휘해 콘텐츠의 생산·유통·소비 전반에 참여할 수 있도록 했다. 또한, 에픽 게임즈(Epic Games)가 2017년에 온라인

---

4 Zepeto Statistics and Fact https://expandedramblings.com/index.php/zepeto-statistics-and-facts/

5 ifLand App Rank History https://www.data.ai/en/apps/ios/app/jump-vr/

비디오 게임으로 출시한 '포트나이트'는 게임공간을 넘어 다양한 일상 활동이 이루어지는 소통 플랫폼으로 자리 잡고 있다.

메타버스에는 게임 외에도 다양한 체험의 공유가 가능하다. 다른 참여자들과 함께 콘서트나 영화를 관람할 수 있는 포트나이트 파티로열 모드에서 미국의 유명 래퍼 트래비스 스캇이 2020년 4월 온라인 콘서트를 열었다. 콘서트에는 1,230만 명이 동시 접속했고, 공연 수익은 2,000만 달러에 달했다. 국내에서는 포트나이트 파티로얄 모드에 2020년 9월 방탄소년단 BTS도 신곡 '다이너마이트(Dynamite)'의 뮤직비디오를 공개하기도 했고, '위버스'에서 가상 공연으로 열어 동시 접속자 270만 명을 기록하며 메타버스의 가능성을 확인하기도 했다.

메타버스를 일상으로 확대하려는 기업도 있다. 마크 저크버그는 2021년 10월 29일 개최된 'Connect 2021'에서 기업명을 페이스북에서 메타로 바꾸면서 메타버스를 '함께 만들어가야 할' 모바일 인터넷의 후계자로 선언하고, '일상의 메타버스'에 대한 비전을 제시하였다.6 마이크로소프트의 나델라는 2021년 11월 Microsoft Ignite에서 기업의 비즈니스 협업에 대한 미래 비전을 제시하고, 모든 업무가 온라인에서 진행되는 메타버스 시대를 대비하여 증강현실 도구 메시(Mesh)가 적용된 영상회의 도구인 팀스(Teams)를 공개하였다.7 엔비디아의 젠슨 황은 개발자대회인 GTC에서 누구나 쉽게 사용할 수 있는 메타버스 저작도구인 옴니버스(Omniverse)를 공개하고 하드웨어와 인공지능을 통해 다양한 시뮬레이션이 가능한 메타버스 세상을 펼치겠다고

6 Facebook Connect 2021 Main Keynote https://youtu.be/0294iXEPO4Y
7 Microsoft Ignite 2021 https://youtu.be/PraEcNDGSqY

선언했다.[8]

최근 메타버스에 대한 기대와 함께 우려의 목소리도 나오고 있다. 메타버스가 최근 빠르게 확산되고 있어 성장에 대한 기대가 높아져 왔다. 로블록스는 2021년 5월 기준 월 평균 활성 이용자가 1억 6,400만 명, 하루 접속자가 4,000만 명에 이르고, 800만 명의 사용자가 자체 제작한 5,000만 개의 게임이 유통되고 있다.[9] 포트나이트 파티로열에는 2020년 기준 3억 5,000만 명,[10] 마인크래프트에는 2020년 5월 기준 활동하는 평균 이용자 수가 1억 2,600만 명을 넘었다.[11] 이미 경제 가치 생산과 확산의 기반을 갖추어서 메타버스가 인터넷을 잇는 새로운 플랫폼이 될 것이라는 전망과 현재 메타버스는 MZ세대들의 놀이터여서 확장에 한계를 가지고 있는 거품이라는 우려도 공존하고 있다.

한편, 정부에서는 가상융합경제 발전전략 (2020.12)에 따라 XR 관련 기업·기관과 함께 '메타버스 얼라이언스'를 결성했다.[12] 메타버스 생태계 활성화를 위해 관련 기기·네트워크·플랫폼·콘텐츠 기업들이 상호협력을 논의하는 장을 만들었다. 메타버스 기업·개발자 육성을 위한 공간으로 '메타버스 허브'를 구축하여 운영하고 있다. 이러한 장을 통해 기술동향 공유, 법제도 정비방안 검토, 기업간 협업을 통한 메타버

8   GTC November 2021 Keynote https://youtu.be/jhDiaUL_RaM

9   Roblox Live Player Count and Statistics https://activeplayer.io/roblox/

10 Fortnite Usage and Revenue Statistics https://www.businessofapps.com/data/fortnite-statistics/

11 Minecraft Revenue and Usage Statistics https://www.businessofapps.com/data/minecraft-statistics/

12 Metaverse Alliance https://metaversealliance.or.kr/

스 플랫폼의 발굴·기획 등 다양한 논의와 협력을 진행하고 있다.

4. 메타버스2.0에서 메타버스3.0으로

다시 돌아온 메타버스2.0은 지속 가능한가? 메타버스를 현실-가상 연동 '확장 가상세계'로 정의하면, 누구나 일상에서 활용할 수 있는 융합경제 플랫폼으로 정착하는 데 한계가 있다. 메타버스를 생태계 관점에서 이해하고 문제 해결 지향 테스트 베드(Testbed)로, 참여형 체험 플랫폼으로 접근하고 활성화할 필요가 있다. 다시 말하면 단순히 재미있는 10대들의 '놀이공간'으로서의 메타버스를 넘어, 누구나 쉽게 접근하여 다양한 정보를 활용하고 축적한 지식과 경험을 공유할 뿐만이 아니라, 메타버스에서 생산하고 축적한 다양한 정보, 지식, 경험을 현실의 현장으로 가져와서 즉시에 활용하는 방식으로 가야 메타버스가 '없으면 불편한' 일상의 기술로 자리 잡을 수 있다.[13]

따라서, 메타버스3.0은 '현실의 맥락정보를 가진 혼합세계 융합 경제플랫폼'으로서 '시공간의 한계를 넘어 연결하고, 소통하고, 협력하는 소셜 미디어'이며 '경제적 가치를 생산, 유통, 소비하는 융합 경제 플랫폼'이기도 하다. 메타버스3.0을 위해 ASF의 메타버스 로드맵에서 정의한 핵심 4요소를 재해석한다면, 내재적은 '사회'로 외재적은 '현실'으로 설명할 수 있다. 먼저, 라이프로깅은 일상의 정보를 가상으로 전달하고, 가상에서 해석한 정보를 다시 활용하는 증강사회(Augmented

---

13 우운택 등, 포스트 메타버스, 포르체 (2022), ISBN 1191393607.

[그림 5-11] 메타버스 3.0

Society)에 해당한다. 가상세계는 시·공간을 초월해 사회, 문화, 경제, 정치 등의 활동이 가능한 디지털트윈(Digital Twin)이자 가상화된 사회(Virtualized Society)이다. 거울세상은 현실세상의 정보를 가시화, 분석, 검증, 예상 등이 가능한 디지털트윈이자 가상화된 현실(Virtualized Reality)이며, 증강현실은 가상환경의 정보, 지식, 경험 등을 현실에서 활용하는 것을 말한다.

메타버스3.0은 무엇이 다른가? 현실의 맥락정보를 가진 '혼합세계' 융합 경제플랫폼을 실현하기 위해서는 현실 세상을 실시간에 센싱하는 다양한 사물인터넷(IoT), 실시간에 전달하는 초고속망, 현실과 가상을 매개하는 디지털트윈, 방대한 데이터를 실시간 수집하고 분석하고 처리하는 에지-클라우드 컴퓨팅(Edge-Cloud Computing), 데이터를 해석하고 학습하는 인공지능, 현실 세상의 정보와 지식을 활용한 가상 세계, 가상세계의 경험을 현실로 확장하거나 현실의 경험을 가상으로 확장하는 가상증강현실, 가상의 자산을 관리하는 NFT(Non-Fungible Token) 등의 총체로 이해할 필요가 있다. 특히, 메타버스3.0은 디지털 트윈을 매개로 가상증강현실과 연동하여 현상에서 필요할 때 즉시에 활용할 때 더욱 빛난다. 디지털트윈과 연동된 가상증강현실은 일상이 디지털 정보나 지식에 접근·해석·활용하는 새로운 방식을 제공하게 된다.

이러한 개념은 필자가 2001년 제안한 '유비쿼터스 가상현실 (Ubiquitous Virtual Reality)' 개념과 맥을 같이 한다.[14·15] 유비쿼터스 가상현실이란 용어는 가상과 현실이 융합된 지능공간에서 '눈치 있는 증강현실' 체험을 가능하게 한다는 의미로 처음 만들어 사용했다.[16] 이를 실현하기 위해서는 1) 현실과 가상화된 현실의 간의 연동 2) 맥락 (또는 관심 객체·공간·개념 등)을 매개로 한 오감과 정보 증강 3) 시공간을 초월한 다양한 양방향 상호작용과 협업 등을 핵심 요소로 설정했다.[17] 이러한 융합공간에서는 시공간을 초월해 개인의 능력을 확장할 뿐만

---

14 오유수, 강창구, 우운택, "현실환경과 가상 환경을 연동하는 맥락 인식 기반 U-VR 시뮬레이터," Interact, Feb. 2009.

15 이영호, 신춘성, 하태진, 우운택, "스마트 환경을 위한 유비쿼터스 가상현실 구현기술 및 응용," 한국멀티미디어학회지, pp.1~11, vol.13, no.3, 2009.

16 신춘성, 하태진, 김기영, 이원우, 이영호, 우운택, "지속 가능한 콘텐츠 생태계를 위한 유비쿼터스 가상현실 프레임워크 및 응용," 전자공학회논문집, ol. 47, no.1, pp.123~134, 2010.

17 강창구, 하태진, 오유수, 우운택, "유비쿼터스 가상현실 구현을 위한 증강현실 콘텐츠 기술과 응용," 전자공학회지, pp. 449~455, no.38, vol.6, 2011.

[그림 5-12] 유비쿼터스 가상현실: 현실-가상 융합 플랫폼

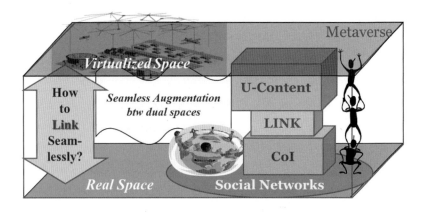

이 아니라, 그 사람의 사는 세상이나 그 사회의 역량도 확대할 수 있다.[18·19·20]

메타버스3.0, 어떻게 일상에서 활용하나? 싱가포르는 2005년부터 '버추얼 싱가포르' 프로젝트를 통해 디지털트윈 기반 메타버스의 다양한 가능성을 선도적으로 실험하고 있다.[21] 디지털트윈 기반 메타버스를 일상에 적용하여 교통, 주택, 생활, 에너지, 환경 등 사회문제 해결에 효과적으로 대응하고 활용할 수 있다. 하지만, '버추얼 싱가포르'는 주로 가상 데이터를 활용한 가상세계에서의 시뮬레이션에 초점을 두

---

18 우운택, "증강현실 그리고 증강휴먼," 광학세계, no.163, pp.34~39, 2016.

19 '증강현실'에서 '증강휴먼'으로 (2017), '증강현실'에서 '증강휴먼'으로.

20 woontack Woo, "Augmented Human: Augmented Reality and Beyond," AltMM'18: Proceedings of the 3rd International Workshop on Multimedia Alternate Realities, p.1, Oct. 2018.

21 Virtual Singapore https://www.nrf.gov.sg/programmes/virtual-singapore

고 있어 즉각적인 현실 반영과 활용이 제한적이다. 반면, 메타버스3.0은 현실에서 수집된 정보에 기반하고 현실 활용을 즉적적으로 현장에서 가능하도록 한다.[22]

메타버스3.0 언제쯤 일상의 기술이 될까? 일반적으로 신기술이 관심을 받는 것이 사용자 수가 1,000만 명을 넘어설 때이고, 일반인들이 진입하는 것은 1억 명을 넘어설 때이고, 사용하지 않으면 소외감을 느끼는 것은 10억 명을 넘어설 때라고 단순화시켜서 예상해 볼 수 있다. 메타의 가상현실용 안경형 디스플레이로 1,000만 명은 2021년 이미 달성 했다. 스마트폰의 보급 속도에 대비한다면, 확장현실용 안경형 디스플레이 사용자가 1억 명을 넘는 것은 2024~2025년경이 될 것으로 예측할 수 있다. 안경형 디스플레이가 순항하여 받아들여진다면 아마도 10억 명의 인구는 2030년 무렵에 달성할 것으로 예측한다.

지속 가능한 메타버스3.0은 현장에서 활용 가능한 '현실-가상 융합 생태계'이다. 이를 실현하기 위해서는 가용한 정보통신 기술을 통합적으로 활용하여 현실-가상을 연동하고 안경형 디바이스를 통해 현장에서 즉각적으로 활용할 수 있도록 해야 한다.[23] 먼저, 현실 세상을 실시간에 센싱하는 다양한 사물인터넷(Internet of Things), 실시간에 전달하는 초고속망, 실시간 대응이 가능한 에지-클라우드 컴퓨팅, 현실과 가상을 매개하는 디지털트윈, 방대한 데이터를 분석하고 학습하는 인공지능, 현실 세상의 정보와 지식을 활용한 다양한 층위의 가상세계, 가

---

22 우운택, "가상융합세계 선도를 위한 디지털트윈 기반 D.N.A+XR 전략," 문화정보 이슈리포트, 2021-1.

23 우운택, 신승엽, "증강도시 플랫폼 활용한 시민 참여형 가상증강현실 서비스," 정보과학회지, pp. 11~16, no.6, 2020.06.

[그림 5-13] 디지털트윈기반 메타버스 활용 증강도시 플랫폼

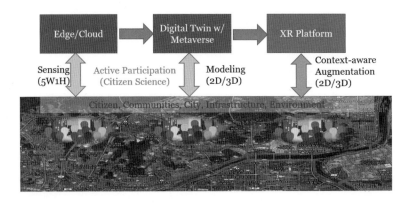

상세계의 경제적 활동을 지원하는 블록체인, 현실의 경험을 가상으로 확장하거나 가상세계의 경험을 현실에서 활용하게 하는 가상증강현실 등을 효과적이고 효율적으로 연계 활용해야 한다.24

사물인터넷, 초고속망 그리고 데이터: 연실 세상의 정보를 실시간으로 수집하는 사물인터넷을 사회 기반 시설로 확보해야 한다. 사물인터넷과 함께 사용자가 스마트폰 등을 통해 실시간 생산하는 개인 데이터 역시 디지털트윈 기반 정보와 지식 생산에 필수적인 원료이다. 디지털트윈과 인공지능을 통해 모은 데이터를 위치기반으로 해석하거나 사용자 중심으로 해석하여 의미 있는 정보를 제공한다. 실시간에 전방위로 현실 세상의 데이터를 모으고 해석한다면 편리하고 안전한 세상을 만들 수도 있다. 하지만, 동시에 개인정보 노출이 일상화될 위험도

---

24 우운택, "'디지털트윈과 연동된 VR·AR 기술'을 활용한 증강도시의 가능성", 디지털인사이트, 2020.12.

높아질 수 있고, 개인은 자신의 정보를 비용을 지불하고 사용해야 할 수도 있다. 안전하고 편리한 서비스의 대가는 통제에 대한 불안과 경제적 부담으로 되돌아올 수도 있으므로 이에 대한 사회적 공감대 형성이 필요하다.

에지-클라우드 컴퓨팅: 메타버스의 실시간 활용과 공유를 위해서는 급격히 증가하는 데이터를 보다 효율적으로 관리하는 에지-클라우드 컴퓨팅 구축도 필요하다. 클라우드 컴퓨팅의 처리를 온사이트에서 분산 지원하는 엣지 컴퓨팅은 초고속망과 연동하여 전송 지연시간을 낮추고 주변의 컴퓨팅 자원으로 실시간 정보처리하여 의사결정의 신뢰성을 향상시키며 비용도 절감할 수 있다.

디지털트윈: 메타버스는 디지털트윈을 매개로 가상증강현실과 연동할 때 더욱 빛난다. 3차원 실측 디지털트윈과 현실세계에 대한 디지털트윈은 1) 물리적 자산(Asset)인 현실, 2) 물리적 자산 요소들의 속성이나 상태뿐만이 아니라 동적 성질까지도 파악하고 가시화하는 디지털 (또는 소프트웨어, 시뮬레이션 등) 모델(또는 복제), 그리고 3) 디지털 모델을 구동하는 시스템 또는 프로세스 등으로 구성된다. 정보통신 인프라를 기반으로 사물인터넷의 데이터와 사용자의 실시간 동적 데이터를 현실세계와 동질성·일관성을 유지하면서 관측하고, 가시화하는 '현실-가상 융합 플랫폼'이다. 또, 디지털트윈은 인공지능 모델과 시뮬레이션 엔진으로 모아진 대규모 데이터를 분석하여 의미를 해석하고, 예측하고 학습을 통해 진화하는 똑똑한 '운용플랫폼'이다. 동시에, 즉각 문제를 이해하고 해결에 활용하거나 함께 문제해결에 참여할 수 있도록 지원하는 사용자 친화형 '소셜 플랫폼'이다. 디지털트윈을 매개로 현실 상황을 분석하여 개선 또는 향상하거나, 시뮬레이션을 통해 발생

할 상황을 미리 예측할 수 있다.

아바타: 메타버스에서 키보드나 마우스의 역할을 하는 것이 아바타이다. 메타버스는 아바타를 통해 탐색하고, 연결하고, 소통하고, 협력하는 공간이다. 아바타의 제어감, 일체감 등의 아바타 제어 문제를 효과적으로 해결해야 한다. 동시에 CG나 비디오 기반의 아바타 재현도 필요하다. 또한, 아바타의 활용이 늘어나면 아바타 꾸미기 같은 새로운 서비스 모델이 생겨 나기도 하지만, 아바타를 매개로 모욕·비하·희롱·공격과 같은 문제가 발생할 수 있으므로 이에 대한 제도적·윤리적 대응 방안을 선제적으로 마련할 필요가 있다.

개인 착용형 가상증강현실 플랫폼: 메타버스의 현실 활용을 위해서는 착용형 가상증강현실 플랫폼이 필요하다. 특히, 증강현실 플랫폼은 디지털트윈을 매개로, 다양한 층위의 메타버스를 위치기반으로 하여 현실의 현장에서 사용자 맞춤형으로 즉시에 증강하고 탐색, 활용, 현장 저작 등을 상호작용적으로 수행하며, 선택적 공유가 가능하도록 한다. 증강현실 플랫폼을 통해 사용자가 현장에서 관련 정보를 즉각적으로 이해하고 의사결정에 활용할 수 있다. 증강현실 플랫폼은 위치나 관심 객체를 매개로 관련 정보나 콘텐츠에 접근하고, 맥락에 따라 정보를 필터링하고, 지능적 정보·콘텐츠 시각화와 증강을 한다. 즉, 사용자는 필요한 정보를 일, 공부, 놀이, 쇼핑, 도시관리 등과 같은 다양한 일상에서 상황을 직관적으로 이해하고, 즉시에 주체적이고 능동적으로 의사결정을 할 수 있다.

안경형 디스플레이와 인터페이스: 현재 소개되고 있는 가상현실 또는 증강현실을 위한 안경형 디스플레이는 사람이 오래 착용하고 사용하기에 불편하다. 무게는 더 가벼워져야 하고, 시야각은 더 넓어져야 하며, 실시간 정보 및 실감 콘텐츠 처리가 필요하며, 동시에 전력 소비량은 줄여야 한다. 안경의 진화와 함께 클라우드와 에지의 5G 같은 초고속망과 연계 활용은 여러 가지 이슈를 해소할 수 있는 대안이다. 추가로 직관적이고 편리한 사용자 인터페이스의 추가도 필요하다. 사용자 프로파일에 기반한 지능형 에이전트 얼굴을 중심으로 확보되는 생체신호를 활용하여 사용자 맞춤형 인터페이스를 제공할 수 있다.

지속가능 플랫폼: 지속 가능한 메타버스를 위해서는 플랫폼과 체험 컨텐츠가 필요하다. 사람들이 모이게 하려면 플랫폼은 개방형이어야 하고, 신뢰할 수 있어야 하고, 상호운용도 가능해야 한다. 체험 콘텐츠는 재미가 있거나, 의미가 있거나, 보상이 주어질 때 사용자를 유지시킨다. 아니면 학교처럼 의무로라 가야 하는 경우라면 사람들을 유지시킬 수 있다. 사람들이 경제적인 가치를 창출하기 위해 다양한 활동을 하게 되면, 노동과 납세에 대한 개념이 정립되어야 한다. 시간과 공간을 넘어 서로 다른 문화가 충돌하게 되면 법, 제도, 규범도 정비해야 하고, 개인정보나 시스템의 보안도 보장해야 한다. 그뿐만 아니라, 다양성과 포용성에 대한 사회적 합의도 필요하다.

일상 활용: 메타버스를 일상에 적용하여 놀이 외에도, 일, 교육, 의료, 교통, 주택, 생활, 에너지, 환경 등 사회 문제 해결에 활용할 수 있을까? 디지털트윈과 연동된 가상증강현실은 인간이 정보에 접근·해석·활용하는 방식을 근본적으로 바꾸는 기술이다. 기존의 가상증강현실이 현실과 분리된 디지털 세상의 가상 체험이나 미리 설정된 디지털 정보를 현실에서 활용하는 기술이라면, 디지털트윈을 매개로 메타버스와 연동된 가상증강현실은 현실과 가상의 융합을 통해 정보를 생산·관리·활용하는 기술이다.

스토리저작 및 체험: 또한 메타버스에서 아바타는 다양한 스토리 텔링과 체험의 매개체이다. 시간과 공간의 한계를 넘어 누구와도 연결하고, 소통하고, 협력이 가능한 공간이다. 이때, 이야기나 내러티브(narrative)는 자기 생각의 표현양식이자 소통의 주요 수단이다. 메타버스에서 다양한 스토리 콘텐츠를 손쉽게 저작하는 도구가 반드시 필요하다. 메타버스는 다양한 형태로 콘텐츠의 기획, 창제작, 저작, 유통, 소비, 공유가 이루어질 수 있도록 플랫폼이 제공할 필요가 있다. 다양한 사용자들의 지속 가능한 참여를 위해서는 게임화(Gamification) 방법론의 도입과 다양한 보상체계도 필요하다.

블록체인: 생산된 가상콘텐츠나 아이템의 거래를 위해서는 신뢰할 수 있는 안정적인 가상자산 시스템이 필요하다. 가상 데이터로만 존재하는 디지털 콘텐츠에 NFT를 적용하면 생성과 유통과정이 블록체인에 기록되며 거래할 수 있는 자산으로 삼을 수 있기 때문이다. 나아가 표준을 지킨 NFT를 활요하면 서로 다른 메타버스의 자산이나 데이터를 옮기는 데도 유용하게 쓰일 수 있고, 메타버스 간의 상호운용의 길도 열리게 된다. 예를 들면, NFT로 발행된 내 아바타를 다른 메타버스 플랫폼으로 옮길 수 있고, 아바타가 자신이라는 것을 증명하기 위해 NFT 기반 신분증을 낼 수도 있다.

유비쿼터스 가상현실: 메타버스3.0의 개념은 필자가 2001년 제안한 '유비쿼터스 가상현실(Ubiquitous Virtual Reality)'의 개념과 맥을 같이한다. 유비쿼터스 가상현실이란 용어는 가상과 현실이 융합된 지능공간에서 '눈치 있는 증강현실' 체험을 가능하게 한다는 의미로 처음 만들어 사용하였다. 이의 실현을 위해 1) 현실과 가상화된 현실의 간의 연동 2) 맥락(또는 관심 객체/공간/개념 등)을 매개로한 오감 증강 3) 양방

향 상호작용과 협업 등을 핵심 요소로 설정하였다. 이러한 융합공간에서는 시공간을 초월하여 개인의 능력을 확장할 뿐만이 아니라, 그 사람의 사는 세상이나 그 사회의 역량도 확대할 수 있다.

데이터 주권: 메타버스의 현실 확산과 일상 활용을 위해서는 아직 해결해야 할 다양한 문제도 남아 있다. 현실-가상 융합 플랫폼은 거대한 데이터 생태계이기도 하다. 현실이나 메타버스에서의 활동은 이미 모두 '데이터'이고 미래에는 '생각이나 감정'도 데이터가 된다. 메타버스의 원료인 '데이터'는 편리하고 안전한 세상을 만들 수도 있지만, 동시에 개인정보 노출이 일상화될 위험도 높아질 수 있다. 따라서, 사용자 데이터의 주인은 사용자이며, 그 데이터들을 사용하고 삭제하고 가공할 수 있는 1차적 권한도 사용자에게 있음을 인식하도록 해야 한다. 그리고, 콘텐츠의 저작권, 상표권, 소유권 등의 문제나 참여자 권익의 보호도 고려해야 한다.

사용자: 메타버스 연동 증강현실 플랫폼 사용자는 주체적 참여자이면서 동시에 문제 해결자이기도 하다. 기존의 사용자는 서비스의 수동적 수용자로 인식되었다. 착용형 가상증강현실 플랫폼으로 서비스의 직관적 활용이 가능하다. 그뿐만 아니라 문제 발견 즉시 공유, 직관적 상호작용을 통한 주체적 참여, 사용자 중심의 정보·서비스 풀링, 사회적 소통 및 연대 등도 가능하다. 따라서, 메타버스에서 다양한 계층들이 메타버스에 어려움 없이 접근하고 이용할 수 있도록 해야 하고, 균형잡힌 사회관을 배울 수 있는 방안을 고민할 필요도 있다.

5. 메타버스 산업 선도를 위한 제언

메타버스는 이미 가까이 와 있는 미래이다. 메타버스는 아직 없다 (Metaverse is Nowhere)고 하지만, 메타버스는 지금 여기(Now Here)에 와 있다. 메타버스는 현실과 가상의 융합, 그리고 상상력과 창의력으로 시공간의 한계를 넘어 무한히 확장 가능한 새로운 세상이다. 영화「레디 플레이어 원(Ready Player One)」에서 보여 준 것처럼 일상으로 받아들여야 할 새로운 세계이다. 아마도 앞으로 10년 이내에 누구나 일상으로 받아들이고 감당해야 할 새로운 세계에는 국경도, 세대도, 차별도 없다.

코로나19 이후 우리 사회는 언택트(Un-tact)에서 온택트(On-tact) 사회로 빠르게 이동하고 있다. 향후 언제 어디서나 서로 연결하고 소통하며 협력하는 유택트(U-tact 또는 Ubi-tact) 시대의 메타버스3.0은 어떻게 준비해야 할까? 메타버스는 시공간의 한계와 규제의 벽을 넘어 어디서든 자유롭게 접근하고, 체험하고, 실험하는 현실-가상 융합플랫폼이다. 효율성과 안전성이 담보되는 현실-가상 융합플랫폼은 개인에게는 다양한 사회문화적 경험과 경제적 효용을 제공하고, 기업에는 혁신을 통해 새로운 부가가치 창출의 기회를 제공하는 실험 공간이다. 메타버스를 문화, 교육, 훈련, 의료, 제조, 건설, 국방 등 다양한 현장에 적용하면, 시공간을 넘어 서로 연결하고, 소통하고, 협력하여 현장에서 즉각 문제를 이해하고 해결하는 데 활용할 수 있다.

메타버스3.0은 사회간접자본이고 메타버스 접근권은 기본권이다. 정부는 무엇을 준비해야 하나? 정부는 현실-가상 융합 경제플랫폼의 중요성과 문제에 대한 공감대를 바탕으로 메타버스의 가치를 이해하고, 지속 가능한 메타버스 생태계를 조성해야 한다. 그리고, 현실-가상 융합생태계에 필요한 원천 기술 확보를 위해 문제중심 중장기 융합형 R&D 계획을 수립하고 수행하여 관련 산업의 역량을 강화하고 신시장 선점을 지원할 필요가 있다. 경제적 가치 창출이 활발한 활용은 민간이 주도하되, 정부는 메타버스의 높은 진입 장벽을 낮추거나, 고립되어 진화하고 있는 메타버스를 연동하고 다양한 사용자들이 참여해 공정한 경쟁을 할 수 있도록 관리할 필요도 있다.

그리고 메타버스를 생태계 관점에서 이해하고 문제해결 지향 테스트베드로, 참여형 체험 플랫폼으로 접근하고 활성화할 필요가 있다. 당장은 경제적 가치 창출이 어렵지만 공익적 활용이 필요한 곳은 정부가 주도하여 사회 문제를 해결하고 시민의 삶의 질을 개선하려는 노력도 필요하다. 글로벌 공동 가치 창출이 가능하도록 선제적으로 법과 제도를 정비하고, 경험해보지 않은 새로운 사회에 대한 공감대를 만들어 갈 필요가 있다. 더 중요한 것은 메타버스에서 창의적 활동으로 경제적 가치를 창출할 뿐만 아니라 건강하고 지속가능한 메타버스에서 활약할 창의적 융합인재 양성을 체계적으로 지원해야 한다.

| 참고문헌 |

국회예산정책처(2020.09), 소재·부품·장비 산업 정책 분석.

대한민국 정책브리핑(www.korea.kr), "시장선도를 위한 케이 센서(K-Sensor) 기술개발 사업" 예비타당성 조사 통과. 산업통상자원부.

산업통상자원부(2018.02), 반도체·디스플레이 발전전략.

산업통상자원부(2020.07), 소재·부품·장비 2.0 전략.

산업통상자원부외 관계부처 합동(2019.05.01.), 시스템반도체 비전과 전략.

산업통상자원부외 관계부처 합동(2021.05), K-반도체 전략.

양용현·이화령, 「미국의 플랫폼 반독점법안 도입과 시사점」, KDI FOCUS 제109호, 한국개발연구원, 2021.

한국반도체산업협회(2018), 한국반도체산업 현황.

Gartner(2021), Sales of the global semiconductor market between 2020 and 2025.

https://www.mk.co.kr/news/it/view/2021/05/462340/

https://www.trendforce.com/presscenter/news/20180326-9973.html

IC Insights(2018), IC Foundary Sales Forecast Report.

Kwoka, John and Tommaso Valletti, "Unscrambling the Eggs: Breaking Up Consummated Mergers and Dominant Firms," Industrial and Corporate Change, Vol. 00, 2021, pp.1~21.

OECD(2019), An Introduction to Online Platforms and Their Role in the Digital Transformation, OECD Publishing, Paris.

OMDIA(2020.02), Power Semiconductor Market Share.

Parker Geoffrey, Georgios Petropoulos, and Marshall Van Alstyne(2021),

"Platform Mergers and Antitrust," Industrial and Corporate Change, pp.1~30.

TrenForce(2021, 11), Sales Ranking of Branded NAND Flash Makers, 3Q21.

국정과제협의회 정책기획시리즈 08

포용과 혁신의 경제정책

발행일	2022년 03월 30일
발행인	조대엽
발행처	**대통령직속 정책기획위원회** 서울특별시 종로구 세종대로 209 정부서울청사 13층 대통령직속 정책기획위원회 (02-2100-1499)
판매가	24,000원
편집·인쇄	경인문화사 031-955-9300
ISBN	979-11-978306-3-1 93300

Copyright@대통령직속 정책기획위원회, 2022, Printed in Korea